权威·前沿·原创

皮书系列为
"十二五""十三五"国家重点图书出版规划项目

智库成果出版与传播平台

京津冀教育发展报告
（2019~2020）

REPORT ON THE EDUCATION DEVELOPMENT
IN BEIJING-TIANJIN-HEBEI REGION (2019-2020)

面向 2035

主　编／方中雄　桑锦龙
副主编／郭秀晶　高　兵　李　璐

社会科学文献出版社
SOCIAL SCIENCES ACADEMIC PRESS (CHINA)

图书在版编目(CIP)数据

京津冀教育发展报告.2019－2020：面向2035／方中雄，桑锦龙主编．－－北京：社会科学文献出版社，2021.3
（京津冀教育蓝皮书）
ISBN 978－7－5201－8020－7

Ⅰ.①京… Ⅱ.①方… ②桑… Ⅲ.①地方教育－发展－研究报告－华北地区－2019－2020 Ⅳ.①G127.2

中国版本图书馆 CIP 数据核字（2021）第 038545 号

京津冀教育蓝皮书
京津冀教育发展报告（2019~2020）
——面向2035

主　　编／方中雄　桑锦龙
副 主 编／郭秀晶　高　兵　李　璐

出 版 人／王利民
责任编辑／丁阿丽　张雯鑫

出　　版／社会科学文献出版社（010）59367292
　　　　　地址：北京市北三环中路甲29号院华龙大厦　邮编：100029
　　　　　网址：www.ssap.com.cn
发　　行／市场营销中心（010）59367081　59367083
印　　装／天津千鹤文化传播有限公司

规　　格／开　本：787mm×1092mm　1/16
　　　　　印　张：21.25　字　数：320千字
版　　次／2021年3月第1版　2021年3月第1次印刷
书　　号／ISBN 978－7－5201－8020－7
定　　价／128.00元

本书如有印装质量问题，请与读者服务中心（010－59367028）联系

▲ 版权所有 翻印必究

京津冀教育蓝皮书
编 委 会

主　编　　方中雄　桑锦龙

副主编　　郭秀晶　高　兵　李　璐

编委会　　方中雄　北京教育科学研究院院长
　　　　　　桑锦龙　北京教育科学研究院副院长
　　　　　　刘占军　北京教育科学研究院副院长
　　　　　　冯洪荣　北京教育科学研究院党委副书记、副院长
　　　　　　张　熙　北京教育科学研究院副院长
　　　　　　靳　昕　天津市教育科学研究院党委书记
　　　　　　马振行　河北省教育科学研究所所长

主要编撰者简介

方中雄 研究员，北京教育科学研究院院长，兼任中国教育学会学术委员、北京学习科学学会理事长、北京师范大学中国教育政策研究院兼职教授等学术职务，主要研究方向为教育行政管理。主持和参与各级教育课题几十项，组织创办北京教育论坛；先后参与了影响首都教育发展的重大教育决策、调研和文本编制；先后编著了《学校品牌策划》《可持续发展教育国际趋势和中国模式》《教育科研引领学校发展》《北京教育发展研究报告》等十几部著作。

桑锦龙 博士，研究员，北京教育科学研究院副院长，兼任北京市高等教育学会副会长、中国职业技术教育学会学术委员会委员、北京师范大学中国教育政策研究院兼职教授、华东师范大学国家教育宏观政策研究院特聘专家等学术职务。主要从事教育发展战略规划、教育政策和教育社会学研究工作。先后参与了《首都教育2010发展纲要》《北京市中长期教育改革和发展规划纲要（2010－2020年）》《首都教育现代化2035》等北京市重要教育发展规划的调研和起草工作，以及《国家中长期教育改革和发展规划纲要（2010～2020年）》研制等全国性重要教育工作。主持完成了全国教育科学规划教育部重点课题等重大科研任务20余项。在《教育研究》等刊物公开发表学术论文30余篇，出版《公共教育服务体系建设概论》《教育转型与专科毕业生就业》等著作多部。

郭秀晶 博士，副研究员，北京教育科学研究院教育发展研究中心主任，兼任中国教育发展战略学会教育政策研究专业委员会常务理事、北京市教育学会教育改革与发展专业委员会理事长、北京市教育法治研究基地（北京教育科学研究院）主任等学术职务。从事教育战略政策和法律研究十余年。近年来主持或参与全国和北京市规划重点课题，北京市社会科学基金重点课题、委托课题、政策咨询研究课题以及国际合作研究项目20余项，研究成果曾获北京市哲学社会科学优秀成果奖等多项奖项。出版多部著作，有多篇论文在国家核心期刊发表。

高　兵　副研究员，北京教育科学研究院教育发展研究中心副主任，主要从事教育政策和区域教育规划研究。曾作为核心成员参与《北京市中长期教育改革和发展规划纲要（2010－2020年）》《首都教育现代化2035》等文件编制工作，其中《北京市"十三五"教育规划前期研究与编制》获得北京市第十二届优秀调查研究成果二等奖。先后主持北京市教育科学"十一五"规划青年专项课题（北京市优秀人才培养资助）、北京市教育科学"十二五"规划重点优先关注课题和北京市哲学社会科学基金"十三五"规划重点项目，出版学术专著《京津冀教育协同发展战略探究》。

李　璐　博士，北京教育科学研究院教育发展研究中心科研人员，主要从事教育政策、区域教育规划和教育经济与管理研究。曾作为核心成员参与《北京市贯彻落实中办国办〈关于深化教育体制机制改革的意见〉的实施方案》等文件编制工作。2017年获中国高等教育学会第十三届"高等教育学"优秀博士学位论文，同年获北京市委组织部青年骨干人才资助。2018年、2020年被北京教育科学研究院授予"青年英才"荣誉称号。

摘 要

2020年是全面建成小康社会之年，是"十三五"时期和"十四五"时期的承上启下之年，也是京津冀协同发展中期目标节点之年。2015年出台的《京津冀协同发展规划纲要》提出，到2020年，公共服务共建共享要取得积极成效，协同发展机制有效运转，区域内发展差距趋于缩小，初步形成京津冀协同发展、互利共赢新局面的中期目标。

2019年2月，国家印发了《中国教育现代化2035》和《加快推进教育现代化实施方案（2018－2022年）》（以下简称《实施方案》），对面向2035年的教育现代化发展进行了宏观部署。按照《中国教育现代化2035》的要求，未来将构建适应区域和产业发展需要的教育布局，建立更加有效的区域教育协调发展新机制。要根据不同区域的发展定位和特点，合理配置教育资源，推动区域性院校集群建设，提高教育对区域发展的支撑和服务能力。以河北雄安新区、粤港澳大湾区、长三角、海南自由贸易试验区为重点，创新体制机制，建设新时代教育改革发展的示范区、创新区、先行区。同年8月和12月，《首都教育现代化2035》和《河北教育现代化2035》相继出台。《首都教育现代化2035》中提出未来15年将着力疏解非首都功能，促进京津冀教育协同发展，主要在疏解部分功能提升首都教育品质和整体提升区域教育协同发展水平两方面做文章。

在京津冀协同发展战略的中期目标达成的历史节点，在面向2035推进全国教育现代化的启动期，通过对京津冀三地、廊坊北三县、雄安新区等重点地区和各级各类教育中的重点难点问题进行分析，借鉴国际区域教育发展的先进经验，研判面向2035的区域教育协同发展战略，

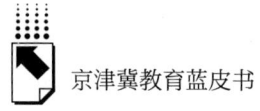

对京津冀教育协同发展的科学性、前瞻性和可持续性具有重要的理论和现实意义。

为此,北京教育科学研究院策划出版了《京津冀教育发展报告》第四辑,旨在研究面向2035教育现代化的战略要求,京津冀教育协同发展过程中三地四方及重点地区教育如何在发挥自身比较优势、保持地方特色的基础上,优化教育资源布局、完善服务功能、强化体系建设和治理能力,切实提高教育服务水平与能力,实现区域教育协同发展战略目标。本报告秉持学术性、原创性、前沿性和主题性相结合的原则,通过"设计主题-组织研究-形成专题研究报告"的模式,组织京津冀三地的专业研究人员围绕主题框架内的热点、重点、难点问题开展研究,以期较为深入全面地反映区域教育改革发展的实际情况,分析战略落实中的经验与问题,从而更好地发挥教育科学研究为中央部门决策服务、为京津冀区域教育协同发展服务、为三省市教育发展和改革服务的功能。

本辑蓝皮书在内容上分为"总报告""专题篇""地区篇""借鉴篇"四大部分,共计13篇研究报告。"总报告"站在全局高度,结合三地教育协同行动计划回顾2014年京津冀协同发展战略实施以来教育协同发展的政策思路、战略定位和实践进展,科学研判新时期京津冀教育协同发展的外部形势,结合教育现代化发展的战略要求,明确面向2035的京津冀教育协同发展战略;同时,通过数据比较分析2019年京津冀三地教育发展的基本情况。"专题篇"对北三县中的三河市与河北雄安新区的教育发展和资源配置情况进行了描述和分析,并分析了京津冀高等教育创新发展和职业教育协同发展的现状。"地区篇"紧扣主题,分别对首都北京、天津和河北面向2035的教育发展定位与趋势进行了研判、探讨与展望。"借鉴篇"总结、梳理了日本产学官协同推动首都圈创新发展的政策,对国际都市圈基础教育资源配置进行了比较研究,为京津冀教育协同发展提供了重要参考经验。

报告力图理论联系实际,多角度、多层次反映京津冀教育协同发展的内涵、形势、进展与问题,提出推动和完善京津冀教育协同发展的改革建议，以期为参与京津冀教育协同发展的教育决策部门、教育管理者、教育科研工作者等相关主体提供有益参考。

关键词：京津冀协同发展　教育　2035

Abstract

2020 is the crucial year of heading for victory in building a moderately prosperous society; it's the year of connecting the 13th and 14th Five-Year Plan of China; and it's the year of achieving mid-term goal of the coordinated development of Beijing-Tianjin-Hebei. The "Beijing-Tianjin-Hebei Coordinated Development Plan" issued in 2015 proposed that by 2020, the co-construction and sharing of public services should achieve positive results, the coordinated development mechanism should operate effectively, the regional development gap will tend to narrow, and mid-term goal of initially forming the win-win situation of Beijing, Tianjin and Hebei Coordinated Development should be fulfilled.

In February 2019, The Communist Party of China Central Committee and the State Council issued "*China Education Modernization 2035*" and "*Implementation Plan for Accelerating Education Modernization (2018 - 2022)*" (hereinafter referred to as "Implementation plan"), which made a macro deployment for the development of education modernization for 2035. "China's education modernization 2035" requires that an education layout serving well to regional and industrial development and a more effective new mechanism for the coordinated development of regional education should be established. Besides, it emphasizes rational educational resources allocation according to the development orientation and characteristics of different regions, promotion of regional universities and college clusters' construction and improvement of education support and service ability for regional development. Xiong'an New Area, Guangdong-Hong Kong-Macao Greater Bay Area, Yangtze Economic Belt and Hainan Free Trade Port will be focused as pilot zones of innovating system and mechanism to build demonstration zones, innovation zones and pilot zones for educational reform and development in the new era. In August and December of the same year, "Beijing Education Modernization 2035" and "Hebei Education Modernization 2035" were

Abstract

published. "Beijing Education Modernization 2035" puts forward that in the next 15 years, efforts will mainly be made in relieving some functions to improve capital education quality and improving the coordinated development level of regional education as a whole to remove the non-capital functions and promote the coordinated development of education in Beijing, Tianjin and Hebei.

At the historical point of the fulfilling mid-term goal of the coordinated development strategy of Beijing, Tianjin and Hebei, and in the start-up period of promoting national education modernization 2035, it has important theoretical and practical significance for the scientific, forward-looking and sustainable development of education in Beijing, Tianjin and Hebei to analyzes the key and difficult problems in the crucial areas of Beijing, Tianjin and Hebei, the three northern counties, Xiong'an New Area and all levels of education, learns from the advanced experience of international regional education development, studies and judges the coordinated development strategy of regional education 2035.

Therefore, Beijing Academy of Educational Sciences planed and published the fourth volume of "Beijing-Tianjin-Hebei Education Development Report" aiming to study the strategic requirements of education modernization 2035 and find out how these three places, Central Committee and key areas can optimize the distribution of educational resources, improve service functions, and strengthen the system construction and governance framework on the basis of giving full play to their comparative advantages and maintaining local characteristics to improve education services ability and achieve the strategic goal of the coordinated development of regional education. The Research Report adheres to academic, original, cutting-edge and thematic principles and takes the mode of designing theme, organizing research and forming special research report. In this research, professional researchers in Beijing, Tianjin and Hebei were organized to carry out research around the hot, key and difficult issues within the framework, so as to reflect the actual situation of regional education reform and development deeply and comprehensively as well as develop and analyze the experience and problems in the implementation of the strategy. As a result, the educational scientific research can serve and function well in the decision-making of central departments, development and reform of education in Beijing, Tianjin and Hebei regions.

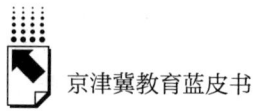

This blue book includes total 13 research reports, divided into four parts: general reports, special subjects reports, regional reports and reference reports. The general reports, at the overall level, reviews the policy ideas, strategic positioning and practical progress of the coordinated development of education since the implementation of Beijing-Tianjin-Hebei coordinated development strategy in 2014, scientifically studies and judges the external situation of the coordinated development of education in Beijing, Tianjin and Hebei in the new period, and makes the coordinated development of education in Beijing, Tianjin and Hebei for 2035 clear with combination of the strategic requirements of education modernization. Besides, basic situation of education development in Beijing, Tianjin and Hebei in 2019 is analyzed by data comparison in this part. The special subject reports describes and analyzes the educational development and resource allocation of Sanhe county of the three Northern counties, and Xiong'an New Area in Hebei Province, and examines the current situation of the coordinated innovation and development of higher education and vocational education in Beijing, Tianjin and Hebei. The regional reports focusing closely on the theme, studies, discusses and envisions the orientation and trend of 2035 education development in Beijing, Tianjin and Hebei. The reference reports summarizes Japanese policies of combing industries, universities and government to promote the innovation and development of the capital circle, and carries out a comparative study on the allocation of basic education resources in the international metropolitan areas, so as to provide important reference experience for the coordinated development of education in Beijing, Tianjin and Hebei.

This report endeavors to integrate theory with practice, reflect the connotation, situation, progress and problems of the coordinated development of education in Beijing, Tianjin and Hebei from multiple angles and levels, and put forward reform suggestions to promote and improve the coordinated development of education in these three regions, so as to provide useful reference for decision-making departments of Beijing-Tianjin-Hebei education coordinated development, educational administrators, educational researchers and etc.

Keywords: Beijing-Tianjin-Hebei Coordinated Development; Education; 2035

目 录

Ⅰ 总报告

B.1 面向2035的京津冀教育协同战略 …………… 李 璐 吕贵珍 / 001
B.2 2019年京津冀教育发展报告 ……………………………… 吕贵珍 / 037

Ⅱ 专题篇

B.3 面向2035的京津冀教育公平与协调专题研究
　　　——以三河市为例 …………………………………………… 李 璐 / 065
B.4 "十四五"时期三河市义务教育阶段学位需求预测 …… 赵佳音 / 096
B.5 保定市对接京津和雄安新区教育发展研究报告
　　　……………………………………………………… 田宝军 李 燕 / 111
B.6 京津冀高校创新综合能力评价研究 ……………………… 王 纾 / 141
B.7 京津冀职业教育协同发展五年回顾与推进建议 ………… 侯兴蜀 / 168

Ⅲ 地区篇

B.8 面向2035的首都教育现代化空间境遇与时代超越
　　　……………………………………………… 高 兵 苑大勇 李 旭 / 188

B.9 首都生态文明教育的学校质量模型构建与实证研究
　　——基于螺旋动力学理论的视角…………王巧玲　沈欣忆 / 201
B.10 面向2035的天津基础教育发展定位与趋势……………肖庆顺 / 217
B.11 面向2035的河北教育发展定位与趋势
　　…………………………………马振行　闫春江　李　静 / 246

Ⅳ 借鉴篇

B.12 日本产学官协同推动首都圈区域创新发展的政策研究
　　……………………………………………………………李冬梅 / 261
B.13 国际都市圈基础教育资源配置比较研究………………乔　鹤 / 286

B.14 后　记 ……………………………………………………… / 317

CONTENTS

I General Reports

B.1 Beijing-Tianjin-Hebei Coordinated Development Strategy for 2035
    Li Lu, Lv Guizhen / 001

B.2 Current Situation of Education Development in Beijing, Tianjin and Hebei in 2019
    Lv Guizhen / 037

II Special Subjects Reports

B.3 Research on Education Equity and Coordination in Beijing, Tianjin and Hebei for 2035
    —*A Case Study of Sanhe County*
    Li Lu / 065

B.4 Forecast of Compulsory Education Space Demand in Sanhe County during the "14th Five-Year Plan" Period
    Zhao Jiayin / 096

B.5 Research on Baoding City Coordinating Beijing, Tianjin and Xiong'an Education Development
    Tian Baojun, Li Yan / 111

B.6 Research on the Evaluation of Comprehensive Innovation Ability of Universities in Beijing, Tianjin and Hebei
    Wang Shu / 141

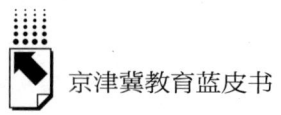

B.7 Review of Collaborative Development of Vocational Education in Beijing, Tianjin and Hebei in the Past Five Years and Improvement Recommendations　　*Hou Xingshu* / 168

Ⅲ　Regional Reports

B.8 The Spatial Situation and Time Transcendence of Capital Education Modernization 2035

　　Gao Bing, Yuan Dayong and Li Xu / 188

B.9 Construction and Implementation of School Quality Model for Beijing Ecological Civilization Education Toword 2035
　　——*Based on the Theory of Spiral Dynamics*　　*Wang Qiaoling, Shen Xinyi* / 201

B.10 Orientation and Trend of Tianjin Basic Education Development for 2035　　*Xiao Qingshun* / 217

B.11 Orientation and Trend of Hebei Education Development for 2035　　*Ma Zhenxing, Yan Chunjiang and Li Jing* / 246

Ⅳ　Reference Reports

B.12 Research on Japanese Policy of Indusry-University-Government Cooperation Promoting Regional Innovation and Development in the Tokyo Circle　　*Li Dongmei* / 261

B.13 A Comparative Study on the Allocation of Basic Education Resources in the International Metropolitan Areas　　*Qiao He* / 286

B.14 Epilogue　　/ 317

总报告

General Reports

B.1 面向2035的京津冀教育协同战略

李 璐　吕贵珍*

摘　要： 自2014年京津冀协同发展作为重大国家战略得以确立以来，京津冀协同发展总体上处于"谋定而后动"的先期规划和探索阶段，京津冀教育协同发展的政策话语变迁经历了"顶层设计谋思路""地方响应打基础""多点并进寻突破"三个阶段，集中体现出"中央统筹、地方负责、基层探索"的决策组织模式，"疏解承接、事治并重、点面结合"的战略思路，以及从"宏观化"和"框架性"走向"精细化"和"纵深性"的规范特质。"十三五"时期，京津冀基础教育阶段师资水平、各级教育经费投入和义务教育办学条件都有所提升，

---

* 李璐，博士，供职于北京教育科学研究院教育发展研究中心，主要研究领域为教育政策、区域教育规划和教育经济与管理；吕贵珍，硕士，北京教育科学研究院教育发展研究中心副研究员，主要研究领域为教育政策、区域教育发展等。

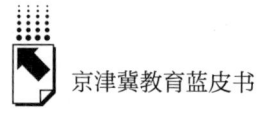

但区域内教育均衡水平整体低于长三角地区,且区域内差异呈现扩大趋势。京津冀基础教育师资配备充足度高于长三角和珠三角地区,但师资质量长三角更优;京津冀基础教育和高等教育生均经费投入持续上升,且在三大城市群中居首,但区域内差异呈现扩大趋势。京津冀高校在创新人才培养、科研成果产出、国际交流与合作等方面均表现突出,但是与长三角地区相比,成果转化与扩散能力有待提升,且极化特质明显。京津冀教育改革在疏解非首都功能、加强"两翼"地区教育支持和多层次教育协同合作方面取得明显进展,但仍面对四大国际趋势和七大国内形势带来的新形势和挑战,京津冀、长三角和珠三角城市群教育协同发展分别表现出极化需均衡创新、均衡需优质一体、活力需开放融合的发展战略方向。面向2035,京津冀教育协同要将疏解提升、强化"两翼",提升多层次教育协同发展水平和优化协同体制机制作为战略重心和发展策略。

关键词: 京津冀协同　教育协同　教育发展　教育现代化2035

从世界城市发展的历史来看,教育在城市发展过程中的地位至关重要。发达国家的世界级城市以其高度发达的教育科技体系,而成为世界学术的中心、科技创新的中心、人才集聚的中心,引领世界教育、文化和科技的发展。建设高质量教育体系既是世界级城市的特征,又是世界级城市形成和发展的基本条件和路径。2014年2月,习近平总书记在听取京津冀三地协同发展工作汇报时指出,实现京津冀协同发展是一个重大的国家战略。京津冀协同发展是一个复杂综合的系统性社会经济改革,教育作为重要的公共服务,起到基础和先导作用,既是实现三地协同发展战略的重要内容,也是推进战略实施的客观要求。

"十三五"时期,京津冀教育协同发展紧紧抓住疏解非首都功能这个"牛鼻子"工程,同时密切结合国家建设河北雄安新区这一千年大计和北京城市副中心建设的历史契机,以"一核两翼"作为京津冀协同发展的重要抓手,在宏观规划、协商会晤机制、地方共建、校际交流、师资培训等方面积极推进三地各级各类教育协同发展,取得了阶段性成果。然而,协同发展仍然存在对战略协同要义、实践指向和改革属性的共识度低[1],规划管理"有片段、无整章,重发展、轻改革"的跨区域重大协同项目进展滞后等若干现实问题[2]。

2020年是全面建成小康社会之年,是"十三五"时期和"十四五"时期的承上启下之年,也是京津冀协同发展中期目标节点之年。本报告旨在通过对"十三五"时期京津冀三地教育协同发展的政策思路、战略定位和实践进展进行系统回顾和反思,科学研判新时期京津冀教育协同发展的外部形势,结合教育现代化发展的战略要求,明确面向2035的京津冀教育协同发展战略,进而推动京津冀教育协同发展的科学性、前瞻性和可持续性。

一 京津冀教育协同发展的政策变迁

2014~2020年,京津冀协同发展总体上处于"谋定而后动"的先期规划和探索阶段。笔者经过文件梳理发现,2014~2020年,中央和京津冀三地政府部门相继出台京津冀协同发展相关重要政策文件(通知或讲话)16份,逐步明确了三地协同发展的宏观方向、目标、思路和重点(见表1)。从政策的发布主体和规范内容来看,又可将其细分为"谋思路""打基础""寻突破"三个阶段。

---

[1] 桑锦龙:《推进京津冀教育协同发展的战略谋划和系统实施》,《前线》2018年第1期。
[2] 桑锦龙:《持续深化新时代京津冀教育协同发展》,《教育研究》2019年第12期。

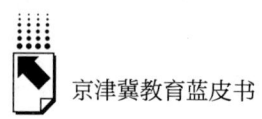

表1　2014~2020年京津冀教育协同发展相关政策变迁

序号	政策发布时间	政策/文件/讲话名称	发布主体
1	2014年2月26日	习近平在北京主持召开座谈会听取京津冀协同发展工作汇报时的讲话	
2	2015年4月30日	《京津冀协同发展规划纲要》	京津冀协同发展领导小组
3	2016年5月27日	《关于规划建设北京城市副中心和研究设立河北雄安新区的有关情况的汇报》	中央政治局
4	2017年4月1日	中共中央、国务院决定设立河北雄安新区	中共中央、国务院
5	2017年8月17日	《关于共同推进河北雄安新区规划建设战略合作协议》	北京市人民政府、河北省人民政府
6	2017年9月29日	《北京城市总体规划(2016年-2035年)》	北京市委、市政府
7	2018年4月21日	《河北雄安新区规划纲要》	中共河北省委、河北省人民政府
8	2018年11月18日	《中共中央 国务院关于建立更加有效的区域协调发展新机制的意见》	中共中央、国务院
9	2019年1月4日	《北京城市副中心控制性详细规划(街区层面)(2016年~2035年)》	北京市委、市政府
10	2019年1月7日	《京津冀教育协同发展行动计划(2018-2020年)》	北京市教委、天津市教委、河北省教育厅
11	2019年2月23日	《中国教育现代化2035》	中共中央、国务院
12	2019年2月26日	《关于北三县地区教育发展合作协议》	北京市教委,廊坊市政府,廊坊市下属三河、大厂、香河教育主管部门
13	2019年9月17日	《首都教育现代化2035》	北京市委、市政府
14	2019年9月20日	《北京市支持河北雄安新区"交钥匙"项目实施暂行办法》	京冀两省市协同办
15	2020年3月17日	《北京市通州区与河北省三河、大厂、香河三县市协同发展规划》	国家发改委
16	2020年10月29日	《关于建立更加有效的区域协调发展新机制的实施方案》	北京市发改委

资料来源：课题组整理。

（一）"谋思路"阶段（2014年2月至2017年4月）

2014年2月26日，习近平在北京主持召开座谈会听取京津冀协同发展工作汇报时，首次将京津冀协同发展提升至重大国家战略的高度，并对三地协同发展思路提出7点具体要求,其中特别强调要加强顶层设计,尽快编制首都经济圈一体化发展相关规划,需加大协同推动力度,调整优化城市布局和空间结构。在考察北京结束后的座谈会上,习近平首次提出北京要明确城市战略定位,强化首都"四个中心"核心功能,并努力建设国际一流的和谐宜居之都。为落实党中央提出的重大国家战略,京津冀协同发展领导小组于2015年4月编制出台《京津冀协同发展规划纲要》,要求有序疏解北京的非首都功能,加快建设北京城市副中心,并提出到2020年,公共服务共建共享要取得积极成效,协同发展机制有效运转,区域内发展差距趋于缩小,初步形成京津冀协同发展、互利共赢新局面。2016年5月,中央政治局会议审议通过《关于规划建设北京城市副中心和研究设立河北雄安新区有关情况的汇报》,同意建设北京城市副中心和雄安新区两个新城为北京新的"两翼",由此,京津冀协同发展"一核两翼"的战略思路初步成形。时隔一年后的2017年4月1日,中共中央、国务院决定设立河北雄安新区,明确新区作为北京非首都功能疏解的集中承载地,需提供优质公共服务,建设协调发展示范区。

在"谋思路"阶段,由党中央、国务院和京津冀协同发展领导小组等顶层决策主体对京津冀协同发展的总体地位、建设思路和"一核两翼"城市功能定位等着力点进行了规范性确认,其规制主体是国家级和跨省(市)级的宏观管理部门,其规范内容为下一阶段地方政府落实京津冀协同发展的执行性规范和实践推进提供了清晰的方向。这一阶段对于教育等公共服务协同发展的要求强调从均衡发展的角度尽可能缩小区域内公共服务的差距,为三地要素流动和一体化发展创造条件。

(二)"打基础"阶段(2017年8月至2019年1月)

2017年8月,为落实中央及京津冀协同发展领导小组对京津冀协同发展和"一核两翼"建设的相关部署,北京市政府与河北省政府共同签订《关于共同推进河北雄安新区规划建设战略合作协议》,协议对双方教育协同的方式进行了明确约定,北京为雄安新区提供学校援建,协同高品质公共服务，推动优质教育资源向新区布局发展，北京以"交钥匙"方式在新区建设高水平幼儿园、小学、完全中学各1所，并采用托管、集团化办学等方式提供支持，教育合作主要在基础教育领域开展。同年9月，《北京城市总体规划（2016年-2035年）》发布，中央对北京"四个中心"核心功能的定位，疏解非首都功能的要求，支援雄安新区建设和公共服务均衡发展、互利合作均进行了政策回应，提出落实"四个中心"城市战略定位，疏解部分普通高校和中职教育，协同建设区域均衡的公共服务体系，强调开展多层次区域教育合作。在基础教育方面，推进优质基础教育资源向周边地区辐射，北京市属学校可以通过新建、托管、共建等方式到雄安新区合作办学；在高等教育方面，加强北京与津冀高等教育规划布局协调对接，京津冀高等教育教学和科研资源共建共享。2018年4月，《河北雄安新区规划纲要》出台，要求优先发展现代化教育，提供优质共享的公共服务，其中特别指出引入京津优质教育资源，支持"双一流"建设高校在新区办学。2019年1月4日，《北京城市副中心控制性详细规划（街区层面）（2016年-2035年）》公布，明确提出将副中心打造为"京津冀区域协同发展示范区"，促进区域公共服务均衡配置，协助廊坊北三县地区提升公共服务水平，携手构建京津冀协同创新共同体。以上四份政策文件的颁布是北京、河北及雄安新区等地方行政部门对国家京津冀协同"一核两翼"重点发展政策精神的积极响应，构成了中央和地方两级行政主体在政策领域的有效对话，展现出京津冀协同"中央统筹"和"地方负责"的决策与组织模式。

2018年11月，中共中央、国务院发布《关于建立更加有效的区域协调发展新机制的意见》（以下简称《意见》）。京津冀地区作为国家重大区域协调发展战略版图中的一片拼图，与"一带一路"、长江经济带、粤港澳大湾区一起，共同构成了国家区域协调发展东北、西部、中部、东部的四大板块。由此可见，京津冀协同不再是一个孤立和独特的发展战略，而是国家若干多元区域协调发展模式和实践中的重要组成部分，与其他区域既相互区别，又互相协调联动。这带来政策分析和执行视角的重大转变，即不能孤立看待京津冀协同发展，而要在国家区域协调发展的总体框架下，以比较和互联的视角分析京津冀协同发展的相应策略。《意见》强调要以疏解北京非首都功能为"牛鼻子"推动京津冀协同发展，推动雄安新区和北京城市副中心建设，以北京、天津为中心引领京津冀城市群发展，带动环渤海地区协同发展，推动城市间公共服务协调联动，鼓励京津冀、长三角、珠三角地区积极探索基本公共服务跨区域流转衔接具体做法。由此，京津冀"疏解承接""以点带面""由点及面"的协同策略基本明朗，由政策定向到基层创新探索的实践导向也逐步清晰。

在教育协同方面，"打基础"阶段在"谋思路"阶段对均衡发展和缩小差距的宏观要求之上，进一步对北京支持雄安新区的方式、副中心与北三县的协同发展，以及基础教育、高等教育等不同阶段的多层次合作方式进行了更为具体的规定，体现出从政策文本到实践任务的落地导向，为三地教育协同发展提供了政策依据，奠定了良好的基础。

（三）"寻突破"阶段（2019年1月至今）

2019年1月7日，北京、天津和河北省教育主管部门联合印发了《京津冀教育协同发展行动计划（2018－2020年）》（以下简称《行动计划》），这代表三地教育协同发展与合作从地方或基层自主探索和实践阶段进入制度化阶段，该计划明确三年内从优化提升教育功能布局、推动基础教育优质发展、加快职业教育融合发展、推动高等教育创新发展、创新教育协同发展体制机制五方面开展各项工作，形成了内容明确、操作性强的协同行动方案。同年2月，中共中央、国务院出台《中国教育现代化2035》，提出以雄安新区、粤港澳大湾区等地区为重点创新体制机制，建立更加有效的区域教育协调发展新机制，京津冀教育协同强化体制机制建设等教育管理治理相关方面。几乎同一时期，北京市教委与廊坊市政府、北三县教育主管部门共同签署《关于北三县地区教育发展合作协议》，从建立北京市与北三县学校协同发展共同体、教师交流培训、职业院校合作办学、学生交流联谊四个方面约定了教育协同发展具体事宜。为回应《中国教育现代化2035》的要求，北京市于2019年9月出台了《首都教育现代化2035》，其中专门规定了京津冀教育协同发展的相关内容，包括全力支持河北雄安新区教育发展，促进区域基础教育优质发展、职业教育融合发展、高等教育创新发展等，与《行动计划》的协同思路一脉相承并有所拓展。同月，京冀两省市协同办联合发布《北京市支持河北雄安新区"交钥匙"项目实施暂行办法》，在2017年《关于共同推进河北雄安新区规划建设战略合作协议》的基础上，进一步明确了援建三所学校的对口学校、办学规模、建设规模和标准。2020年3月，国家发改委对外公布了《北京市通州区与河北省三河、大厂、香河三县市协同发展规划》，明确了2025年和2035年的建设目标，到2025年，协同发展机制建立并有效发挥作用，公共服务领域形成统一的标准体系；到2035年，协同发展的体制机制更加完善，基本公共服务基本实现均等化，鼓励通过合作办学、建分校区、师资共享、资源整合等方式优化优质资源布局，着力补齐基础教育设施短板、统一配套标准。2020年10月，北京市发改委出台《关于建立更加有效的区域协调发展新机制的实施方案》，回应2018年国家《意见》，确定2020年和2035年京津冀区域协调发展机制的建设目标，到2020年，区域协调发展新机制在促进资源要素流动、加快区域合作中发挥积极作用，初步形成京津冀协同发展的新局面；到2035年，京津冀世界级城市群构架基本形成。要优化京津冀协同发展"一核两翼"推进机制，健全与北三县等交界地区融合发展机制，深化京津冀区域在公共服务领域合作的长效机制。

  总体而言，这一阶段体现出京津冀教育协同政策导向逐步从"宏观化"和"框架性"走向"精细化"和"纵深性"。"精细化"表现在两个方面，一是京津冀教育事业发展思路和策略方面的精细化、差异化，对各级各类教育协同发展提出了不同要求——基础教育优质发展、加快职业教育融合发展、推动高等教育创新发展；二是重点协同任务部署的"精细化"，针对"一核两翼"这三个重点区域之间的教育协同发展方案和举措进行了细致明确的规定。"纵深性"一方面表现在从关注区域教育差异缩小到既关注均衡发展也关注制度完善的跃迁，事业发展和协同治理"两手抓"；另一方面体现在对京津冀教育协同发展的布局呈现阶段性，对近期（2020～2025年）和远期（2035年）的目标予以界定，使协同发展的落实方案更具针对性和可行性，避免了急功近利的倾向。

综上所述，2014～2020年，京津冀教育协同发展的政策话语经历了"顶层设计谋思路""地方响应打基础""多点并进寻突破"三个阶段，集中体现出"中央统筹、地方负责、基层探索"的决策组织模式，"疏解承接、事治并重、点面结合"的战略思路，以及从"宏观化"和"框架性"走向"精细化"和"纵深性"的规范特质。

二 "十三五"时期京津冀教育协同发展进路

（一）发展思路

"十三五"时期，京津冀教育协同主要从优化提升教育功能布局、推动基础教育优质发展、加快职业教育融合发展、推动高等教育创新发展、创新教育协同发展体制机制五方面进行布局。

在优化提升教育功能布局方面，第一，优化提升首都教育功能，疏解部分普通高等学校本科教育、中等职业教育和以面向全国招生为主的一般性培训机构，引导城六区部分高校向郊区转移，努力实现各区都有高等学校。优化良乡、沙河高教园区发展环境。第二，高水平配置北京城市副中心教育资源，支持新建、改扩建中小学45所，实现高标准建设的高中达到10所左右。注重城市副中心与河北廊坊北三县地区教育统筹规划发展，促进优质教育资源向北三县地区延伸布局，完善其教育配套，缩小区域差距。第三，全力支持雄安新区建设，全力支持中央部属高校向雄安新区疏解。北京市采取"交钥匙"工程方式，建设1所幼儿园、1所小学、1所完全中学（含初中、高中）。通过派出优秀管理团队、教师互派、课程共享等形式帮扶建设4所学校（幼儿园），提高学校整体教育质量。北京市实施支持雄安新区师资培养培训项目。天津市协助打造国际化高端技术技能人才培养基地。河北省加强对雄安教育规划建设的指导，构建科学合理的教育体系。北京、天津、河北共同支持雄安新区高水平发展高等教育。第四，完善津冀教育承接平台。

加强教育设施布局规划建设，全面增强津冀教育资源承载能力，加强教育承接平台建设，主动承接首都教育资源转移。

在推动基础教育优质发展方面，主要从促进区域基础教育深度融合、加强协作提升教师能力素质、加快优质基础教育资源共建共享三方面提升教育质量。一是继续推动京津优质中小学（幼儿园）采取教育集团、学校联盟、结对帮扶、委托管理、开办分校等方式，与河北省中小学（幼儿园）开展跨省域合作办学；支持有条件的在京中央部属高校到天津市、河北省与当地教育行政部门协作，共建附中、附小、附幼；推动落实"通武廊"教育协同发展合作协议；落实京津冀教育对口帮扶项目，助力河北省10个深度贫困县精准脱贫；搭建交流活动平台，开展学校（幼儿园）互访互学等活动。二是深入推进中小学、幼儿园教师、校（园）长挂职交流，试点三省市教师资格、职称职务互认；三省市联合在河北省开展"教师校长百千万工程"；推进北京师范大学、首都师范大学、天津师范大学、河北师范大学在河北省建设21个教师培养培训基地；京津两市选派优秀教师到河北受帮扶地区开展支教送教；继续实施"河北省千名骨干校（园）长、教师赴京挂职学习"项目，落实津冀教师校长交流合作框架协议。三是实施数字学校优质资源共享项目，共建三省市中小学社会实践基地、示范性综合实践基地、校外活动中心、青少年宫等校外教育资源；加强三省市体育、美育教育教学工作合作。

在加快职业教育融合发展方面，一是依托职业教育集团促进院校服务能力升级，巩固已有跨省职教集团（联盟），共建实训基地，建设京津冀职业教育对接产业服务平台。二是推动技术技能人才联合培养，重点建设一批职业教育专业群，推进跨省市中高职衔接，对跨省就读的职业教育学生在免学费、助学、培训补贴等方面逐步实行同城同等待遇。三是推进三省市职业教育协同发展，京津两市对口支持河北贫困地区技术技能人才培养，河北省在养老、护理、城市服务等领域加大技术技能人才培养力度，北京市鼓励职业院校通过联合办学、新建校区等形式与河北院校开展实质性合作，支持建好承德应用技术职业学院，打造职业教育数字化优质资源共享平台群，联合开展职业院校技能比赛。

在推动高等教育创新发展方面，主要从优化高等教育协同育人体系、构建高等学校协同创新体系、提升高等教育资源共享水平三方面推进协同创新。一是深化京津冀高校联盟建设，在联盟平台上探索培养方案互通，开展课程互选、学分互认、教师互聘、学生交流和短期访学，开展京津冀高校联合举办研究生学术论坛和研究生实践创新系列大赛，推进京津冀大学生思想政治教育工作协同。二是引导京津冀高校健全协同创新机制，鼓励京津冀高校开展协同创新攻关与成果转化应用，推动高校创新支撑服务城市空间布局和产业集群发展，共同推动部分地方本科院校向应用型转变。三是实施高校教师、管理人员异地挂职交流计划，建立高校教师访学机制。建设若干开放共享的高校学生素质教育基地、实习实践基地和实训基地。加强区域高校毕业生就业信息交流平台共享，引导和鼓励京津高校毕业生到河北省就业创业。

在创新教育协同发展体制机制方面，通过搭建协同管理机制、健全组织实施机制、完善配套政策保障，不断完善京津冀教育协同发展体制机制。一方面，积极争取教育部支持，建立推动京津冀教育协同发展的统筹协调机制，建立健全三省市教育部门联席会议制度，建立健全三省市教育督导合作机制。另一方面，建立三省市高等学校招生计划联合会商制度和职业教育重要事项会商机制；建设京津冀教育协同发展研究中心，深入研究区域教育协同发展政策、机制，形成一批理论成果，构建重大问题决策均有咨询服务支持的工作机制；拓宽教育协同宣传渠道，建立统一的京津冀教育协同发展信息发布机制。同时，在教育部的指导下，进一步研究完善教育协同支持配套政策，研究制定支持、吸引疏解转移学校的配套措施和优惠保障政策，建立健全疏解转移人口子女入学政策及学籍管理政策，加强在同城化、一体化等方面的政策协同研究。

（二）事业发展情况

1. 教育均衡发展情况

（1）师资水平

如表2所示，从反映京津冀区域内部各级各类教育师资配备充足度的生师比变化情况看,除了初中阶段生师比从2014年的11.03小幅提升至2019年的11.05之外,学前教育、小学和普通高中的生师比都有所下降,京津冀基础教育的师资配备充足度总体提升,北京优势明显。从区域内部三省市师资配备的均衡程度看,除学前教育阶段差异有所缩小,变异系数从2014年的0.412下降至2019年的0.238之外,小学、初中和普通高中阶段三地的差异程度不断扩大,小学生师比变异系数从0.089上升至0.118,初中和普通高中的变异系数值均分别提升0.07、0.067,义务教育阶段和普通高中阶段三地师资配备的相对差异仍然在不断扩大。究其原因,主要是河北小学和初中的生师比不降反升,而北京小学、初中和普通高中的生师比不断下降,进而拉大了区域内部的差异水平。

从三大城市群之间生师比的比较来看,2019年京津冀义务教育阶段的生师比均值要低于长三角和珠三角地区,师资配置充足度较高;京津冀学前教育生师比均值为13.96,高于长三角和珠三角水平,学前教育师资配备相对不足;京津冀高中生师比均值为10.05,介于长三角均值10.02和珠三角(广东)的12.35之间。从2014年到2019年生师比的变化情况看,京津冀学前教育生师比均值下降幅度在三大城市群中最高,从18.33下降至13.96,师资配备提升明显,长三角地区小学阶段生师比均值下降幅度最大,珠三角地区初中和普通高中阶段生师比下降最多,京津冀和长三角地区表现出相似的变化趋势,均为学前教育阶段、小学和普通高中阶段生师比下降,初中生师比上升,而珠三角地区小学阶段生师比提升,学前教育阶段、初中和普通高中阶段生师比下降。从2019年京津冀和长三角区域内部师资配备均衡水平的比较来看,京津冀基础教育阶段师资配置的均衡水平总体低于长三角地区;从2014年到2019年生师比变异系数的变化趋势显示,两个城市群学前教育生师比变异系数有所降低,区域内部差异缩小,义务教育阶段生师比的区域内部差异均有所扩大,京津冀义务教育阶段区域内部师资配置差异扩大的幅度高于长三角地区,长三角地区普通高中生师比均衡水平略有提升。

由此可见,从区域内部看,从2014年到2019年京津冀基础教育的师资配备充足度总体提升,北京地区优势显著,但义务教育阶段和普通高中阶段三地师资配备的相对差异仍然在不断扩大。在三大城市群中，京津冀义务教育阶段的师资配置充足度优于长三角和珠三角地区，学前教育师资配备相对不足。六年间，京津冀学前教育师资配备较之长三角和珠三角地区提升明显，但京津冀基础教育阶段师资配置的均衡水平总体低于长三角地区，虽然学前教育阶段师资配置区域内部差异缩小，然而义务教育阶段生师比的区域内部差异均有所扩大，且差异扩大的幅度高于长三角地区。

表2　三大城市群各级各类教育生师比情况

项目	学前教育		小学		初中		普通高中	
	2014年	2019年	2014年	2019年	2014年	2019年	2014年	2019年
京津冀均值	18.33	13.96	15.36	15.29	11.03	11.05	10.75	10.05
京津冀标准差	7.55	3.32	1.36	1.81	2.13	2.90	2.41	2.92
京津冀变异系数	0.412	0.238	0.089	0.118	0.193	0.263	0.224	0.291
北京	10.80	11.35	14.44	13.58	9.44	8.33	8.41	7.41
天津	18.30	12.83	14.71	15.10	10.21	10.71	10.62	9.55
河北	25.90	17.69	16.92	17.18	13.45	14.11	13.23	13.19
长三角均值	15.94	13.67	17.22	16.05	11.56	11.69	10.68	10.02
长三角标准差	2.67	1.15	1.52	1.86	1.00	1.08	1.40	1.26
长三角变异系数	0.167	0.084	0.088	0.116	0.086	0.093	0.131	0.126
上海	13.68	12.63	15.60	13.90	11.49	10.47	9.27	8.57
江苏	18.89	14.91	17.45	17.25	10.60	12.06	10.71	10.58
浙江	15.26	13.46	18.62	16.99	12.59	12.54	12.06	10.90
珠三角（广东）	16.08	13.76	18.31	18.68	13.53	13.34	14.43	12.35

资料来源：根据教育部官方网站2014年和2019年的教育统计数据计算得出。

如表3所示，就反映各级各类教师质量的学历水平而言，六年间京津冀基础教育阶段教师学历水平均有较为明显的提升，北京学前教育师资学历水平提升幅度较大，河北省义务教育阶段教师质量提升较为明显；从区域内部师资质量均衡情况看，义务教育阶段区域内部师资质量水平差异缩小，但学前教育和普通高中阶段内部差异不断扩大。

在三大城市群之中，"十三五"末期长三角地区学前教育和义务教育阶段师资质量优势显著，高于京津冀地区和珠三角地区，尤其是长三角学前教育本科及以上学历占比达58.7%，超过半数；2019年京津冀普通高中研究生学历教师占比均值在三大城市群中最高，为19.43%；珠三角地区的教师学历水平在三大城市群中相对薄弱。从教师学历水平变化幅度来看，六年间京津冀基础教育师资学历提升变化幅度居中，长三角地区学前教育阶段和普通高中阶段师资学历水平提升幅度最大，珠三角地区义务教育阶段师资学历水平提升幅度在三大城市群中最高。与长三角地区相比，京津冀基础教育阶段师资质量的区域内差异更大，均衡水平相对较低；与此同时，从2014年到2019年，长三角地区基础教育教师学历水平的内部差异呈缩小趋势，四个阶段的变异系数均有所降低；京津冀义务教育阶段区域内师资质量差异降低，但学前教育和普通高中阶段师资学历水平内部差异不断扩大。

表3　三大城市群各级各类教育教师本科及以上学历占比情况

单位：%

项目	学前教育		小学		初中		普通高中（研究生学历）	
	2014年	2019年	2014年	2019年	2014年	2019年	2014年	2019年
京津冀均值	34.15	38.76	65.60	78.66	90.57	95.73	13.34	19.43
京津冀标准差	13.67	17.72	23.66	18.00	9.17	4.43	7.56	12.61
京津冀变异系数	0.40	0.46	0.36	0.23	0.10	0.05	0.57	0.65
北京	33.90	47.88	87.50	93.96	98.20	99.24	21.10	32.42
天津	47.94	50.06	68.80	83.20	93.10	97.19	12.91	18.62
河北	20.60	18.34	40.50	58.83	80.40	90.75	6.00	7.24
长三角均值	43.00	58.70	69.23	85.12	94.32	97.78	10.71	18.81
长三角标准差	20.47	16.68	3.69	1.36	3.16	1.24	3.95	6.29
长三角变异系数	0.48	0.28	0.05	0.02	0.03	0.01	0.37	0.33
上海	65.66	77.56	73.42	85.60	97.89	99.20	14.98	25.04
江苏	37.49	52.67	66.49	86.17	91.87	97.22	9.95	18.95
浙江	25.85	45.87	67.77	83.58	93.21	96.92	7.20	12.45
珠三角（广东）	9.06	17.48	39.67	68.84	77.15	90.56	7.40	13.08

资料来源：根据教育部官方网站2014年和2019年的教育统计数据计算得出。

(2) 经费投入水平

如表4所示，2019年，京津冀小学、初中、普通高中和高等教育的生均一般公共预算事业费分别为2.07万元、3.5万元、3.98万元和3.36万元。从2014年到2019年，京津冀地区小学、初中、普通高中和高等教育生均一般公共预算事业费均大幅跃升，分别上升35.1%、47.4%、51.7%、12.7%，河北小学、普通高中和高等教育的生均一般公共预算事业费提升幅度在三省市中最高，分别提升66.9%、94.9%和42.2%，北京初中生均一般公共预算事业费提升幅度高于天津和河北，为67.1%。2019年，北京基础教育和高等教育生均一般公共预算事业费仍处于三省市最高水平，北京小学、初中、普通高中和高等教育的生均一般公共预算事业费分别是河北的3.8倍、4.8倍、4.7倍和3.7倍。除高等教育阶段区域内差异呈缩小趋势外，六年间京津冀内部基础教育阶段生均一般公共预算事业费差异略有扩大，小学、初中和普通高中的变异系数分别上升了0.003、0.08、0.068。

2019年，京津冀地区基础教育和高等教育生均一般公共预算事业费在三大城市群中均处于最高位置，其小学生均一般公共预算事业费分别是长三角和珠三角地区的1.1倍和1.6倍，初中生均一般公共预算事业费分别为长三角和珠三角地区的1.3倍和1.8倍，普通高中生均一般公共预算事业费分别为长三角和珠三角地区的1.2倍和2倍，高等教育生均一般公共预算事业费分别为长三角和珠三角地区的1.3倍和1.1倍；其中，北京和上海分别是京津冀和长三角地区基础教育和高等教育生均一般公共预算事业费最高的地区，北京与上海在小学、初中、普通高中和高等教育阶段生均一般公共预算事业费的比值分别为1.4、1.8、1.6、1.8，北京基础教育和高等教育生均一般公共预算事业费投入优势显著。从三大城市群各级各类教育生均一般公共预算事业费六年来的变化趋势来看，珠三角地区的提升幅度最大，小学、初中、普通高中和高等教育阶段生均一般公共预算事业费增长率分别为68.8%、107.6%、123.7%、112.2%；京津冀小学和初中生均一般公共预算事业费增长率分别为35.1%和47.4%，略高于长三角地区33.7%和43.5%的提升水平；长三角地区普通高中和高等教育生均一般公共预算事业费增长率分别为67.8%和38.4%，高于京津冀地区增长率51.7%和12.7%的同期水平。六年间，长三角地区基础教育和高等教育生均一般公共预算事业费的区域内差异呈缩小趋势，小学、初中、普通高中和高等教育生均一般公共预算事业费变异系数均有所下降；而京津冀地区除高等教育生均一般公共预算事业费内部差异小幅降低（变异系数降低0.056）之外，基础教育阶段生均一般公共预算事业费区域内差异均呈扩大趋势，初中和普通高中阶段差异扩大幅度相对较高。

表4　三大城市群各级各类教育生均一般公共预算事业费变化情况

单位：元

项目	小学		初中		普通高中		高等教育	
	2014年	2019年	2014年	2019年	2014年	2019年	2014年	2019年
京津冀均值	15341.6	20728.1	23737.7	34997.9	26195.5	39750.7	29836.3	33619.0
京津冀标准差	9193.6	12470.1	14646.6	24377.1	16841.2	28251.6	25068.9	26346.6
京津冀变异系数	0.599	0.602	0.617	0.697	0.643	0.711	0.840	0.784
北京	23441.8	33775.3	36507.2	61004.5	40748.3	70582.3	58548.4	64022.1
天津	17233.9	19479.9	26956.4	31321.2	30090.1	33566.2	18668.0	19355.7
河北	5349.1	8929.1	7749.4	12668.0	7748.2	15103.8	12292.6	17479.2
长三角均值	13502.3	18058.0	18784.0	26952.9	19744.5	33139.8	19236.3	26620.2
长三角标准差	5255.8	5864.1	5910.2	6844.2	9600.8	8982.5	6833.8	8326.4
长三角变异系数	0.389	0.325	0.315	0.254	0.486	0.271	0.355	0.313
上海	19519.9	24539.1	25456.6	34788.6	30819.1	43433.7	27111.7	35993.2
江苏	11175.1	13119.2	16690.4	22144.1	14642.1	26891.9	15728.4	20079.1
浙江	9811.9	16515.7	14204.9	23925.9	13772.1	29093.9	14868.8	23788.3
珠三角（广东）	7738.6	13062.3	9264.1	19229.3	8980.0	20087.4	14361.7	30479.9

资料来源：教育部官方网站2014年和2019年全国教育经费执行情况统计表。

如表5所示，2019年，京津冀小学、初中、普通高中和高等教育的生均一般公共预算公用经费分别为5540.6元、9147.7元、10419.2元和14382.1元。从2014年到2019年，京津冀地区小学、初中、普通高中生均一般公共预算公用经费均有上升，分别提升8.2%、22.6%、6.6%，初中提升幅度较大，高等教育生均一般公共预算公用经费下降16.1%；河北小学、初中和普通高中的生均一般公共预算公用经费提升幅度在三省市中最高，分别为51.9%、50.6%、80.1%，北京高等教育生均一般公共预算公用经费下降幅度为21%，高于天津和河北，天津普通高中生均一般公共预算公用经费下降27.6%，与北京和河北的上升趋势相反。2019年，北京基础教育和高等教育生均一般公共预算公用经费处于三省市最高水平，北京小学、初中、普通高中和高等教育的生均一般公共预算公用经费分别是河北的4.6倍、5.6倍、5倍和4.4倍。六年间，除小学和高等教育阶段生均一般公共预算公用经费区域内差异呈缩小趋势外，京津冀初中和普通高中生均一般公共预算公用经费差异略有扩大，变异系数分别上升了0.02、0.05。

2019年，京津冀地区基础教育和高等教育生均一般公共预算公用经费在三大城市群中均处于最高位置，其小学生均一般公共预算公用经费分别是长三角和珠三角地区的1.3倍和1.9倍，初中生均一般公共预算公用经费分别为长三角和珠三角地区的1.4倍和2.3倍，普通高中生均一般公共预算公用经费分别为长三角和珠三角地区的1.4和3倍，高等教育生均一般公共预算公用经费均为长三角和珠三角地区的1.2倍；其中，北京和上海分别是京津冀和长三角地区基础教育和高等教育生均一般公共预算公用经费最高的地区，北京与上海在小学、初中、普通高中和高等教育阶段生均一般公共预算公用经费的比值分别为1.4、1.7、1.7、1.5，北京基础教育和高等教育生均一般公共预算公用经费投入优势显著。从三大城市群各级各类教育生均一般公共预算公用经费六年来的变化趋势来看，珠三角地区的提升幅度最大，小学、初中、普通高中和高等教育阶段生均一般公共预算公用经费增长率分别为59.5%、67.5%、55.3%、117%。六年间，长三角地区基础教育和高等教育生均一般公共预算公用经费的区域内差异呈缩小趋势，变异系数均有所下降；而京津冀地区除小学和高等教育生均一般公共预算公用经费内部差异小幅降低（变异系数分别降低0.131和0.099）之外，初中和普通高中阶段生均一般公共预算公用经费区域内差异均呈扩大趋势。

表5　三大城市群各级各类教育生均一般公共预算公用经费变化情况

单位：元

项目	小学		初中		普通高中		高等教育	
	2014年	2019年	2014年	2019年	2014年	2019年	2014年	2019年
京津冀均值	5119.7	5540.6	7461.1	9147.7	9778.5	10419.2	17152.1	14382.1
京津冀标准差	4371.0	4004.8	6112.2	7678.7	7274.8	8268.1	15318.8	11423.8

续表

项目	小学		初中		普通高中		高等教育	
	2014年	2019年	2014年	2019年	2014年	2019年	2014年	2019年
京津冀变异系数	0.854	0.723	0.819	0.839	0.744	0.794	0.893	0.794
北京	9951.0	9974.5	14127.6	17814.8	16716.1	19742.1	34711.0	27431.3
天津	3968.9	4460.9	6134.4	6433.7	10411.5	7539.0	10224.7	9528.6
河北	1439.3	2186.3	2121.1	3194.6	2207.9	3976.4	6520.7	6186.4
长三角均值	4011.6	4391.8	5216.4	6689.5	5147.7	7660.8	10450.4	12215.9
长三角标准差	2988.0	2370.4	3560.2	3377.6	3688.3	3358.6	6394.5	5359.3
长三角变异系数	0.745	0.540	0.683	0.505	0.716	0.438	0.612	0.439
上海	7383.6	7059.7	9278.8	10544.7	9380.2	11514.5	17831.2	18320.1
江苏	2958.2	2528.3	3731.1	4250.9	3442.0	5353.7	6940.8	8282.9
浙江	1693.1	3587.5	2639.2	5272.8	2621.1	6114.7	6579.3	10044.7
珠三角（广东）	1851.4	2952.3	2382.2	3990.0	2252.7	3497.4	5546.0	12032.9

资料来源：教育部官方网站2014年和2019年全国教育经费执行情况统计表。

（3）办学条件

如表6所示，2019年，京津冀小学生均校舍建筑面积为7.35平方米，生均图书29.8册，生均运动场地面积7.12平方米，生均计算机0.2台。从2014年到2019年，京津冀小学生均校舍建筑面积提升了0.05平方米，生均图书增加了0.71册，生均运动场地面积下降了0.81平方米，生均计算机增加了0.03台。北京小学生均校舍建筑面积、生均图书数和生均运动场地面积均有下降，反映出小学学位紧张和在学规模扩大的现实情况；天津生均校舍建筑面积和生均运动场地面积下降，小学在学规模有所扩张；河北除小学生均运动场地面积有所下降之外，其他办学条件均呈上升趋势。三省市小学生均校舍建筑面积、生均图书数和生均计算机数的内部差异呈现缩小趋势，变异系数均有所下降；京津冀小学生均运动场地面积内部差异扩大，变异系数增加了0.022。随着二孩政策放开后小学学龄人口的增加，京津冀小学办学条件尤其是办学空间日趋紧张，但因信息化水平整体提升，生均计算机台数未受显著影响。

2019年，长三角小学生均校舍建筑面积和生均图书数均高于京津冀和珠三角地区，京津冀小学生均运动场地面积高于长三角和珠三角地区，京津冀和长三角小学生均计算机数略高于珠三角地区。从2014年到2019年，三大城市群小学办学条件变化趋势看，三大城市群小学生均计算机数均有提升，京津冀和长三角小学生均校舍建筑面积和生均图书数增加，长三角地区增幅高于京津冀地区，珠三角小学生均校舍建筑面积、生均图书数和生均运动场地面积均有所下降，办学条件紧张的问题较为明显。2019年，京津冀小学办学条件的区域内差异小于长三角地区，四项指标中，只有生均计算机数这一项指标的变异系数高于长三角地区。从2014年到2019年，京津冀小学除生均运动场地面积域内差异扩大之外，其他三项指标的差异均有所缩小；长三角小学生均图书数和生均运动场地面积的域内差异降低，另两项指标的差异水平略有扩大。

如表7所示，2019年，京津冀初中生均校舍建筑面积为11.61平方米，生均图书35.97册，生均运动场地面积10.54平方米，生均计算机0.24台。从2014年到2019年，京津冀初中生均校舍建筑面积提升了0.92平方米，生均图书增加了2.42册，生均运动场地面积下降了0.31平方米，生均计算

表6 三大城市群小学办学条件生均情况

项目	生均校舍建筑面积（平方米）		生均图书数（册）		生均运动场地面积（平方米）		生均计算机数（台）	
	2014年	2019年	2014年	2019年	2014年	2019年	2014年	2019年
京津冀均值	7.30	7.35	29.09	29.80	7.93	7.12	0.17	0.20
京津冀标准差	1.02	0.64	4.97	2.48	1.08	1.12	0.09	0.07
京津冀变异系数	0.140	0.088	0.171	0.083	0.136	0.158	0.506	0.382
北京	8.31	8.06	32.56	29.41	6.71	5.92	0.27	0.28
天津	7.30	7.18	31.30	32.44	8.34	7.27	0.15	0.18
河北	6.27	6.81	23.39	27.53	8.75	8.15	0.10	0.13
长三角均值	7.17	8.48	25.75	30.39	5.57	6.15	0.16	0.20
长三角标准差	0.62	1.23	3.67	3.74	1.62	1.15	0.03	0.05
长三角变异系数	0.086	0.145	0.142	0.123	0.290	0.186	0.153	0.238
上海	6.56	7.70	29.35	32.65	3.80	4.85	0.19	0.24
江苏	7.16	7.85	22.02	26.07	6.98	6.59	0.14	0.15
浙江	7.80	9.90	25.89	32.45	5.93	7.01	0.16	0.21
珠三角（广东）	7.74	7.00	21.55	21.06	7.19	6.23	0.12	0.16

资料来源：根据教育部官方网站2014年和2019年的教育统计数据计算得出。

机增加了0.06台。天津和河北初中生均运动场地面积下降；北京初中四项办学条件均呈上升趋势。三省市初中生均图书数差异呈现缩小趋势，变异系数下降0.016；初中生均校舍建筑面积、生均运动场地面积和生均计算机数的省际差异扩大，变异系数分别增加了0.077、0.052、0.128。

2019年，长三角初中四项生均办学条件均优于京津冀和珠三角地区；除生均运动场地面积略高于珠三角地区，京津冀初中其他三项办学条件均低于珠三角和长三角地区，初中生均办学条件有待提升。从2014年到2019年三大城市群初中办学条件变化趋势看，除京津冀生均运动场地面积有所下降，三大城市群初中生均各项办学条件均有提升。2019年，京津冀初中生均校舍建筑面积、生均运动场地面积和生均计算机数的区域内差异均大于长三角地区，生均图书数的变异系数低于长三角同期水平；京津冀初中除生均图书数域内差异缩小之外，其他三项指标的差异均有所扩大；长三角初中生均运动场地面积的域内差异降低，生均图书数域内差异不变，生均校舍建筑面积和生均计算机数的差异水平略有提升。

表7 三大城市群初中办学条件生均情况

项目	生均校舍建筑面积（平方米）		生均图书数（册）		生均运动场地面积（平方米）		生均计算机数（台）	
	2014年	2019年	2014年	2019年	2014年	2019年	2014年	2019年
京津冀均值	10.69	11.61	33.55	35.97	10.85	10.54	0.18	0.24
京津冀标准差	1.38	2.39	2.29	1.88	1.08	1.60	0.08	0.13
京津冀变异系数	0.129	0.206	0.068	0.052	0.100	0.152	0.436	0.564
北京	12.22	14.34	30.95	34.17	10.60	11.46	0.27	0.39
天津	9.54	9.91	35.27	35.84	12.03	11.47	0.16	0.19
河北	10.31	10.56	34.44	37.91	9.92	8.68	0.12	0.14
长三角均值	16.65	19.09	46.34	51.22	11.11	11.85	0.29	0.35
长三角标准差	1.03	1.76	7.72	8.52	2.59	1.06	0.06	0.10
长三角变异系数	0.062	0.092	0.166	0.166	0.233	0.090	0.204	0.290
上海	15.51	19.19	55.24	58.81	8.47	10.69	0.35	0.45
江苏	17.53	17.29	41.59	42.01	13.65	12.08	0.25	0.25
浙江	16.92	20.80	42.20	52.84	11.22	12.78	0.26	0.34
珠三角（广东）	12.77	15.96	31.97	38.26	8.94	10.32	0.16	0.26

资料来源：根据教育部官方网站2014年和2019年的教育统计数据计算得出。

2.高等教育创新发展情况

如表8所示,京津冀地区总体上高校创新综合能力很强,与区域经济发展水平基本适应,但在区域内部呈现极化特征,北京和天津在全国位居前列而河北较为落后。在创新投入方面,京津冀地区高校创新投入力度大,但是在基础研究上投入的人员和经费比例相对偏低。

从京津冀地区内部高校科技成果产出、创新成果转化与扩散情况看,三省市之间差异很大。北京高校校均科技论文数、校均有效发明专利数、发明专利申请数量占高校专利申请数量的比例,以及校均获得科技成果奖数量均高于天津和河北,但是天津和河北每亿元R&D经费内部支出产生的专利申请数量高于北京。北京在高校创新成果转化与扩散情况各项指标上数值均高于天津和河北,特别是专利所有权转让及许可平均收入、技术转让平均合同金额,以及校均技术转让合同金额优势显著。

在创新产出方面的区域比较方面,京津冀地区高校在创新人才培养、科研成果产出、国际交流与合作等方面均表现突出,但是与长三角地区相比,成果转化与扩散能力仍有待提升。

表8 三大城市群高校科技创新成果及成果转化与扩散情况

项目	京津冀	北京	天津	河北	长三角	上海	江苏	浙江	珠三角(广东)
校均科技论文数(篇)	738.35	1408.28	630.75	282.54	814.43	1390.89	788.66	512.69	681.76
校均有效发明专利数(项)	248.10	573.98	181.63	32.86	301.91	377.48	296.46	265.55	112.10
每亿元R&D经费内部支出产生的专利申请量(项)	110.62	81.11	164.29	238.30	252.28	100.97	374.74	299.48	181.12
发明专利申请数量占高校专利申请数量的比例(%)	71.38	83.24	69.56	38.57	66.69	80.45	63.56	65.52	57.20
校均获得科技成果奖数量(个)	3.97	8.61	7.31	1.55	3.65	8.68	3.07	2.75	1.24

续表

项目	京津冀	北京	天津	河北	长三角	上海	江苏	浙江	珠三角（广东）
科技成果奖中国家级奖项占比(%)	12.88	19.70	5.13	2.35	8.73	9.83	8.97	7.03	6.43
校均专利所有权转让及许可数(项)	2.62	5.59	1.64	0.84	8.10	5.19	10.16	6.63	1.72
专利所有权转让及许可平均收入(万元)	76.88	103.10	7.82	7.01	19.96	103.41	9.10	7.00	62.89
校均技术转让合同数(项)	7.48	18.59	14.13	1.86	14.70	12.71	17.01	11.72	3.51
技术转让平均合同金额(万元)	88.01	119.28	30.98	20.49	42.66	194.44	21.99	30.56	64.59
校均技术转让合同金额(万元)	658.05	2217.05	437.53	38.19	627.05	2470.59	374.21	358.16	226.92

资料来源：王纾：《京津冀高校创新综合能力评价研究》，载方中雄、桑锦龙主编《京津冀教育蓝皮书：京津冀教育发展报告（2019~2020）》，社会科学文献出版社，2021。

（三）改革推进情况

1. 首都教育功能疏解稳步推进

京津冀协同发展六年间，坚定不移疏解非首都功能，高校疏解稳步推进。北京建筑大学、北京信息科技大学、北京城市学院等高校新校区累计入驻师生超过3万人。北京信息科技大学等5所学校新校区加快建设。数据显示，2014~2019年普通高等教育总体办学规模持续下降，2019年普通本专科招生数为15.68万人，较2014年下降了2%；成人本专科招生数为4.76万人，较2014年下降了46.1%，降幅较大；普通本专科和成人本专科在校生数分别下降了1.5%和45.4%；在学校数上，普通高等学校数量增加了4所，主要为中央部委属高校，市属高校数量没有变化，成人高等学校数量减少了1所。中等职业教育招生和在校生规模大幅缩减，2019年招生数和在校生数不足 2014 年的一半,基本达到 2020 年的预期目标,但学校数尚未达到 2020 年目标(见表 9)。

表 9　首都教育功能疏解规模类指标完成情况

单位：所,万人

项目		2014 年	2019 年	2020 年目标	完成情况
普通高等教育（本专科）	学校数	89	93	不增加	完成
	招生数	16	15.68	下降	完成
	在校生数	59.5	58.6	下降	完成
成人高等教育（本专科）	学校数	19	18	不增加	完成
	招生数	8.83	4.76	下降	完成
	在校生数	23.76	12.97	下降	完成
中等职业教育	学校数	123	111	60 所左右	未完成
	招生数	4.46	2.16	下降	完成
	在校生数	16.71	7.65	6 万人左右	即将完成

资料来源：高兵、吕贵珍：《新时期京津冀教育协同发展研究》,"十四五"时期北京市推进教育现代化的思路与措施研究项目成果,2020 年 5 月 25 日。

从三地高等教育在校生变化情况来看,2019 年北京在校普通本专科生规模较 2014 年下降 1.5%,六年间研究生数持续增长,2019 年在校研究生为 41.1 万人,较 2014 年增长了 37%,基本满足支持北京"高精尖"产业发展的需求。天津、河北高等教育一直秉持增量放宽的原则,从 2014 年到 2019 年研究生增长幅度分别为 54.9% 和 52.6%,明显高于本专科生增长幅度(见表 10)。

表 10　2014~2019 年京津冀普通本专科和研究生在校生变化情况

单位：万人,%

在校生数	北京		天津		河北	
	普通本专科	研究生	普通本专科	研究生	普通本专科	研究生
2014 年	59.5	30.0	45.5	5.1	116.4	3.8
2015 年	59.3	31.0	51.3	5.3	117.9	4.0
2016 年	58.8	31.8	51.4	5.4	121.6	4.2
2017 年	58.1	40.0	51.5	7.2	126.9	5.2
2018 年	58.1	40.3	52.3	7.7	134.3	5.5

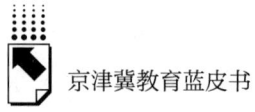

续表

在校生数	北京		天津		河北	
	普通本专科	研究生	普通本专科	研究生	普通本专科	研究生
2019年	58.6	41.1	53.9	7.9	147.4	5.8
变化幅度	-1.5	37.0	18.5	54.9	26.6	52.6

资料来源：教育部官方网站2014~2019年教育统计数据，2014~2020年《北京市教育事业统计资料》。

2. 北京加强对"两翼"地区教育支持

一是全方位支持雄安新区教育质量提升。签署《北京市教育委员会雄安新区管理委员会关于雄安教育发展合作协议》，以北京四中、史家胡同小学、北海幼儿园为主体的"三校一院"交钥匙项目开工建设①。北京市第八十中学、中关村第三小学、朝阳区实验小学和六一幼儿院对口帮扶安新县第二中学、雄县第二小学、容城县容城小学和雄县幼儿园，对口帮扶4所北京学校雄安校区2018年正式挂牌。北京3所职业培训机构与雄安新区培训机构开展"一对一"合作帮扶。组建雄安新区教育规划北京专家顾问团，为雄安新区研制教育质量提升三年计划和中长期发展规划提供智力支持。北京建筑大学成立雄安创新研究院，开展新区规划建设、文物保护、城市设计等服务；北京服装学院商学院与雄源集团在雄安新区揭牌成立雄源商学院。

二是高水平建设城市副中心教育。统筹北京市城六区优质教育资源，规划建设14所优质中小学、幼儿园。积极引入中心城区优质资源挂牌办学，北京第五中学通州校区落成，中国人民大学附属中学、景山学校通州校区建设有序推进。组建北京学校、北京第一实验学校等市教委直属学校，分别由中国人民大学附属中学和十一学校承办。北京学校小学部开班。坚持"统一规划、统一政策、统一标准、统一管控"，有序推进通州区与廊坊北三县协同发展，鼓励京冀两地高等学校、职业院校入驻北三县，北京财贸职业学

---

① 《京津冀协同发展脚步越来越快》，北京日报，http://www.beijing.gov.cn/ywdt/zwzt/jjjyth/zxxxi/202011/t20201110_2131574.html，2020年11月10日。

院廊坊校区挂牌。

3. 多层次教育协同合作与共享不断深化

充分发挥北京、天津对河北基础教育辐射带动作用。北京与津冀开展教育帮扶项目60余项，签署基础教育合作协议13项。北京16个区对口帮扶河北23个教育贫困县，与30余所学校进行手拉手对接。京津冀三地13所学校成立京津冀美育联盟，14所长城沿线学校成立长城教育联盟。因基础教育的管理和事业发展都更具有地方性，跨区域校际联盟的情况较少，更多是以市区或学区内教育联盟、教育集团等形式进行教育协同发展。京津两市高水平中小学与河北开展跨区域合作办学。实施"河北省千名中小学骨干校长教师赴京挂职学习"项目提升河北中小学教师素质。津冀中小学共享北京"数字学校"优质云课堂资源①。

2015~2019年，京津冀职业教育协同发展成效初显。构建"人力资源需求信息共用共享平台"等5个职业教育平台，成立商贸、外事服务、"互联网+"、信息安全等10个跨区域特色职教集团（联盟）②。由于职业教育与产业和市场的联结紧密，并且职业院校联盟院校和学科多为应用型，故多以校企联盟的模式组建。北京多个区级教育部门、职业院校与河北多个市县政府部门和学校签署合作协议，采取集团（联盟）建设、联合办学、研讨交流、捐赠共享等12种方式开展合作，体现出6个实践特征：教育地理上的广泛性和集中性；协同发展主体关系的多层次性；协同发展内容和形式的多样性；组织性和自发性并存；专业协同育人和教育精准扶贫功能共同发挥；教育行政上的积极性和配套政策的困境并存。

高等教育协同发展水平不断提升。组建"京津冀协同创新联盟"等12个京津冀高校创新发展联盟，开展师资共享、教育教学、联合培养、智库建

---

① 《开辟高质量发展的光明前景——以习近平同志为核心的党中央谋划推动京津冀协同发展五周年纪实》，新华社，http://www.beijing.gov.cn/ywdt/zwzt/jjjyth/zxxxi/201902/t201902 26_1819366.html，2019年2月26日。
② 北京市发展和改革委员会：《市发展改革委等部门介绍京津冀协同发展6年来新变化》，http://www.beijing.gov.cn/ywdt/zwzt/jjjyth/bjdt/202002/t20200225_1819477.html，2020年2月25日。

设、产学研合作,且高校联盟基于学校类型和专业同质组成的情况较多。联合举办专场招聘会、校企交流合作研讨会等,积极推动京津冀毕业生就业市场一体化。实施京津冀高校干部、教师异地挂职交流计划①。

三 面向2035京津冀教育协同发展的形势分析

当前京津冀教育协同发展即将进入"滚石上山、爬坡过坎、攻坚克难"的关键阶段,进入推进全国和三地教育现代化2035规划实施的关键时期。京津冀教育协同发展既面临复杂多变的国际局势,也面临国内教育情境的多重转型,亦需在国家区域协调发展的宏观战略图景中,明确京津冀教育协同发展与其他城市群教育协同发展的独特定位与趋势。

(一)四大国际趋势改变教育发展时空情境

从国际趋势来看,京津冀教育发展面临的时空情境存在四方面重大变化和挑战,教育的共同利益观和终身学习理念逐渐成为共识。一是各国均面临可持续发展的挑战和生态危机,不可持续的经济生产和消费模式导致全球气候变暖、环境恶化,自然灾害、国际性流行疾病频发。二是全球化与逆全球化并存。联合国教科文组织《反思教育:向"全球共同利益"的理念转变?》报告提到全球化带来国际经济竞争,人才和知识流动性增强,业态更新与教育革新速度失衡,教育与就业脱节问题日益凸显,就业形势愈加脆弱;与此同时,逆全球化的地方保护主义和民族利己主义对包容开放的人文主义教育观带来挑战②。三是人工智能时代将带来第四次教育革命。塞尔登在《第四次教育革命》中认为,第一次教育革命是以在家庭、团体和部落中向他人学习为特征的有组织学习和必要的教育,以制

---

① 北京市发展和改革委员会:《京津冀协同发展重大国家战略实施五周年成效》,http://www.beijing.gov.cn/ywdt/zwzt/jjjyth/zxxxi/201902/t20190225_1819365.html,2019年2月25日。
② 联合国教科文组织编《反思教育:向"全球共同利益"的理念转变?》,教育科学出版社,2017。

度化教育为特征的学校和大学的到来是第二次教育革命，以印刷与世俗化为主要内容的大众化教育构成第三次教育革命，第四次教育革命的特征是以人工智能、增强现实和虚拟现实为主要内容的个性化教育。在人工智能时代，教育将打破时空边界，随时随地终身学习成为现实，定制化教育和学习成为未来教育发展趋势①。四是教育治理规范性原则的转型，由强调公共利益（public goods）到更强调共同利益（common goods），超越公私对立的格局，树立包容性的社会共同责任观念，构建参与式民主的共建共享教育体系②。

（二）七大国内形势强调教育融合式发展

从国内趋势来看，京津冀教育改革发展面临七大外部形势，融合式发展将成为重要战略。教育与经济社会深度融合、协同发展的城教融合，政产学研用协同育人、有效衔接、协同创新的链条融合，家庭教育、学校教育、社会教育有机结合的系统融合是融合式发展的三大核心要义。

一是人口深度老龄化，需加快发展老年教育。预计2030年中国将迎来人口老龄化高峰，人口年龄中位数将达41.59岁，与高收入国家水平相当，2050年将达49.61岁，超过发达国家经济体③。基于终身学习的理念，需将发展老年教育纳入教育现代化推进的视野。

二是中等收入群体主体化，需推进教育供给侧结构性改革，提供优质、多元、个性化的教育。2016年4月，全球著名管理咨询公司埃森哲发布报告称，2030年将有70%的中国人成为中产阶级。澳新银行2015年发布的一份研究报告估计，到2030年中国的中产阶级人数将占城市人口总数的

---

① 〔英〕安东尼·塞尔登等：《第四次教育革命：人工智能如何改变教育》，吕晓志译，机械工业出版社，2019。
② 联合国教科文组织编《反思教育：向"全球共同利益"的理念转变？》，教育科学出版社，2017。
③ 中国教育科学研究院、教育信息与数据统计研究所：《2030年中国教育展望》，人民出版社，2018。

93%[1]，中国社会结构将由金字塔型转向橄榄型。中等收入群体对优质教育资源和公平配置的诉求更加强烈，需求更加多元、高端和个性化。

三是经济增速常态化，创新驱动发展需提升教育服务能力。长期以来，我国经济增长模式一直为投资驱动型，教育对经济增长的贡献度有限，未来随着经济社会转型和产业结构升级，中国势必走创新驱动型发展道路，需要教育在人力资本的供给和教育教学方式方面深度变革，增强教育服务经济社会发展的能力。

四是大规模高速度城市化，需发挥教育在城市发展中的基础性、先导性作用。在城市化及区域协同发展进程中，教育作为一项重要的基本公共服务是人口流动和集聚的重要影响因素，基础教育资源的公平配置、继续教育助推新移民融入城市、高等教育对人口流动的牵引作用至关重要。

五是社会治理现代化，教育需发挥社会均衡器作用。教育在阻断贫困代际传递、促进纵向阶层流动和教育与就业的结构性平衡方面的作用具有不可替代性。教育需为弱势群体的发展提供更多支持，关注经济社会对人才需求的快速变化，及时调整学科专业结构。

六是时空延展的信息化，需构建智慧教育新生态。面对第四次教育革命，"互联网+教育"的模式将更加普及，智能互联、泛在互动的未来学校将成为教育的新组织形态，需构建线上线下、虚拟现实相融合的教育新生态，实现个性化的教育服务和智能化的教育治理。

七是开放包容的国际化，需大幅提升教育国际竞争力。全球化竞争的关键在人才的竞争。我国要实现从优秀人才流出向流入的转变，教育国际竞争力提升是决定因素，既要融入国际教育格局之中，积极参与国际教育前沿研究和政策对话，又要发出中国声音，传播中国特色的教育理论、经验和成就。

---

① 刘少华：《中国推动实现"橄榄型社会"》，《人民日报》（海外版）2016年5月25日。

（三）三大城市群中的京津冀教育发展定位与趋势

如前文所述，京津冀协同发展是国家区域协调发展战略的重要组成部分，与长三角、珠三角等城市群既相互区别，又有所联结。与此同时，教育与区域经济社会发展的日趋融合成为知识经济时代和信息社会的重要特征，对教育协同发展的分析也不能孤立于外部经济社会环境而进行讨论。以国内城市群协调发展的系统视角，在区域比较和借鉴之中明晰京津冀教育协同发展经济社会背景环境的相对特征及其对区域教育发展和改革带来的潜在影响及要求具有现实意义。本报告选取经济和社会发展的两个指标——人均GDP及职工平均工资反映三大区域的教育发展外部环境的基础水平及内在差异情况；基于个体理性选择和用脚投票的逻辑，选取人口流动的系列指标反映城市群未来发展的潜在趋势与前景，以便分析面向未来京津冀教育协同发展可能面临的外部环境需求。

如表11所示，从"十三五"时期三大城市群经济社会发展的水平来看，2019年京津冀地区人均GDP为10万元，低于长三角地区11.2万元和珠三角地区12万元的同期水平，京津冀地区经济发展水平和基础不具备明显优势；同时，京津冀域内人均GDP的标准差在三大城市群中最高，为5.96万元，其次是珠三角地区的5.07万元，长三角地区域内差异最小。2019年，京津冀地区的职工平均工资为12万元，高于长三角地区的10.6万元和珠三角地区的9.4万元，区域内职工平均工资标准差也为最高（4.93万元），显著高于长三角的3.02万元和珠三角的1.96万元。由此可见，京津冀地区的经济社会发展具有"基础薄、福利高、差异大"的相对特征，长三角和珠三角地区则分别表现出"基础稳、回报中、均衡高"和"基础强、回报弱、较均衡"的特征。京津冀三地发展的极化和虹吸效应明显，区域经济社会发展不均衡成为三地教育协同发展的前置背景和环境基础。

从人口流动特征来看，珠三角和长三角表现出相似特征，京津冀地区则与之不同。2010年的数据显示，京津冀地区流动人口的省际流动比例为48.18%，未超过50%，仍然表现出县际流动和县内流动为主的特质；珠三

表 11 京津冀、长三角、珠三角城市群经济社会发展情况及人口流动特点

经济发展及人口流动指标	京津冀	长三角（三省一市）	珠三角（九市）
2019 年人均 GDP（万元）	10.0	11.2	12.0
2019 年区域内人均 GDP 标准差（万元）	5.96	4.11	5.07
2019 年职工平均工资（万元）	12.0	10.6	9.4
2019 年区域内职工平均工资标准差（万元）	4.93	3.02	1.96
2010 年人口流动模式（%）	省际流动（48.18）	省际流动为主（53.25）	省际流动为主（64.43）
2018 年流动人口增长的圈层分布	中心城市集聚（北京为主）	外围县市增速超中心城市	外围县市增速超中心城市
2017 年流动人口平均年龄（岁）	37.16	35.72	33.24
2017 年流动人口质量：大专及以上占比（%）	24.47	20.82	16.42
2017 年长期居留意愿：居留超过 10 年的比例（%）	28.09	24.31	19.39
2017 年落户意愿（%）	58.41	43.79	41

资料来源：《北京区域统计年鉴 2020》《中国流动人口发展报告 2018》。

角和长三角地区以省际流动为主，流动人口中省际流动的比例均超过 50%，对外来人口的吸引能力较强。2018 年，京津冀地区流动人口增长的圈层分布是向中心城市（北京）集聚，流入人口 49% 集中在北京，河北迁入北京最多，占比达 43.96%，极化效应显著；而长三角和珠三角地区流入人口的外围县市增速超中心城市，流入圈层分布较为分散。从三大城市群吸引的流动人口的素质来看，京津冀地区呈现"双高"特征，即平均年龄高（37.16 岁）、学历高，近 1/4 的流动人口具有大专及以上学历，长三角地区居中，珠三角地区流动人口较为年轻化，平均年龄仅为 33.24 岁，但学历水平相对较低。在反映区域对人才长期吸引力的居留意愿和落户意愿方面，京津冀依然呈现"双高"，长期居留意愿和落户意愿均处于三大城市群之首，尤其是落户意愿高达 58.41%。三大城市群均表现出家庭化迁移的趋势，珠三角约有八成的流动人口和家人同时迁移，其他城市群该比例高达九成及以上。

《中国流动人口发展报告2018》显示，京津冀地区的优质教育资源密集是影响落户意愿的显著因素，家庭式迁徙更看重该地区以教育和医疗为代表的公共服务水平，因此教育优先发展在吸引优秀人才"流得动、来得了、留得住"方面具有基础、先导和引领的决定性影响。

综上所述，从教育协同发展的外部经济社会发展环境来看，京津冀地区虽然不再是三大城市群中的经济中心，且内部差异较大，极化虹吸效应明显，但其优质教育资源集中成为吸引高质量人才流入的强大动力，表现出"极化需均衡创新"的特质，未来亟须提升区域教育发展优质均衡水平，强化高校科技创新能力为区域经济发展赋予创新活力。长三角地区一体化基础较好，区域均衡发展水平较高，但其对优质人才的吸引力和黏着力仍需增强，经济社会均衡且高质量发展的后劲有赖于高等教育质量的提升和一体化发展，因此其教育协同着力点在高等教育一体化发展提质增效方面[①]，即"均衡需优质一体"。珠三角地区经济实力雄厚，发展活力最强，是国家对外开放的前沿窗口，但其优质教育资源和高等教育资源相对紧缺将成为未来创新发展关键掣肘，粤港澳大湾区建设为珠三角城市群发展带来难得的历史机遇，故需要乘势而上，通过教育开放合作引进优质资源，构建融合发展的区域协同创新共同体提升教育和创新质量[②]，即"活力需开放融合"。

四 面向2035京津冀教育协同发展的战略重心及策略

（一）疏解部分功能提升首都教育品质

强化基础教育支撑引导作用。加强市级统筹，适应首都城市空间布局和

[①] 吴颖、崔玉平：《长三角区域高等教育一体化的演进历程与动力机制》，《高等教育研究》2020年第1期。

[②] 李燕鸿：《珠三角城市创新绩效研究——基于粤港澳大湾区国家战略背景》，《科技管理研究》2020年第1期。

人口迁移方向，在重点区域、重点阶段有步骤地布局优质基础教育资源，切实满足人民群众的教育需求，逐步形成与区域功能定位和产业布局相适应的基础教育服务体系。

适应首都产业发展和城市服务需求，控制职业教育整体规模。优化职业教育招生结构，加强资源整合，引导部分职业学校转型调整。调整职业教育专业结构和人才培养体系，重点培养服务首都高精尖产业、高端服务业、文化创意产业等领域的高素质技术技能人才。

坚持内涵发展，适度控制高等教育规模，支持北京高等学校通过部分学科院系搬迁、整体搬迁等方式向外疏解。根据延庆、密云、平谷、门头沟等区产业发展需要，布局高等学校。充分发挥沙河、良乡高教园区的集聚作用，引导高等学校把发展重点向园区转移，与承接地共建人才培养集聚、科技成果转化、产业技术研发的创新服务基地，打造结构合理、要素齐全、职住平衡、充满活力的科教融合新城。

（二）加快推进"两翼"教育高水平发展

高水平建设北京城市副中心教育。坚持世界眼光、国际标准、中国特色、高点定位，推进规划、建设、发展北京城市副中心教育。落实教育设施专项规划，坚持科学布局、适度超前、优质办学，新建一批中小学、幼儿园。积极探索教师资源配置新方式，强化教师专业培训和学科教学指导，提升教师专业化水平。结合区域特色和学校优势，推动形成一批学校品牌。加大资源统筹力度，探索"通武廊"基础教育协同发展的样板模式，把城市副中心建设成为首都教育的新高地。

坚持需求引领、共建共享、互利共赢，全力支持雄安新区教育发展。充分发挥在京高等学校、科研院所作用，服务雄安新区规划建设。积极对接雄安新区需求，根据北京市与河北省的合作协议，采取新建、共建等多种合作方式，支持优质基础教育资源到雄安新区合作办学。发挥其辐射带动作用，提升雄安新区整体教育质量。支持雄安新区教育人才队伍建设，加强人员交流、培养，提升整体水平。支持部分高等学校、职业院校向雄安新区转移。

(三)整体提升区域教育协同发展水平

1. 促进区域基础教育优质均衡发展

推动京津冀三地义务教育优质均衡发展。以河北主动发展为基础,促进京津两地带动河北发展。借鉴国家县域义务教育优质均衡发展督导评估指标体系,结合京津冀教育协同发展行动计划,从资源配置、政府保障程度、教育质量、社会认可度、重点区域发展保障、三地基础教育深度融合、协作提升教师能力素质、优质基础教育资源共建共享等八个方面建构京津冀区域义务教育优质均衡发展评价指标体系[①],以评促建,以评促改。鼓励优质中小学以教育集团、结对帮扶、委托管理、开办分校等方式,开展跨区域合作办学。以共建教师培养培训基地、教师跟岗培训等方式,加强教师队伍合作培养培训。以数字学校、社会实践基地、校外活动基地和体育运动设施等为载体,提升资源共享水平。

2. 加快区域职业教育融合发展

面向2035年,推进京津冀职业教育协同发展,从战略层面上看,应当明确目标,争取在10～30年内形成一种较为均衡——发展综合指数接近和错位发展的区域职业教育发展格局,实现职业教育与产业的深度融合。一方面,要有效满足京津冀区域内产业和城乡社会发展对技能人才的需求,推动建设京津冀职业教育对接产业服务平台,开展技术技能人才联合培养,重点加强养老、护理、城市服务等方面的人才培养力度,形成与京津冀现代经济体系相适应的现代职业教育体系;另一方面,有效满足京津冀区域内居民的学习需求,搭建职业教育统筹协作平台,探索推进职业教育一体化发展,发挥职教集团(联盟)作用,建立职业教育学习成果互通互认机制,推进跨省市中高职衔接。从实践层面看,京津冀职业教育协同发展要实现三个方向上的转变:一是从"院校先行、政府跟进"到"政府、院校并行";二是从

---

① 高兵、吕贵珍:《新时期京津冀教育协同发展研究》,"十四五"时期北京市推进教育现代化的思路与措施研究项目成果,2020年5月25日。

"以京冀、津冀合作为主"到"京津冀互有合作、优势互补";三是从产业转移和升级"够不着、跟不上"到"够得着、跟得上、想在前"。

3. 推动区域高等教育创新发展

京津冀高等教育创新发展应做到目标定位"顶天立地",发展策略"多元集成"和"治理体系"二维耦合。目标定位既需要加强"双一流"建设,同时又要服务于区域经济社会发展需要,服务于未来产业变革转型升级及科技创新等应用性和转化性需要,故应优化高等学校协同育人体系,提高高等教育资源共享水平,以区域内高水平大学为引领,加快拔尖创新人才培养,围绕产业转型升级、创新要素集聚需求,开展优势特色学科和专业建设,深化京津冀高校联盟建设,建设开放共享的高校学生素质教育基地、实习实践基地。要整合多元一流的创新主体和多种资本要素,进一步加强跨行政区划的高校创新能力协同发展机制,构建协同创新体系和创新资源融合生态体系,加大对高校基础研究及成果转化与扩散的投入力度,通过政策倾斜和加大投入提高河北高校创新的"造血"能力。要加强"科技-产业"耦合和"科技-基金"耦合的体制机制创新,明确大学、研究院、产业群体和代表用户在基础研究、应用研究、产业发展和应用示范中的角色定位,健全创新研究种子期、起步期、成长期、扩张期和成熟期全过程的资金配套机制。

(四)优化京津冀教育协同发展体制机制

1. 形成全纳融合的现代性教育治理思维

坚持功能定位的多元取向,内涵外延的全纳包容,要素主体的联动融合,制度体系的规范赋能,形成"全纳、融合"的区域现代性教育治理思维。"全纳"主要体现在教育体系不仅包括学校教育,还包括家庭教育和社会教育,覆盖从出生到死亡的整个生命历程;教育治理主体不仅包括属地辖区内政府、学校、家庭、社会组织或个体等有形主体,也包括与关联部门、毗邻地区和同类地区的协作共治框架、国际组织的教育政策或行动框架等虚拟主体;教育治理的价值关怀应为不同群体提供针对性教育服务,关照处境不利和边缘化的人口(如女性、残疾人和社会经济背景低的个体)。"融合"

体现在教育治理方式不仅强调体现民主性、规范性与党对全面依法治国的集中统一领导,也要前瞻性地探讨人工智能时代背景下基于个性化、智能化的"智械治理"和"智能治理"与"依法治教"的系统融合;注重个体学习自主性的高度"自治"和"政-校-家-社"多元协同"共治"的深度融合;注重教育生产要素市场中各类要素与制度资本和文化资本的创新融合。

2. 建设多功能教育智能互联系统

智能互联是通过互联网络与智能化,人类智能与人工智能 AI 的相互协同、相互迭代、加速发展,快速感知、解析和预测复杂系统的状态及变化,降低决策情景的不确定性,并提供多种优化解决方案。建设管理云平台和优质教育资源平台,优质数字教育资源全覆盖,为师生人人、处处、时时学习提供坚实保证。形成四大数据系统:决策支持数据系统、师生发展数据系统、评估监测数据系统、风险危机预警系统。建立发达国家或地区、国际都市圈、国内城市群、京津冀三地的教育法律数据库,教育政策文本数据库,各级各类教育事业发展统计数据库,教育经费统计数据库,各级各类学生发展数据库,校长教师职业发展数据库,学校(园)及公共教育资源布局数据库,培训机构及社区学校布局数据库,学校安全监测数据库等。实现政策更新提醒、教育资源布局调整、教育发展水平监测评估、学生教师个体化生涯指导和支持及危机预警等多重功能。数据库使用权限根据功能差异,面向不同群体开放共享。进一步强化教育智库信息化建设,提升治理主体信息素养,推进京津冀教育循证分析和数字治理的科学化、常态化、智能化。

3. 优化多主体协同融合共治平台

明确中央和京津冀三地各级政府及其教育行政部门的职、权、责、利,成立统一的综合性的教育改革领导组织,建立上下通达的领导体制、决策和投入机制,研制《京津冀教育协同发展中长期规划(2020~2035)》及实施方案。健全跨部门资源整合机制,整合内外部各种教育资源,利用京津冀三地各方优势,鼓励基层实践探索和投入体制机制创新,调动其他资源部门、社会力量参与教育发展改革积极性,从而形成协同合力,以激活教育中各类要素的聚合效能。通过要素、结构、系统和环境的四维协调,实现人力资

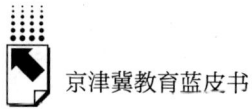

本、物质资本、文化资本和制度资本等资本要素在教育场域内的深度融合,激发京津冀教育发展的蓬勃活力。坚持"疏解承接、事治并重、点面结合"的战略思维,充分发挥"中央统筹、地方负责、基层探索"决策组织模式的治理效能,进一步强化对京津冀教育协同发展推进策略的"精细化"设计和改革深水区体制机制保障的"纵深性"探索,加强京津冀教育协同发展智库建设,为科学决策和理性实践提供高水平智力支撑和治理保障。

参考文献

卓泽林、杨体荣、马早明:《高等教育改革如何促进区域协调发展——以京津冀、长三角和粤港澳大湾区为例》,《江苏高教》2020年第12期。

崔玉平、夏焰:《区域高等教育联动改革与协调发展的经济意义——基于长三角地区的分析》,《清华大学教育研究》2012年第1期。

刘秀杰、万成伟、叶裕民:《京津冀协同发展的制度困境与对策建议——以通州与北三县协同发展为例》,《城市发展研究》2019年第11期。

B.2
2019年京津冀教育发展报告

吕贵珍*

摘　要： 2019年京津冀三地经济快速发展，在地区生产总值、财政收支、人均可支配收入、人均消费支出等方面，较上一年都有较大增长，为教育发展提供了保障。京津冀三地教育事业规模总体呈增长趋势，北京市的中职教育规模在缩减。京津冀三地专任教师队伍数量都有所增加，从三地专任教师的学历和职称情况看，北京市优于天津市和河北省。从京津冀三地教育经费投入情况看：其一，2019年河北省教育经费增长最快，河北省的一般公共预算教育经费占一般公共预算支出比例最高，河北省的一般公共预算教育经费和财政经常性收入都比上一年有了较大增长。其二，河北省与北京市和天津市的生均一般公共预算教育经费水平还有一定的差距。其三，从京津冀三地各阶段学校生均一般公共预算教育经费增长情况看，北京市中等职业学校的生均一般公共预算教育经费增长率最高；天津市与河北省均为学前教育阶段教育经费增长率最高。其四，京津冀三地的生均一般公共预算教育事业费支出普遍呈现增长趋势，而在生均一般公共预算公用经费支出方面，北京市和天津市出现了下降。从京津冀学校办学条件看，三地办学条件都有所改善，河北省各阶段学校办学条件与北京市和天津市还有一定的差距，尤其是生均教学

---

* 吕贵珍，北京教育科学研究院教育发展研究中心副研究员，硕士，主要研究领域为教育政策、区域教育发展等。

用仪器设备资产值方面，北京市是河北省的数倍。2019年京津冀三地积极探索教育领域的交流合作，不仅发布了《京津冀教育协同发展行动计划（2018－2020年）》，而且通过交流合作、培训基地建设、手拉手结对子帮扶、高等教育学科建设和人才培养模式创新等，积极推进京津冀教育协同发展。

关键词： 京津冀教育　区域教育　教育协同发展

京津冀教育发展的基本现状是深入开展京津冀教育协同发展研究的基础，本报告将从京津冀经济社会发展、教育事业规模、经费投入、师资情况、办学条件、协同发展等方面，分析和呈现京津冀教育发展和教育协同的基本概况。

一　经济社会发展概况

（一）经济

从地区生产总值情况看，2019年京津冀三地都保持了增长，河北省增长最多，其次是北京市。2019年河北省实现地区生产总值（GDP）35104.5亿元，比上年增长6.8%；2019年北京市实现地区生产总值（GDP）35371.3亿元，比上年增长6.1%；2019年天津市实现地区生产总值（GDP）14104.3亿元，比上年增长4.8%。

从一般公共预算收入情况看，2019年京津冀三地中，天津市增长最多，其次是河北省，北京市微弱增长。2019年天津市一般公共预算收入为2410.3亿元，比上年增长14.4%；2019年河北省一般公共预算收入为3742.7亿元，比上年增长6.5%；2019年北京市一般公共预算收入为

5817.1亿元，比上年增长0.5%。

从一般公共预算支出情况看，2019年京津冀三地中，天津市增长最多，其次是河北省，北京市为负增长。2019年天津市一般公共预算支出为3508.7亿元，比上年增长13%；2019年河北省一般公共预算支出为8313.7亿元，比上年增长7.7%；2019年北京市一般公共预算支出为7408.3亿元，比上年下降0.8%。

从人均可支配收入看，北京市最高，是天津市1.6倍，是河北省的2.64倍。从人均可支配收入增长情况看，2019年京津冀三地中，河北省增长最多，其次是北京市。2019年河北省人均可支配收入为25665元，增长9.5%；2019年北京市人均可支配收入为67756元，增长8.7%，2019年天津市人均可支配收入为42404元，增长7.3%。

从人均消费支出看，北京市最高，是天津市1.35倍，是河北省的2.39倍。从京津冀三地人均消费支出增长情况看，北京市增长最多，其次是河北省。2019年北京市人均消费支出为43038元，增长8.0%；2019年河北省人均消费支出为17987元，增长7.6%；2019年天津市人均消费支出为31854元，增长6.5%。

从以上比较可以看出，河北省的经济发展水平与北京市和天津市还有一定的差距，但河北省的经济发展呈现强劲的增长势头，为教育发展提供了有力保障。2019年京津冀三地经济发展情况的具体数据如表1所示。

（二）社会与人口

从京津冀三地人口及城镇化情况看，截至2019年底北京市常住人口2153.60万人，比上一年减少0.6万人；截至2019年底天津市常住人口1561.83万人，比上年增加2.23万人；2019年底河北省常住人口7591.97万人，比上年增加35.67万人。从城镇化率情况看，京津冀三地都比上一年有少量提升，从三地的城镇化率比较看，天津市的城镇化率与北京市接近，都在80%以上，河北省的城镇化率低一些，为57.32%。

表 1　京津冀地区经济发展情况

项目		北京市		天津市		河北省	
		2019年	增长率（%）	2019年	增长率（%）	2019年	增长率（%）
地区生产总值（GDP）（亿元）		35371.3	6.1	14104.3	4.8	35104.5	6.8
产业结构	第一产业增加值（亿元）	113.7	-2.5	185.2	0.2	3518.4	1.6
	第二产业增加值（亿元）	5715.1	4.5	4969.2	3.2	13597.3	4.9
	第三产业增加值（亿元）	29542.5	6.4	8949.9	0.6	17988.8	6.2
财政收支	一般公共预算收入（亿元）	5817.1	0.5	2410.3	14.4	3742.7	6.5
	一般公共预算支出（亿元）	7408.3	-0.8	3508.7	13.0	8313.7	7.7
人均可支配收入（元）		67756	8.7	42404	7.3	25665	9.5
人均消费支出（元）		43038	8.0	31854	6.5	17987	7.6

资料来源：京津冀三地2019年国民经济和社会发展统计公报。

从人口抚养比情况看，天津市和北京市比较接近，河北省与北京市和天津市有一定的差距。2019年北京市总人口抚养比28.01，天津市为28.80，河北省为47；河北省是北京市的1.68倍。2019年北京市少儿托养比为13.34，天津市为13.23，河北省为27.68，河北省是北京市和天津市的两倍多。2019年北京市老年抚养比为14.66，天津市为15.56，河北省为19.32。京津冀三地人口基本情况如表2所示。

表 2　京津冀三地人口基本情况

单位：万人，%

项目		常住人口数量	城镇人口比重	人口总抚养比	少儿托养比	老年抚养比
北京市	2018年	2154.20	86.50	27.75	13.37	14.38
	2019年	2153.60	86.60	28.01	13.34	14.66
天津市	2018年	1559.60	83.15	26.89	13.03	13.85
	2019年	1561.83	83.48	28.80	13.23	15.56
河北省	2018年	7556.30	56.43	45.28	26.85	18.43
	2019年	7591.97	57.32	47.00	27.68	19.32

资料来源：京津冀三地2019年国民经济和社会发展统计公报，2019~2020年《中国统计年鉴》。

从人口受教育程度看，2019年京津冀三地人口中，受过大专及以上教育的人口所占比例都有一定提升。北京市6岁及以上人口中，受过大专及以上教育的人口所占比例为50.49%，天津市6岁及以上人口中，受过大专及以上教育的人口所占比例为28.87%，河北省6岁及以上人口中，受过大专及以上教育的人口所占比例为11.32%。

从每十万人口各级学校平均在校生人数看，北京市人数最多的是高等教育阶段，2019年北京市每十万人口中高等教育在校生为5320人，天津市为4214人，河北省为2596人。天津市和河北省人数最多的是小学阶段，天津市每十万人口小学在校生为4500人，河北省为8988人。京津冀地区6岁及以上人口受教育程度及每十万人口各级学校平均在校生人数的具体数据情况如表3和表4所示。

表3 京津冀地区6岁及以上人口受教育程度情况

单位：人，%

项目		6岁及以上人口	受教育程度构成				
			未上过学	小学	初中	高中	大专及以上
北京市	2018年	16691	2.10	8.64	20.68	13.79	48.65
	2019年	15743	1.98	8.54	19.61	13.48	50.49
天津市	2018年	12223	1.94	13.45	34.03	13.15	28.29
	2019年	11563	2.14	13.68	32.54	13.27	28.87
河北省	2018年	57391	4.62	24.14	43.19	13.07	11.20
	2019年	54846	3.56	24.46	43.24	13.10	11.32

注：2018年和2019年全国人口变动情况抽样调查本数据，两年的抽样比分别为0.820‰、0.780‰。
资料来源：2019~2020年《中国统计年鉴》。

表4 京津冀每十万人口各级学校平均在校生数

单位：人

项目		学前教育	小学	初中阶段	高中阶段	高等教育
北京市	2018年	2076	4206	1285	1151	5268
	2019年	2171	4371	1433	1078	5320
天津市	2018年	1689	4324	1800	1752	4150
	2019年	1768	4500	1945	1673	4214
河北省	2018年	3194	8761	3765	2885	2457
	2019年	3164	8988	3935	3053	2596

资料来源：2019~2020年《中国统计年鉴》。

二 教育发展情况

(一)教育事业规模情况

1. 学前教育

从京津冀学前教育总体情况看,截至2019年,京津冀三地共有幼儿园20666所,比上一年增加1368所;在园幼儿313.39万人,比上一年增加1.82万人;招生数115.04万人,比上一年减少13.91万人;专任教师19.79万人,比上一年增加1.28万人。京津冀三地学前教育总体情况的具体数据如表5所示。

表5 2018年和2019年京津冀学前教育总体情况

单位:所,万人

项目	机构数	毕业生数	招生数	在园幼儿数	专任教师数
2018年	19298	114.98	128.95	311.57	18.51
2019年	20666	114.76	115.04	313.39	19.79
增长情况	1368	-0.22	-13.91	1.82	1.28

资料来源:根据2018年和2019年京津冀三地教育统计资料计算。

从京津冀三地学前教育比较情况看,2019年京津冀三地学前教育机构数较上一年都有所增加,其中北京市增加了76所,天津市增加了151所,河北省增加了1141所。在园幼儿数量与上一年相比,北京市增加了1.69万人,天津市增加了1.3万人,河北省减少了1.17万人。京津冀三地学前教育的专任教师都有所增加,生师比也有所下降。从三地专任教师学历情况看,北京市学前教育专任教师中本科及以上学历者所占比例接近50%,河北省尚不到20%。京津冀三地学前教育具体数据情况如表6、表7、表8所示。

表6 2018年和2019年北京市学前教育情况

项目	机构数（所）	毕业生数（万人）	招生数（万人）	在园幼儿数（万人）	专任教师数（人）	生师比情况	专任教师中本科及以上学历者所占比例（%）
2018年	1657	11.71	16.51	45.07	38867	11.60	44.89
2019年	1733	11.82	16.82	46.76	41187	11.35	47.88
增长情况	76	0.11	0.31	1.69	2320	-0.25	2.99个百分点

资料来源：《中国统计年鉴2020》及2018~2019年《北京市教育统计资料》。

表7 2018年和2019年天津市学前教育情况

项目	机构数（所）	毕业生数（万人）	招生数（万人）	在园幼儿数（万人）	专任教师数（人）	生师比情况	专任教师中本科及以上学历者所占比例（%）
2018年	2223	8.87	9.78	26.29	19635	13.41	50.35
2019年	2374	8.94	10.64	27.59	21549	12.83	50.06
增长情况	151	0.07	0.86	1.3	1914	-0.58	-0.29个百分点

资料来源：《中国统计年鉴2020》及2018~2019年《天津市教育统计资料》。

表8 2018年和2019年河北省学前教育情况

项目	机构数（所）	毕业生数（万人）	招生数（万人）	在园幼儿数（万人）	专任教师数（人）	生师比情况	专任教师中本科及以上学历者所占比例（%）
2018年	15418	94.40	102.66	240.21	126644	18.96	17.73
2019年	16559	94.00	87.58	239.04	135145	17.69	18.34
增长情况	1141	-0.40	-15.08	-1.17	8501	-1.27	0.61个百分点

资料来源：《中国统计年鉴2020》，2018~2019年《河北省教育事业统计提要》。

2. 小学教育

从京津冀小学教育的总体情况看，截至2019年，京津冀三地共有小学13422所，比上一年增加28所；三地小学招生数共有150.05万人，比上一年减少2.97万人；三地小学在校生共有843.47万人，比上一年增加25.98万人；三地小学专任教师共有50.73万人，比上一年增加1.64万人。京津冀三地小学教育阶段的总体情况如表9所示。

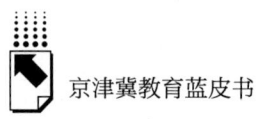

表9　2018年和2019年京津冀小学教育总体情况

单位：所，万人

项目	机构数	毕业生数	招生数	在校生数	专任教师数
2018年	13394	124.40	153.02	817.49	49.09
2019年	13422	124.33	150.05	843.47	50.73
增长情况	28	-0.07	-2.97	25.98	1.64

资料来源：根据2018年和2019年京津冀三地教育统计资料计算得出。

从京津冀三地的小学阶段教育情况看，截至2019年，北京市小学机构数941所，比上一年减少29所，天津市小学机构数877所，比上一年减少2所，河北省的小学机构数11604所，比上一年增加了59所。三地小学在校生人数都有不同程度增加。小学阶段专任教师中本科及以上学历者所占比例都比上一年有所增长，但是三地的差异较大，北京市小学阶段专任教师中本科及以上学历者所占比例超过93%，河北省小学阶段专任教师中本科及以上学历者所占比例不到60%。京津冀三地小学阶段教育的具体数据情况如表10、表11和表12所示。

表10　2018年和2019年北京市小学教育情况

项目	机构数（所）	毕业生数（万人）	招生数（万人）	在校生数（万人）	专任教师数（人）	生师比情况	专任教师中本科及以上学历者所占比例（%）
2018年	970	12.46	18.43	91.32	66894	13.65	92.94
2019年	941	13.90	18.29	94.16	69339	13.58	93.96
增长情况	-29	1.44	-0.14	2.84	2445	-0.07	1.02个百分点

资料来源：《中国统计年鉴2020》及2018~2019年《北京市教育统计资料》。

表11　2018年和2019年天津市小学教育情况

项目	机构数（所）	毕业生数（万人）	招生数（万人）	在校生数（万人）	专任教师数（人）	生师比情况	专任教师中本科及以上学历者所占比例（%）
2018年	879	9.89	12.73	67.32	44785	15.03	80.99
2019年	877	10.08	12.78	70.20	46497	15.10	83.20
增长情况	-2	0.19	0.05	2.88	1712	0.07	2.21个百分点

资料来源：《中国统计年鉴2020》及2018~2019年《天津市教育统计资料》。

表 12 2018 年和 2019 年河北省小学教育情况

项目	机构数（所）	毕业生数（万人）	招生数（万人）	在校生数（万人）	专任教师数（万人）	生师比情况	专任教师中本科及以上学历者所占比例(%)
2018 年	11545	102.00	121.86	658.85	37.92	17.32	55.34
2019 年	11604	100.35	118.98	679.11	39.15	17.18	58.83
增长情况	59	-1.65	-2.88	20.26	1.23	-0.14	3.49 个百分点

资料来源：《中国统计年鉴 2020》及 2018~2019 年《河北省教育事业统计提要》。

3. 初中教育

从京津冀初中教育总体情况看，截至 2019 年，京津冀三地共有初中学校 3081 所，比上一年增加 32 所；三地初中学校招生数共有 120.94 万人，比上一年增加 0.88 万人；三地初中学校在校生共有 358.52 万人，比上一年增加 19.45 万人；三地初中学校共有专任教师 27.08 万人，比上一年增加 1.57 万人。京津冀三地初中教育总体情况的数据如表 13 所示。

表 13 2018 年和 2019 年京津冀初中教育总体情况

单位：所，万人

项目	机构数	毕业生数	招生数	在校生数	专任教师数
2018 年	3049	92.21	120.06	339.07	25.51
2019 年	3081	101.02	120.94	358.52	27.08
增长情况	32	8.81	0.88	19.45	1.57

资料来源：根据 2018 年和 2019 年京津冀三地教育统计资料计算得出。

从京津冀三地初中教育变化情况看，与 2018 年相比，北京市初中教育阶段，学校数增加 1 所，招生数增加 1.64 万人，在校生数增加 2.97 万人，专任教师增加 1414 人，专任教师中本科及以上学历者所占比例略有增长。天津市初中学校减少了 7 所，招生数、毕业生数、在校生数、专任教师数，以及专任教师中本科及以上学历者所占比例都有所增加。河北省初中学校增加 38 所，毕业生人数、在校生人数、专任教师数都有所增长。京津冀三地初中教育的具体数据情况如表 14、表 15、表 16 所示。

表14　2018年和2019年北京市初中教育情况

项目	机构数（所）	毕业生数（万人）	招生数（万人）	在校生数（万人）	专任教师数（人）	生师比情况	专任教师中本科及以上学历者所占比例（%）
2018年	335	7.03	10.10	27.90	35643	7.83	99.18
2019年	336	7.33	11.74	30.87	37057	8.33	99.24
增长情况	1	0.30	1.64	2.97	1414	0.50	0.06个百分点

资料来源：《中国统计年鉴2020》及2018~2019年《北京市教育统计资料》。

表15　2018年和2019年天津市初中教育情况

项目	机构数（所）	毕业生数（万人）	招生数（万人）	在校生数（万人）	专任教师数（人）	生师比情况	专任教师中本科及以上学历者所占比例（%）
2018年	347	7.57	9.59	28.02	27469	10.20	96.94
2019年	340	7.65	9.96	30.34	28333	10.71	97.19
增长情况	-7	0.08	0.37	2.32	864	0.51	0.25个百分点

资料来源：《中国统计年鉴2020》及2018~2019年《天津市教育统计资料》。

表16　2018年和2019年河北省初中教育情况

项目	机构数（所）	毕业生数（万人）	招生数（万人）	在校生数（万人）	专任教师数（万人）	生师比情况	专任教师中本科及以上学历者所占比例（%）
2018年	2367	77.61	100.37	283.15	19.48	14.17	89.80
2019年	2405	86.04	99.24	297.31	20.54	14.11	90.75
增长情况	38	8.43	-1.13	14.16	1.06	-0.06	0.95个百分点

资料来源：《中国统计年鉴2020》及2018~2019年《河北省教育事业统计提要》。

4. 普通高中教育

从京津冀普通高中教育总体情况看，截至2019年，京津冀三地共有普通高中学校1184所，比上一年增加31所；三地普通高中学校招生数61.03万人，比上一年增加6.39万人；三地普通高中学校在校生172.34万人，比上一年增加6.31万人；三地普通高中专任教师共有17.95万人，比上一年增加1.05万人。京津冀普通高中教育总体情况具体数据如表17所示。

表17 2018年和2019年京津冀普通高中教育总体情况

单位：所，万人

项目	机构数	毕业生数	招生数	在校生数	专任教师数
2018年	1153	50.59	54.64	166.03	16.90
2019年	1184	53.24	61.03	172.34	17.95
增长情况	31	2.65	6.39	6.31	1.05

资料来源：根据2018年和2019年京津冀三地教育统计资料计算得出。

从京津冀三地普通高中教育变化情况看，2019年北京市普通高中学校比上一年增加9所，在校生人数减少2621人；天津市普通高中学校数减少2所，招生人数增加2081人，在校生减少1328人。河北省普通高中学校数增加24所，招生数、在校生数、专任教师数都有所增长。京津冀三地普通高中专任教师中研究生学历者所占的比例都有不同程度提升，三地差异较大，北京市普通高中专任教师中研究生学历者所占比例超过了30%，河北省不到10%。京津冀三地普通高中教育的具体数据情况如表18、表19和表20所示。

表18 2018年和2019年北京市普通高中教育情况

项目	机构数（所）	毕业生数（人）	招生数（人）	在校生数（人）	专任教师数（人）	生师比情况	专任教师中研究生学历所占比例(%)
2018年	309	51065	47355	155478	20892	7.44	30.14
2019年	318	50390	51403	152857	20633	7.41	32.42
增长情况	9	-675	4048	-2621	-259	-0.03	2.28个百分点

资料来源：《中国统计年鉴2020》及2018~2019年《北京市教育统计资料》。

表19 2018年和2019年天津市普通高中教育情况

项目	机构数（所）	毕业生数（人）	招生数（人）	在校生数（人）	专任教师数（人）	生师比情况	专任教师中研究生学历所占比例(%)
2018年	189	53731	50162	159889	16606	9.63	17.70
2019年	187	54368	52243	158561	16596	9.55	18.62
增长情况	-2	637	2081	-1328	-10	-0.08	0.92个百分点

资料来源：《中国统计年鉴2020》及2018~2019年《天津市教育统计资料》。

表20 2018年和2019年河北省普通高中教育情况

项目	机构数（所）	毕业生数（万人）	招生数（万人）	在校生数（万人）	专任教师数（万人）	生师比情况	专任教师中研究生学历者所占比例（%）
2018年	655	40.11	44.89	133.49	13.15	13.37	6.95
2019年	679	42.76	50.67	141.20	14.23	13.19	7.24
增长情况	24	2.65	5.78	7.71	1.08	-0.18	0.29个百分点

资料来源：《中国统计年鉴2020》及2018~2019年《河北省教育事业统计提要》。

5. 中等职业教育

从京津冀中职教育的总体情况看，截至2019年，京津冀三地共有中职类学校786所，比上一年减少5所；三地中职学校招生数、在校生数、专任教师数都有少量增长；三地中职学校专任教师共有6.17万人，比上一年增加0.14万人。京津冀中职教育总体情况的数据如表21所示。

表21 2018年和2019年京津冀中职教育总体情况

单位：所，万人

项目	机构数	毕业生数	招生数	在校生数	专任教师数
2018年	791	30.32	33.25	92.28	6.03
2019年	786	31.56	36.93	95.08	6.17
增长情况	-5	1.24	3.68	2.80	0.14

资料来源：根据2018年和2019年京津冀三地教育统计资料计算得出。

从京津冀三地的中职教育情况看，截至2019年，北京市中职学校比上一年减少了2所，河北省中职学校减少了3所。北京市中职学校的毕业生数、招生数、在校生数和专任教师数都有所减少，其中招生数减少了12.5%，在校生数减少了15.9%；天津市中职学校在校生数和专任教师数也有所减少；河北省中职学校的招生数、在校生数、专任教师数都有所增加。从教师的学历情况看，北京市和天津市的专任及外聘教师中研究生及以上学历者所占比例比较接近，河北省与北京市和天津市有一定的差距；2019年北京市中职学校专任及外聘教师中研究生及以上学历者占16.81%，河北省中职学校专任及外聘教师中研究生及以上学历者仅占5.31%。京津冀三地中职教育的具体数据情况如表22、表23和表24所示。

表22 2018年和2019年北京市中职教育情况

项目	机构数（所）	毕业生数（人）	招生数（人）	在校生数（人）	专任教师数（人）	生师比情况	专任及外聘教师中研究生及以上学历者所占比例（%）
2018年	113	37540	24642	90985	6147	10.13	15.89
2019年	111	33811	21565	76517	6019	8.20	16.81
增长情况	-2	-3729	-3077	-14468	-128	-1.93	0.92个百分点

资料来源：《中国统计年鉴2020》及2018~2019年《北京市教育统计资料》。

表23 2018年和2019年天津市中职教育情况

项目	机构数（所）	毕业生数（人）	招生数（人）	在校生数（人）	专任教师数（人）	生师比情况	专任及外聘教师中研究生及以上学历者所占比例（%）
2018年	74	35145	32060	107504	7585	15.53	15.35
2019年	74	36742	32122	99653	7162	14.00	15.86
增长情况	0	1597	62	-7851	-423	-1.53	0.51个百分点

资料来源：《中国统计年鉴2020》及2018~2019年《天津市教育统计资料》。

表24 2017年和2018年河北省中职教育情况

项目	机构数（所）	毕业生数（万人）	招生数（万人）	在校生数（万人）	专任教师数（人）	生师比情况	专任及外聘教师中研究生及以上学历者所占比例（%）
2018年	604	23.05	27.58	72.43	46588	15.55	5.04
2019年	601	24.50	31.56	77.46	48484	15.98	5.31
增长情况	-3	1.45	3.98	5.03	1896	0.43	0.27个百分点

资料来源：《中国统计年鉴2020》及2018~2019年《河北省教育事业统计提要》。

6. 高等教育

截至2019年，北京市共有普通本专科高等学校93所，普通高校本专科在校生60.15万人，其中普通本科在校生52.74万人；普通专科在校生7.41万人。在93所普通高校中，地方普通高校54所（含民办高校16所），地方普通高校本专科在校生26.32万人。普通高校和科研机构共有在学研究生36.06万人。

截至2019年天津市共有普通高等学校56所，其中普通本科高校30所，普通专科高校26所。全市普通高校在校生61.27万人，其中博士生11646人，硕士生61644人，本科生359897人，高职高专在校生179469人。全市普通高校专任教师32651人。全市成人高等学校14所，成人本专科在校生38566人；成人高校专任教师486人。

截至 2019 年，河北省共有普通高校 122 所，其中地方普通高校 118 所，成人高等学校 6 所；共有在读研究生 55159 人，普通高校本专科在校生 147.4 万人，成人本专科在校生 42.91 万人。京津冀三地高等教育机构数、学生数等数据情况如表 25、表 26 所示。

表 25　2019 年京津冀三地普通高校数情况

单位：所，%

项目	普通高校	部委所属普通高校	地方普通高校	普通本科高校	普通专科高校	普通本科高校所占比例
北京市	93	39	54	68	25	73.12
天津市	56	3	53	30	26	53.57
河北省	122	4	118	61	61	50

资料来源：根据 2019 年京津冀三地教育事业统计资料及其中相关数据计算得出。

表 26　京津冀普通高校本专科学生情况

单位：万人

项目		招生数		在校生数		毕业生数	
		本科	专科	本科	专科	本科	专科
北京市	2018 年	13.01	2.19	52.09	7.40	12.03	2.89
	2019 年	13.09	2.14	52.74	7.41	12.11	2.61
天津市	2018 年	8.91	5.30	35.06	17.27	7.85	6.03
	2019 年	9.02	5.86	35.99	17.95	7.97	5.74
河北省	2018 年	20.02	18.63	77.47	56.80	17.14	16.73
	2019 年	21.29	24.80	82.29	65.11	17.45	18.33

资料来源：2019~2020 年《中国统计年鉴》。

从京津冀三地普通高等学校（机构）专任教师情况看，2019 年京津冀三地普通高等学校（机构）的专任教师数量较上一年都有增长。从京津冀三地普通高等学校（机构）的专任教师的职称结构看，正高级职称北京市占比最高，2019 年北京市的普通高等学校（机构）的专任教师中正高级职称占 29.32%，河北省为 13.62%；中级及以下职称，河北省的占比最高，2019 年河北省普通高等学校（机构）的专任教师中中级及以下职称的教师占 56.15%，天津市为 52.14%，北京市为 34.90%。京津冀三地普通高等学校（机构）的专任教师数量及职称情况的具体数据如表 27 所示。

表 27　京津冀普通高等学校（机构）专任教师及职称情况

单位：人，%

项目		专任教师数	正高级职称专任教师		副高级职称专任教师		中级及以下职称专任教师	
			数量	比例	数量	比例	数量	比例
北京市	2018 年	71095	20378	28.66	25302	35.59	25415	35.75
	2019 年	71997	21112	29.32	25757	35.78	25128	34.90
天津市	2018 年	31362	4948	15.78	10350	33.00	16064	51.22
	2019 年	32651	5053	15.48	10573	32.38	17025	52.14
河北省	2018 年	75454	10432	13.83	22847	30.28	42175	55.89
	2019 年	79149	10779	13.62	23926	30.23	44442	56.15

资料来源：2019~2020 年《中国统计年鉴》。

从以上分析可以得出以下几个基本结论：京津冀三地教育事业规模总体上呈增长趋势，各阶段教育呈现不同的变化特点。其一，学前教育阶段机构数增长最多，三地共增加了 1368 所幼儿园，其中河北省增加了 1141 所。其二，义务教育和高等教育相对较为平稳。其三，普通高中教育阶段，三地机构数有少量增加，招生数在增长。其四，中等职业教育阶段，北京市中职教育规模在减少，招生数较上一年减少了 12.5%，在校生数较上一年减少了 15.9%；天津市的中职学校在校生有少量减少。

（二）师资情况

京津冀三地各阶段学校专任教师存在一定的差异。从生师比方面看，2019 年京津冀三地各阶段学校生师比大部分都有了提升；从三地的比较看，北京市优于天津市，天津市优于河北省。

从各阶段学校专任教师的学历情况看，2019 年京津冀三地各阶段学校专任教师学历水平较上一年有一定的提升；从三地的比较看，天津市与北京市差异不大，河北省与北京市和天津市差异较大，比如小学专任教师本科及以上学历所占比例，北京市在 90% 以上，河北省不到 60%；北京市普通高中学校专任教师中研究生学历教师所占比例在 30% 以上，河北省不到 10%。

从专任教师职称情况看，2019年京津冀三地各阶段学校教师职称较上一年有所提升。从三地的比较看，北京市优于天津市和河北省，例如2019年普通高校副高级及以上职称教师所占比例，北京市为66.22%，天津市为47.86%，河北省为43.85%。京津冀三地各阶段学校生师比、专任教师学历和职称情况的具体数据如表28、表29、表30所示。

表28 2018年和2019年京津冀三地各阶段学校生师比情况

项目		幼儿园	小学	初中	普通高中	中职学校	普通高校
北京市	2018年	11.60	13.65	7.83	7.44	10.13	16.94
	2019年	11.35	13.58	8.33	7.41	8.20	16.90
天津市	2018年	13.41	15.03	10.20	9.63	15.53	18.67
	2019年	12.83	15.10	10.71	9.55	14.00	18.51
河北省	2018年	18.96	17.32	14.17	13.37	15.55	17.39
	2019年	17.69	17.18	14.11	13.19	15.98	18.00

资料来源：2019～2020年《中国统计年鉴》。

表29 2018年和2019年京津冀各阶段学校专任教师学历情况

单位：%

项目		幼儿园本科及以上所占比例	小学本科及以上所占比例	初中本科及以上所占比例	普通高中研究生及以上所占比例	中职研究生及以上所占比例	普通高校研究生及以上所占比例
北京市	2018年	44.89	92.94	99.18	30.14	15.89	91.06
	2019年	47.88	93.96	99.24	32.42	16.81	92.58
天津市	2018年	50.35	80.99	96.94	17.70	15.35	80.64
	2019年	50.06	83.20	97.19	18.62	15.86	82.37
河北省	2018年	17.73	55.34	89.80	6.95	5.04	74.37
	2019年	18.34	58.83	90.75	7.24	5.31	75.05

资料来源：2019～2020年《中国统计年鉴》。

表30 2018年和2019年京津冀各阶段学校专任教师职称情况

单位：%

项目		幼儿园助理级及以上所占比例	小学中级及以上所占比例	初中副高级及以上所占比例	普通高中副高级及以上所占比例	中职副高级及以上所占比例	普通高校副高级及以上所占比例
北京市	2018年	45.37	50.76	26.75	39.93	32.26	64.90
	2019年	36.81	52.60	28.18	40.35	32.21	66.22

续表

项目		幼儿园助理级及以上所占比例	小学中级及以上所占比例	初中副高级及以上所占比例	普通高中副高级及以上所占比例	中职副高级及以上所占比例	普通高校副高级及以上所占比例
天津市	2018年	35.98	65.11	21.01	38.33	43.72	48.78
	2019年	39.08	66.68	21.75	38.99	43.93	47.86
河北省	2018年	24.14	46.65	18.51	18.30	27.36	44.11
	2019年	23.55	51.47	18.08	17.22	26.86	43.85

资料来源：2019~2020年《中国统计年鉴》；教育部网站，http：//www.moe.gov.cn/jyb_xxgk/zdgk_sxml/sxml_zwgk/zwgk_jytj/jytj_jftjgg。

（三）经费情况

从京津冀三地一般公共预算教育经费情况看，2019年一般公共预算教育经费占一般公共预算支出比例河北省最高，为18.24%，天津市最低，为13.13%。京津冀三地的一般公共预算教育经费都比上一年有了较大增长，其中河北省涨幅最大，达到11.9%。与上一年相比，河北省的财政经常性收入有了较大增长，增长了10.55%，而北京市和天津市的财政经常性收入出现了下降，北京市下降了1.15%，天津市下降了0.24%，具体数据情况如表31所示。

表31　2019年京津冀一般公共预算教育经费增长情况

地区	一般公共预算教育经费（亿元）	一般公共预算教育经费占一般公共预算支出比例(%)	一般公共预算教育经费本年比上年增长(%)	财政经常性收入本年比上年增长(%)	一般公共预算教育经费与财政经常性收入增长幅度比较（百分点）
北京市	1125.36	15.19	10.25	-1.15	11.40
天津市	466.81	13.13	4.19	-0.24	4.43
河北省	1515.72	18.24	11.90	10.55	1.35

资料来源：教育部网站，http：//www.moe.gov.cn/jyb_xxgk/zdgk_sxml/sxml_zwgk/zwgk_jytj/jytj_jftjgg。

从生均一般公共预算教育经费情况看，京津冀三地只有北京市的学前教育阶段生均一般公共预算教育经费出现了下降，下降了5.88%；天津市和河北省的学前教育阶段，京津冀三地的义务教育阶段、普通高中、中等职业学校，以及普通高校的生均一般公共预算教育经费较上一年都有所增长，其中学前教育阶段，河北省增长比例高达20.6%；普通小学阶段北京市增长最多，增长了9.5%；普通初中阶段，河北省增长最多，增长了7.21%；普通高中阶段，河北省增长最多，增长了17.28%；北京市中等职业学校的生均一般公共预算教育经费增长达到20.32%；从普通高校的生均一般公共预算教育经费看，北京市增长最多，增长了7.69%。

从京津冀三地各阶段学校生均一般公共预算教育经费水平情况看，北京市是全国平均水平的数倍，河北省不到全国的平均水平。例如北京市普通高中生均一般公共预算教育经费为79584.07元，河北省为15938.07元，北京市是河北省的5倍。京津冀三地各阶段学校生均一般公共预算教育经费及增长情况的具体数据如表32和表33所示。

表32 学前教育及义务教育生均一般公共预算教育经费情况

单位：元，%

地区	幼儿园			普通小学			普通初中		
	2018年	2019年	增长率	2018年	2019年	增长率	2018年	2019年	增长率
全国	7671.84	8615.38	12.30	11328.05	11949.08	5.48	16494.37	17319.04	5.00
北京市	44213.67	41612.72	-5.88	34056.72	37292.92	9.50	64382.26	66365.98	3.08
天津市	22372.10	23736.47	6.10	20497.47	20613.06	0.56	33842.15	34119.26	0.82
河北省	5547.86	6690.75	20.60	8829.12	9443.93	6.96	12621.51	13532.13	7.21

资料来源：教育部网站，http://www.moe.gov.cn/jyb_xxgk/zdgk_sxml/sxml_zwgk/zwgk_jytj_jftjgg。

从京津冀各阶段生均一般公共预算教育事业费支出增长情况看，学前教育阶段，河北省的生均一般公共预算教育事业费支出增长最多，增长了19.92%，北京市仅增长了1.69%；普通小学阶段，北京市生均一般公共预算教育事业费支出增长最多，增长了7.65%；普通初中阶段，天津市生均一般公共预算教育事业费支出比上一年下降了2.07%，普通初中阶段生均一般公共预算教育事业费支出增长最多的是河北省，增长了7%；普通高中

表33　普通高中、中职、普通高校生均一般公共预算教育经费情况

单位：元，%

地区	普通高中			中等职业学校			普通高校		
	2018年	2019年	增长率	2018年	2019年	增长率	2018年	2019年	增长率
全国	16446.71	17821.21	8.36	16305.94	17282.42	5.99	22245.81	23453.39	5.43
北京市	75612.21	79584.07	5.25	57992.24	69775.68	20.32	63273.24	68139.62	7.69
天津市	36951.66	37151.62	0.54	25528.26	26011.87	1.89	21633.86	21663.78	0.14
河北省	13589.28	15938.07	17.28	17388.05	18861.90	8.48	17647.64	18494.60	4.80

资料来源：教育部网站，http：//www.moe.gov.cn/jyb_xxgk/zdgk_sxml/sxml_zwgk/zwgk_jytj/jytj_jftjgg。

阶段，河北省生均一般公共预算教育事业费支出增长了18.76%；从普通高校生均一般公共预算教育事业费支出看，北京市增长了8.87%，天津市下降了15.35%，河北省有小幅增长。

从京津冀三地各阶段生均一般公共预算教育事业费支出增长情况的比较看，北京市中等职业学校增长最多，其次是普通高校，增长最少的是幼儿园；天津市增长最多的是幼儿园，而普通初中、普通高中和普通高校的生均一般公共预算教育事业费支出都下降了，其中普通高校下降达15.35%；河北省各阶段学校生均一般公共预算教育事业费支出都增长了，其中幼儿园增长最多。

从京津冀三地各阶段学校生均一般公共预算教育事业费支出水平看，河北省与北京市和天津市还存在较大差距。北京市各阶段学校生均一般公共预算教育事业费支出是全国平均水平的数倍，河北省的水平还不到全国的平均水平。以幼儿园和普通高中为例，2019年北京市幼儿园生均一般公共预算教育事业费支出为37465.30元，河北省为6464.34元，北京市是河北省的5.8倍；2019年北京市普通高中生均一般公共预算教育事业费支出为70582.25元，河北省为15103.81元，北京市是河北省的4.67倍。京津冀三地各阶段学校生均一般公共预算教育事业费支出及增长情况的具体数据如表34、表35所示。

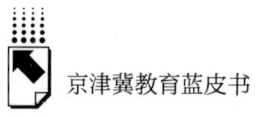

表34 学前教育及义务教育生均一般公共预算教育事业费支出情况

单位：元，%

地区	幼儿园			普通小学			普通初中		
	2018年	2019年	增长率	2018年	2019年	增长率	2018年	2019年	增长率
全国	6896.28	7884.00	14.32	10566.29	11197.33	5.97	15199.11	16009.43	5.33
北京市	36841.48	37465.30	1.69	31375.64	33775.31	7.65	59768.35	61004.53	2.07
天津市	19511.00	22456.98	15.10	19091.93	19479.87	2.03	31982.56	31321.20	-2.07
河北省	5390.62	6464.34	19.92	8367.82	8929.05	6.71	11839.75	12668.01	7.00

资料来源：教育部网站，http：//www.moe.gov.cn/jyb_xxgk/zdgk_sxml/sxml_zwgk/zwgk_jytj/jytj_jftjgg。

表35 普通高中、中职、普通高校生均一般公共预算教育事业费支出情况

单位：元，%

地区	普通高中			中等职业学校			普通高校		
	2018年	2019年	增长率	2018年	2019年	增长率	2018年	2019年	增长率
全国	14955.66	16336.23	9.23	14200.66	15380.52	8.31	20973.62	22041.87	5.09
北京市	66083.69	70582.25	6.81	53861.27	66304.61	23.10	58805.03	64022.10	8.87
天津市	35787.59	33566.16	-6.21	23144.82	24843.24	7.34	22865.22	19355.69	-15.35
河北省	12718.18	15103.81	18.76	15359.98	17076.10	11.17	17338.51	17479.17	0.81

资料来源：教育部网站，http：//www.moe.gov.cn/jyb_xxgk/zdgk_sxml/sxml_zwgk/zwgk_jytj/jytj_jftjgg。

从生均一般公共预算公用经费支出情况看，北京市各阶段学校的生均一般公共预算公用经费支出出现了较大幅度下降，幼儿园下降了16.52%，普通小学下降了10.08%，普通初中下降了17.54%，普通高中下降了13.11%。从天津市各阶段学校生均一般公共预算公用经费支出情况看，幼儿园增长最多，增长了31.39%，其次是中等职业学校，增长了16.16%；普通高中和普通高校则出现了明显下降，普通高中下降了17.88%，普通高校下降了27.32%。从河北省的情况看，幼儿园、普通小学、普通初中、普通高中和中等职业学校的生均一般公共预算公用经费支出都增长了，其中增长最多的是普通高中，增长了52.17%，其次是幼儿园，增长了29.53%；普通高校的生均一般公共预算公用经费支出下降了9.68%。

从生均一般公共预算公用经费支出水平看,京津冀三地之间存在较大差距,北京市是全国平均水平的数倍,河北省不到全国的平均水平。以幼儿园和普通高中为例,2019年北京市幼儿园生均一般公共预算公用经费支出为12929.31元,河北省为1594.73元,北京市是河北省的8.11倍;2019年北京市普通高中生均一般公共预算公用经费支出为19742.13元,河北省为3976.40元,北京市是河北省的4.96倍。京津冀三地各阶段学校生均一般公共预算公用经费及增长情况的具体数据如表36、表37所示。

表36 学前教育及义务教育生均一般公共预算公用经费支出情况

单位:元,%

地区	幼儿园			普通小学			普通初中		
	2018年	2019年	增长率	2018年	2019年	增长率	2018年	2019年	增长率
全国	2431.70	2711.44	11.50	2794.58	2843.79	1.76	3907.82	4012.45	2.68
北京市	15488.29	12929.31	-16.52	11092.22	9974.53	-10.08	21603.57	17814.78	-17.54
天津市	5874.40	7718.63	31.39	3996.50	4460.91	11.62	6539.07	6433.72	-1.61
河北省	1231.16	1594.73	29.53	2184.45	2186.30	0.08	2991.40	3194.57	6.79

资料来源:教育部网站,http://www.moe.gov.cn/jyb_ xxgk/zdgk_ sxml/sxml_ zwgk/zwgk_ jytj/jytj_ jftjgg。

表37 普通高中、中职、普通高校生均一般公共预算公用经费支出情况

单位:元,%

地区	普通高中			中等职业学校			普通高校		
	2018年	2019年	增长率	2018年	2019年	增长率	2018年	2019年	增长率
全国	3646.99	3945.10	8.17	5205.53	5509.59	5.84	8825.89	9162.17	3.81
北京市	22721.41	19742.13	-13.11	21712.91	23283.10	7.23	26795.81	27431.32	2.37
天津市	9180.46	7539.01	-17.88	5689.45	6608.59	16.16	13111.17	9528.61	-27.32
河北省	2613.09	3976.40	52.17	4890.83	5583.37	14.16	6849.58	6186.41	-9.68

资料来源:教育部网站,http://www.moe.gov.cn/jyb_ xxgk/zdgk_ sxml/sxml_ zwgk/zwgk_ jytj/jytj_ jftjgg。

从京津冀三地教育经费投入情况看,可以得出以下基本结论。

其一,从三地教育经费的增长情况看,河北省增长最快。2019年河北省的一般公共预算教育经费占一般公共预算支出比例最高,占18.24%;河

北省的一般公共预算教育经费本年比上年增长最多，增长了11.9%；河北省的财政经常性收入比上年增长10.55%，北京市和天津市财政经常性收入都出现了负增长现象。

其二，从京津冀三地各阶段学校生均一般公共预算教育经费增长情况看，北京市中等职业学校的生均一般公共预算教育经费增长率最高；天津市与河北省学前教育阶段生均一般公共预算教育经费增长率最高。

其三，河北省与北京市和天津市的生均一般公共预算教育经费水平差距较大。北京市各阶段学校生均一般公共预算教育事业费支出和生均一般公共预算公用经费支出远远高出全国平均水平，河北省大部分生均一般公共预算教育经费项目的经费水平还不到全国的平均水平；北京市各阶段学校生均一般公共预算教育事业费支出和生均一般公共预算公用经费支出水平是河北省的数倍。

其四，从生均一般公共预算教育事业费支出与生均一般公共预算公用经费支出比较看，京津冀三地的生均一般公共预算教育事业费支出普遍呈现增长趋势；北京市和天津市的生均一般公共预算公用经费支出出现了明显下降，尤其是北京市，除了中等职业学校和普通高校的生均一般公共预算公用经费支出增长了，其他各阶段学校的生均一般公共预算公用经费支出都出现了下降。

其五，从京津冀三地各阶段学校生均一般公共预算公用经费支出情况看，北京市各阶段学校的生均一般公共预算公用经费支出普遍下降，只有中等职业学校和普通高校出现了增长；天津市压缩了普通初中、普通高中和普通高校生均一般公共预算公用经费支出，增加了幼儿园、普通小学和中等职业学校的生均一般公共预算公用经费支出；河北省普通高中和幼儿园生均一般公共预算公用经费支出有了大幅增长。

（四）办学条件

从京津冀三地小学、初中、普通高中和中等职业学校的生均校舍建筑面积情况看，相较于上一年，2019年京津冀三地各阶段学校生均校舍建筑面积变化不大。从三地之间的比较情况看，小学阶段差距不大，初中、普通高中和中职学校有一定的差距，北京市优于天津市，天津市优于河北省，河北省与北京市之间的差异比较大，比如2019年北京市中职学校生均校舍建筑面积差不多是河北省中职学校生均校舍建筑面积的两倍。京津冀三地各阶段学校生均校舍建筑面积的具体数据情况如表38所示。

表38 京津冀三地各阶段学校生均校舍建筑面积情况

单位：平方米/生

项目		小学	初中	普通高中	中职学校
北京市	2018年	8.06	34.33	34.33	26.01
	2019年	8.06	33.27	33.27	30.90
天津市	2018年	7.16	18.07	18.07	14.79
	2019年	7.18	17.57	17.57	15.25
河北省	2018年	6.75	10.41	19.81	14.27
	2019年	6.81	10.56	20.23	16.62

注：北京市和天津市初中和普通高中的生均校舍建筑面积是普通中学的生均校舍建筑面积。中职学校校舍建筑面积是指学校产权校舍建筑面积，不包含非学校产权校舍建筑面积。
资料来源：根据京津冀三地2018年和2019年教育事业统计资料中的数据计算得出。

从京津冀三地小学、初中、普通高中和中等职业学校的生均图书量情况看，2019年三地各阶段学校生均图书量较上一年几乎没有增长。从三地之间的比较看，三地的小学和初中中差别不大，普通高中和中职学校差异较为明显，尤其是普通高中阶段，河北省与北京市和天津市之间的差距较大，河北省普通高中生均图书册数不到天津市普通高中生均图书册数的一半，不到北京市普通高中生均图书册数的1/3。京津冀三地各阶段学校生均图书量数据如表39所示。

表39 京津冀三地各阶段学校生均图书量

单位：册/生

项目		小学	初中	普通高中	中职学校
北京市	2018年	30.40	37.18	130.93	51.78
	2019年	29.41	34.17	134.82	60.61

续表

项目		小学	初中	普通高中	中职学校
天津市	2018年	32.49	38.10	79.26	32.42
	2019年	32.44	35.84	81.17	35.39
河北省	2018年	27.39	38.36	37.28	26.83
	2019年	27.53	37.91	36.58	25.17

注：中职学校生均图书量使用的数据是学校产权图书量，不包含非学校产权图书量。
资料来源：根据京津冀三地2018年和2019年教育事业统计资料中的数据计算得出。

从京津冀三地小学、初中、普通高中和中等职业学校的教学用计算机人机比情况看，2019年京津冀三地各阶段学校的教学用计算机人机比较上一年都有了少量提升。京津冀三地各阶段学校教学用计算机人机比有一定的差距，小学和初中阶段，河北省是北京市的2倍多，普通高中阶段河北省与北京市差距较大，北京市平均0.75人有一台教学用计算机，河北省平均5.42人一台教学用计算机。京津冀三地各阶段学校教学用计算机人机比数据如表40所示。

表40　京津冀三地各阶段学校教学用计算机人机比

项目		小学	初中	普通高中	中职学校
北京市	2018年	3.71	2.97	0.80	1.64
	2019年	3.58	3.06	0.75	1.33
天津市	2018年	6.89	5.98	2.71	3.32
	2019年	6.45	5.93	2.45	3.11
河北省	2018年	7.73	7.65	5.96	4.66
	2019年	7.50	7.38	5.42	4.02

资料来源：根据京津冀三地2018年和2019年教育事业统计资料中的数据计算得出，北京市初中和普通高中教学用计算机数据来自教育部网站：http://www.moe.gov.cn/s78/A03/moe_560/jytjsj_2018/gd/index_1.html，http://www.moe.gov.cn/s78/A03/moe_560/jytjsj_2019/gd/202006/t20200610_464547.html。

从京津冀三地小学、初中、普通高中和中等职业学校的教学用仪器设备资产值情况看，2019年京津冀三地生均教学用仪器设备资产值较上一年都有了少量增长，增长最多的是北京市的中职学校。从京津冀三地的比较看，三地差异较为明显，河北省各阶段学校生均教学用仪器设备资产值只有天津各阶段学校的一半左右；河北省各阶段学校生均教学用仪器设备资产值与北京市各阶段学校之间差距很大，小学和初中阶段，北京市是河北省的7倍多；北京市中职学校生均教学用仪器设备资产值是河北省的9倍多；北京市普通高中生均教学用仪器设备资产值是河北省的22倍。京津冀三地各阶段学校生均教学用仪器设备资产值数据如表41所示。

表41 京津冀三地各阶段学校生均教学用仪器设备资产值

单位：万元/生

项目		小学	初中	普通高中	中职学校
北京市	2018年	0.84	1.21	4.91	3.51
	2019年	0.86	1.16	5.50	4.31
天津市	2018年	0.21	0.26	0.75	1.06
	2019年	0.24	0.28	0.88	1.32
河北省	2018年	0.10	0.14	0.24	0.44
	2019年	0.11	0.15	0.25	0.44

注：中职学校生均教学用仪器设备资产值为学校产权，不包含非学校产权。
资料来源：根据京津冀三地2018年和2019年教育事业统计资料中的数据计算得出。

三 教育协同情况

2019年京津冀三地积极开展教育交流合作，召开教育协同工作会议，公布《京津冀教育协同发展行动计划（2018－2020年）》，提出了优化提升教育功能布局、推动基础教育优质发展、加快职业教育融合发展、推动高等教育创新发展、创新教育协同发展体制机制等工作思路；启动了天津市第一中学和雄县中学对口支援合作；签署《关于北三县地区教育发展合作协议》；加强对河北省中小学骨干校长教师的培训；建设河北省深度贫困县教师培训基地；积极开展教育扶贫工作，例如组织开展手拉手结对子、学校干部教师进京培训、北京专家到河北省进行教育教学指导等帮扶活动；开展京津冀跨省市高职单独招生试点,探索符合协同发展需求的高职院校招生录取政策,探索三地高校在师资队伍建设、学科建设、人才培养模式创新等方面的合作,积极推进京津冀教育协同发展。京津冀三地教育方面的主要交流活动情况如表42所示。

表42 2019年京津冀三地教育方面的交流活动情况

时间	活动内容	签署协议
1月7日	京津冀教育协同发展工作推进会,正式发布《京津冀教育协同发展行动计划(2018-2020年)》	成立天津一中雄安校区,签署《天津一中与雄县中学合作办学协议》
1月11~12日	首届京津冀MTI教育联盟高层论坛在河北师范大学召开	
1月16日	2019年京津冀中小学奥林匹克教育及校园冰雪运动推广经验交流会在北京举办	
2月26日	北京与廊坊北三县项目洽谈会	签署《关于北三县地区教育发展合作协议》
3月5日	北京市第十五中学赴阜平县台峪学校开展送课讲座活动	
3月18日	丰台区职业教育中心学校帮扶河北涞源职教中心开展培训	
3月28~29日	北京景山学校远洋分校赴河北省顺平县对口帮扶送课到校活动	
3月29日	"京津冀教育协同发展涞源县教师培训基地"揭牌仪式	
4月2日	北京市、天津市、河北省科协在天津召开京津冀科协协同发展座谈会	签署《京津冀科协全面战略合作框架协议》《京津冀科学教育馆联盟建设发展战略合作协议》
4月2日	京津冀三区市教育联盟在北京市大兴区召开2019年度工作启动会	拟定《京津冀三区市教育联盟2019年度重点工作任务》
4月9~11日	朝阳区福怡苑幼儿园赴河北省保定市高昌镇第一幼儿园开展精准扶贫工作	
4月17日	北京、内蒙古、河北三地初中数学教师以北京市第十五中学南口学校为直播现场,联合开展互动网络教研活动	
4月17日	"北三县"召开职业教育合作具体需求对接会	

续表

时间	活动内容	签署协议
4月18日	北京市教委·雄安新区职业教育对接座谈会召开	
4月25日	北京市财会学校与张北县职教中心举行德育工作交流会、教学科研主题交流会	
4月28日	北京市石景山区举办顺平教育干部研修班	
5月7日	丰台区职业教育中心学校在芳古园校区举行"2019年对口帮扶沽源职教学生访学活动"开班仪式	
5月15日	北京市西师附小赴张北献课帮扶	
5月27日	保定50余位智能科技教师到京接受培训	
5月28日	张家口组织40位信息技术教师到京接受培训	
5月29~31日	北京市西城区教育学院专家团队赴张北县开展教育扶贫专项教师培训，1200余名教师参加培训	
5月30日	北京市西城区教委选拔11名优秀教师到保定市阜平县开展为期一个半月的支教活动	
6月12日	第二届人工智能与教育发展雄安论坛在北京市海淀区中关村第三小学雄安校区举办	
6月13~14日	怀柔区教育系统代表团赴张家口市怀安县对接教育扶贫协作工作	怀柔五中与柴沟堡二中、怀柔实验小学与柴沟堡新民小学、左卫镇第二小学，怀柔一幼与怀安县幼儿园、左卫镇中心幼儿园结成手拉手帮扶对子，并正式签订帮扶协议
7月5日	京津冀中小学班主任共同体第四届研讨交流会召开	
7月15日	京冀扶贫协作涞源县教育干部能力水平提升项目培训班开班典礼在涞源县举行	
7月17日	第五届京津冀中学生辩论赛落下帷幕	
7月22日	雄安新区中小学名校长培养工程启动仪式在北京教育学院黄化门校区举行	
8月30日	河北省雄县人民政府与天津大学基础教育合作签约暨迎接首批援助教师座谈会在雄县召开	天津大学、雄县人民政府基础教育携手办学合作协议书

续表

时间	活动内容	签署协议
9月6日	北京市教委、雄安新区管委会联合召开"庆祝教师节北京教育援雄座谈会"	
9月23~25日	密云区教委教育信息中心赴河北省蔚县开展教育信息化专题培训,全县120余名中小学校长及信息化干部参加培训	
10月8日	京津冀协同推动河北省深度贫困县教师培训基地建设工作推进会召开	
10月19~20日	2019年学前教育协同发展峰会暨第五届京津冀学前教育类高校毕业生专场招聘活动	
10月29日	"北京财贸职业学院廊坊校区"挂牌成立	
11月14日	北京市东城区与河北省张家口市崇礼区教育系统结对校签约仪式在崇礼举行	北京市国际职业教育学校与崇礼职业技术教育中心,北京市第五中学分校及五中分校附属方家胡同小学分别与崇礼二中及高家营完全小学签署了教育帮扶协议
12月12~13日	京津冀农林高校协同创新联盟2019年交流推进会在河北北方学院召开	

资料来源:课题组整理。

专 题 篇

Special Subjects Reports

B.3 面向2035的京津冀教育公平与协调专题研究

——以三河市为例

李 璐*

摘 要： 教育公平与协调发展关乎党计、国计和民生，是贯穿教育体系的系统性、整体性、全局性问题。基础教育作为整个教育系统的基石，对国民素质提升、经济社会发展及个人成长成才发挥着至关重要的作用，也是县域政府提供公共服务的主要职责之一。本报告是基于三河市县域层面的教育现状开展的专题研究，聚焦由县级政府承担教育主体责任的基础教育阶段的公平与协调发展问题。基础教育阶段包括学前教育、

---

* 李璐，博士，供职于北京教育科学研究院教育发展研究中心，主要研究领域为教育政策、区域教育规划和教育经济与管理。

小学教育和普通中学教育。基础教育作为一个具有正外部效应的公共产品,是一项最基本的公民权利,被赋予均衡性和公平性的特质。而协调既是一种组织手段或过程,也是一种理想状态,是实现基础教育均衡和公平发展的重要路径,也是教育现代化发展的具象标志之一。

关键词: 教育公平　京津冀　三河市

一　概念界定

(一)聚焦"均衡"的教育公平

教育公平是一个多层次、多维度的复杂概念,包括教育权利和义务的平等、教育机会与条件的平等、教育成功机会和教育效果的相对均等三方面的内涵,强调平等自由的选择,基于个体独特性的因材施教,提供多样性的、适合的教育,以及对弱势群体的补偿性,以达到教育起点、过程、结果的相对均等[1]。它同时适用于受教育者和教育者,既是一种事实状态,也有对"资源配置"和"利益关系调整"合理性的价值判断的成分,由此具有相对性和历史性[2]。教育公平对社会公平发挥整合机制,是实现社会公平的重要基石[3]。总体来看,教育公平围绕"均衡"这一关键词,追求一种"大同小异"的"均衡"状态,即宏观公共教育法律和政策对权利、资源和机会的平等均衡配置,在教育过程中基于"以人为本"理念给予合理的差异化教

---

[1] 龙安邦、范蔚:《我国教育公平研究的现状及特点》,《现代教育管理》2013年第1期。
[2] 袁同凯、郭淑蓉:《回顾、评述与反思:教育公平问题研究综述》,《民族教育研究》2013年第6期。
[3] 易红郡:《西方教育公平理论的多元化分析》,《湖南师范大学教育科学学报》2010年第4期。

育,让每个受教育者和教育者最大限度地得到最适合自己的多元"最优"发展。

(二)推进"均衡"的教育协调

1. 协调的含义

从语义上看,协调是指和谐一致、配合得当。在经济学、系统科学等不同学科的语境下,协调的语义有一定的差异。从语用上看,协调既指一种和谐一致的理想状态,也指组织系统中的各种内外关系和要素促进目标实现的过程。在经济学中,协调状态就相当于"平衡"或"均衡",比如局部均衡、瓦尔拉斯均衡、纳什均衡、帕累托最优甚至卡尔多改进等,协调的过程可以通过诸如亚当·斯密的"看不见的手"的市场自由策略、凯恩斯的"看得见的手"的政府干预策略,以及后来西蒙提出"有限理性"的制度主义等理论解释。在系统科学中,协调是指系统中的要素、系统、环境三者之间的多层次协同合作,实现系统从无序到有序、低级到高级、简单到复杂直至理想状态的演化过程。在我国的政策语境下,协调发展主要指城乡、区域、经济社会、人与自然、国内发展与对外开放、物质文明和精神文明等方面的协调发展[1]。

2. 教育协调的概念

教育协调发展是在促进各级各类教育之间、区域教育之间、城乡教育之间、学校之间均衡发展的进程中,构成教育发展的诸因素合乎规律的变化,形成结构有机统一并与外在环境(经济社会发展需求)良性互动的形态,是教育发展合目的性与合规律性的统一[2]。

教育协调兼具目的与手段的双重属性。从工具性角度看,教育协调的关键词是调节"关系"。从合目的性和合规律性的角度看,教育协调的关键词是"科学"与"适宜"。因此,它既是一种工具性手段,也是一种教育规

---

[1] 任理轩:《坚持协调发展——"五大发展理念"解读之二》,人民网,http://theory.people.com.cn/n1/2015/1221/c40531-27953308.html,2015年12月21日。

[2] 李养民:《基于协调发展理念的教育公平机制探究》,《中国成人教育》2016年第9期。

模、结构、公平和质量科学、和谐及适宜的一种理想状态。

目前，教育协调的分析多出现在促进学校、家庭和社会的协同，健全教育协调发展统筹机制①，高等教育和职业教育与地区经济和社会发展的协调②，以及区域教育协调发展③等方面。在教育协调内容中对区域教育协调、城乡教育协调、校际教育协调的分析侧重于对教育公平的差异性分析及其在不同维度的推进，故纳入教育公平分析层次的框架之中进行综合讨论。

（三）公平、协调与均衡

在理论研究中，教育公平的实证分析多集中在教育均衡的研究中。教育均衡是一个相对动态的概念，在不同的文化背景和历史时期存在不同的解读和标准，目前学界比较具有代表性的观点有：资源分配均衡说④，教育公平说⑤，区域、校际、群体间均衡说⑥，空间及阶段均衡说⑦，系统均衡说⑧等。从时间维度看，教育公平体现在各级各类教育的受教育机会、教育资源和条件、教育结果配置均衡的过程性环节中。从空间层次维度看，教育公平体现在区域、城乡、群体之间和校际教育的均衡发展。因此，既有教育均衡的相关研究可以作为教育公平与协调研究的重要借鉴。

在实践操作层面，三河市基础教育的公平与协调发展面临从"基本均衡"向"优质均衡"进阶的艰巨任务。近年来，三河市在推进基础教育公

---

① 程斯辉、李汉学：《以五大发展理念引领教育事业新发展》，《教育研究》2017年第6期。
② 宋美喆、李孟苏：《高等教育、科技创新和经济发展的耦合协调关系测度及其影响因素分析》，《现代教育管理》2019年第3期。
③ 何丹、程伟、龚鹏：《中部地区长江沿线城市群高等教育与区域经济协调发展研究》，《中国高教研究》2017年第9期。
④ 刘新成、苏尚锋：《义务教育均衡发展的三重意蕴及其超越性》，《教育研究》2010年第5期。
⑤ 关松林：《基础教育均衡发展：理念与策略》，《中国教育学刊》2010年第6期。
⑥ 国家教育发展研究中心专题组：《实现基础教育均衡发展的现状分析及对策选择》，《人民教育》2002年第5期。
⑦ 申仁洪：《基础教育均衡发展的问题和对策——第32期广东教育沙龙综述》，《教育导刊》2002年第23期。
⑧ 姚永强：《我国义务教育均衡发展方式转变研究》，华中师范大学博士论文，2014。

平方面取得了一定的成效,新建、改扩建各类学校75所[1],全市小学和初中标准化率分别达到100%和92.8%[2],2014年通过国家义务教育发展基本均衡县督导评估[3]。党的十九大召开以来,随着三河市社会经济的发展、人民物质和文化水平的不断提高,以及京津冀地区外来人口的不断涌入,人民对于"有学上"和"上好学"的双重需求同步扩大,这与目前教育资源供给不足的现状产生了矛盾。与此同时,虽然三河市基础教育总量增长迅速,但是基于一些教育发展布局和体制、机制方面的历史原因,基础教育资源在区域、城乡、不同类型学校之间的分布并不均衡,教育质量和办学水平也存在差异,产生了教育发展不平衡、不充分的问题。2017年5月,教育部发布《县域义务教育优质均衡发展督导评估办法》,提出从"基本均衡"到"优质均衡"的更高质量的发展目标。该办法规定,"通过国家义务教育基本均衡发展认定三年以上;基本均衡发展认定后年度监测持续保持较高水平"是义务教育优质均衡发展的基本条件。目前,三河市已通过国家义务教育基本均衡发展认定三年以上。巩固基本均衡发展成果,实现教育优质均衡发展已成为三河市新时期义务教育公平与协调发展的紧迫任务。应当以"优质均衡"发展的标准作为借鉴,构建三河市教育公平与协调发展的指标体系。

二 指标构建

(一)选取依据

本报告对于指标的选取采取以下操作方法:第一,综合既有教育学术研究中提出的各项评测指标和国家《县域义务教育优质均衡发展督导评估

---

[1] 三河市《2017年政府工作报告》。
[2] 《三河市教育局2017年工作总结》。
[3] 《河北省32个县(市、区)实现义务教育发展基本均衡》,河北新闻网,http://hebei.hebnews.cn/2014-09/28/content_4209423.htm,2014年9月28日。

办法》"优质均衡"指标体系,构建教育公平测量的理论指标体系;第二,将理论指标体系与三河市现有的教育事业和经费相关统计数据进行比对,明确指标体系中哪些指标的数据可得;第三,选取具有资料可得性的指标,确定各项指标的分析层次是校际分析、东西市区比较分析还是城乡分析,从而建立本报告中教育公平与协调交叉的实证分析指标体系;第四,进行数据统计分析,呈现三河市教育公平与协调的现状。之所以形成理论版和分析版两个不同的指标体系,是出于学术研究严谨性、数据分析可行性和资政建言前瞻性的综合考虑,本研究受限于数据可得性,对三河市的教育公平与协调问题的解析可能具有一定的局限性。数据不可得的指标,在学理和未来教育公平与协调推进的实践两方面都有其存在的价值。未来三河市教育管理和研究机构可留意这些未得数据的指标,将其纳入之后的教育统计工作中,进而提升对三河市教育公平与协调现状的系统把握及科学决策水平。

(二)学术界关于教育公平的测量指标论述

当前国内较为主流的教育公平测量指标主要由教育资源、教育机会和教育产出三部分构成[1],其中教育产出又划分为教育质量和教育成就的均衡公平,前者较之后者更趋于微观层面。

①受教育机会的公平,主要包括地区间和基础教育不同阶段的学生入学率、城乡入学率和入学性别率等指标[2]。

②教育资源配置的公平,主要包括不同教育阶段、地区间、校际和群体间的生均财政性教育经费、生均公用教育经费、生师比、图书资料、教学仪器、专任教师学历合格率、教师薪酬水平、教师继续教育时间、信息化覆盖率、校舍建筑安全率等指标[3]。

③教育质量的公平,主要包括毕业生升学率、学生巩固率、留级率、学

---

[1] 翟博:《教育均衡发展:理论、指标及测算方法》,《教育研究》2006年第3期。
[2] 翟博:《中国基础教育均衡发展实证分析》,《教育研究》2007年第7期。
[3] 曹锡康:《基础教育均衡发展研究——以浦东新区为例》,《教育学术月刊》2012年第1期。

生辍学率等指标①。

④教育成就的公平,包括教育的普及程度、不同区域人口平均受教育年限的基尼系数和不同经济收入家庭学生入学率等指标②。

(三)国家县域义务教育"优质均衡"指标体系

优质均衡是在数量或规模发展的前提下,更侧重教育质量提升的要求,以质量均衡作为核心标准,从目标和结构等方面优化基础教育发展,不仅在硬件设施方面改善办学条件,也注重稳步提升管理水平、教育特色和个体的综合全面发展,实现从局部优质向全面优质的转变③。

《县域义务教育优质均衡发展督导评估办法》中的"优质均衡"有资源配置(7项)、政府保障程度(15项)、教育质量(9项)和社会认可度四方面的评估指标,体现出"三新一重"的特点④,凸显了在教育投入、教育治理、育人办学和教育评价四个维度均达到高质量均衡的要求。其中,资源配置指标是学校层面的指标,侧重资源配置的校际均衡;政府保障程度是县级层面的指标,强调政府各项政策和资源统筹配置的公平性;教育质量指标具有多层性,既包括如初中三年巩固率、残疾儿童少年入学率等县级层面的整体性指标,也包括学校章程制定、教师培训经费配置、教学秩序和综合实践活动、学校文化建设等学校层面的指标,还有教师信息化水平、学生课业负担和义务教育质量监测学业水平等教师和学生个体层面的要求;社会认可度调查则是面向多元主体对教育发展的感知和综合评价,具有一定的主观性色彩。

---

① 曹锡康:《区域基础教育均衡程度分析——基于政府政策选择的角度》,《教育学术月刊》2013年第6期。
② 翟博、孙百才:《中国基础教育均衡发展实证研究报告》,《教育研究》2012年第5期。
③ 范梅青:《优质均衡:义务教育均衡发展的更高追求》,《教育测量与评价》(理论版)2011年第8期。
④ "三新一重"指的是新指标、新标准、新方法、重质量。资料来源:《从"基本均衡"到"优质均衡"义务教育督导评估出"新规"》,教育部官方网站,http://www.moe.gov.cn/jyb_ xwfb/xw _ fbh/moe _ 2069/xwfbh _ 2017n/xwfb _ 070523/170523 _ mtbd/201705/t20170524_ 305660. html,2017年5月23日。

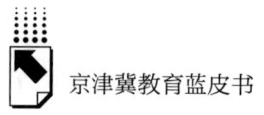

（四）教育公平与协调理论指标体系

通过对理论文献和政策文件指标体系的比对，本报告归纳总结出教育公平与协调理论指标体系的具体内容和结构，如表1所示。

表1　三河市基础教育公平与协调理论指标体系

一级指标	二级指标	三级指标	分析层次（协调维度）	数据可得性	可否分析
受教育机会	入学率	毛入学率或净入学率	区域、学段、城乡、群体	缺适龄人口数	否
	就近入学率	城区和镇区公办小学、初中（均不含寄宿制学校）就近划片入学比例	区域、学段	缺就近划片入学数据	否
	高中校额到校比例	全县优质高中招生名额分配比例	县域	缺分配比例数据	否
	随迁子女就读率	符合条件的随迁子女在公办学校和政府购买服务的民办学校就读的比例	县域	缺随迁子女就读校分布结构	否
教育资源投入	财政投入	生均教育事业费	区域、学段	可得	可
		生均公用经费	区域、学段	可得	可
		特殊教育学校生均公用经费	县域	可得	可
	人力投入	生师比	区域、学段、城乡、校际	可得	可
		专任教师学历合格率	区域、学段、城乡	可得	可
		专任教师持证上岗率	区域	缺县域数据	否
		每百名学生拥有高于规定学历教师数	校际	缺各校专任教师学历结构	否
		每百名学生拥有县级以上骨干教师数	校际	缺各校骨干教师情况	否
		每百名学生拥有体育、艺术（美术、音乐）专任教师数	校际	缺各校体艺专任教师数	否
		教师培训学时	校际	缺校级教师培训数据	否
		教师交流轮岗比例	区域	缺县级数据	否
		教师薪酬	行业、学段、城乡、岗位、校际	缺各校教师薪资数据	否

续表

一级指标	二级指标	三级指标	分析层次（协调维度）	数据可得性	可否分析
教育资源投入	物力投入	班额	学段、城乡、校际	可得	可
		生均图书量	区域、学段、城乡	可得	可
		每百名学生拥有的计算机台数	区域、学段、城乡	可得	可
		生均校舍建筑面积	区域、学段、城乡、校际	可得	可
		生均占地面积	学段、城乡、校际	可得	可
		建立校园网的比例	区域、学段、城乡	可得	可
		生均教学及辅助用房面积	校际	缺学校数据	否
		生均体育运动场馆面积	校际	缺学校数据	否
		生均教学仪器设备值	校际	缺学校数据	否
		每百名学生拥有网络多媒体教室数	校际	缺学校数据	否
教育产出质量	教育普及	升学率	县域、学段、城乡、校际	缺学校数据	否
		巩固率	县域、学段、城乡、校际	缺学校数据	否
	学校治理	有学校章程学校的比例	校际	缺学校数据	否
		教师培训经费占学校年度公用经费预算比例	校际	缺学校数据	否
		学校德育及校园文化建设	校际	缺学校数据	否
	教学组织	教师信息化水平和设施设备利用率	县域、校际	缺学校数据	否
		无过重课业负担	校际	缺学校数据	否
		学校课程开齐开足	校际	缺学校数据	否
		教学秩序规范	校际	缺学校数据	否
		综合实践活动开展	校际	缺学校数据	否
	学业成就	义务教育质量监测学生学业水平	县域、学段、城乡、校际	缺监测数据	否
社会认可度	教育质量评价	家长、教师、校长对教育质量的总体评价	县域、校际、城乡	缺个体层面数据	否
	教育满意度	家长、教师、校长对县域教育的满意度	县域	缺个体层面数据	否

在三级指标中,达到优质均衡要求:(1)县域城区和镇区公办小学、初中(均不含寄宿制学校)就近划片入学比例分别达到100%、95%以上。(2)全县优质高中招生名额分配比例不低于50%,并向农村初中倾斜。(3)留守儿童关爱体系健全,全县符合条件的随迁子女在公办学校和政府购买服务的民办学校就读的比例不低于85%。(4)特殊教育学校生均公用经费不低于6000元/年。(5)县域整体专任教师持有教师资格证上岗率达到100%。(6)各学校每百名学生拥有高于规定学历教师数小学、初中分别达到4.2人以上、5.3人以上。(7)每百名学生拥有县级以上骨干教师数小学、初中均达到1人以上。(8)各校每百名学生拥有体育、艺术(美术、音乐)专任教师数小学、初中均达到0.9人以上。(9)各校教师5年360学时培训完成率达到100%。(10)全县每年交流轮岗教师的比例不低于符合交流条件教师总数的10%;其中,骨干教师不低于交流轮岗教师总数的20%。(11)小学、初中所有班级学生数分别不超过45人、50人。(12)各校生均教学及辅助用房面积小学、初中分别达到4.5平方米以上、5.8平方米以上。(13)生均体育运动场馆面积小学、初中分别达到7.5平方米以上、10.2平方米以上。(14)生均教学仪器设备值小学、初中分别达到2000元以上、2500元以上。(15)县域全县初中三年巩固率达到95%以上。(16)县域内所有学校制定章程,实现学校管理与教学信息化。(17)全县所有学校按照不低于学校年度公用经费预算总额的5%安排教师培训经费。(18)在国家义务教育质量监测中,相关科目学生学业水平达到Ⅲ级以上,且校际差异率低于0.15。

在分析层次(协调维度)中,群体维度主要考虑不同性别、民族、户籍(流动人口子女)、家庭社会经济背景、残障儿童少年等方面,其中,全县残疾儿童少年入学率需达到95%以上。

(五)教育公平与协调实证分析指标体系

基于以上梳理,本报告将以表2中的教育公平与协调指标作为分析框架,在每个二级指标下选择具有代表性的1~2个三级指标,对三河市教育公平与协调的现状进行实证研究。

表2 三河市基础教育公平与协调指标

一级指标	二级指标	三级指标	分析层次（协调维度）
教育资源投入	财政投入	生均教育事业费	区域、学段
		生均公用经费	区域、学段
		特殊教育学校生均公用经费	县域
	人力投入	生师比	区域、学段、城乡、校际
		专任教师学历合格率	区域、学段、城乡
	物力投入	班额	学段、城乡、校际
		生均图书量	区域、学段、城乡
		每百名学生拥有的计算机台数	区域、学段、城乡
		生均校舍建筑面积	区域、学段、城乡、校际
		生均占地面积	学段、城乡、校际
		建立校园网的比例	区域、学段、城乡

三　测量方法

基于校际数据，本研究采用基尼系数和泰尔指数作为分析三河市校际、城乡和学段之间教育公平与协调的测量指数。报告中涉及的指标主要有生师比、班额和生均占地面积。

（一）基尼系数

基尼系数（Gini Index）：20世纪初意大利经济学家基尼根据洛伦茨曲线设计的判断收入分配平等程度的指标。收入分配越是趋向平等，基尼系数也越小；反之，收入分配越是趋向不平等，基尼系数越大。如图1所示，若实际收入分配曲线和收入分配绝对平等曲线之间的面积为A，实际收入分配曲线右下方的面积为B。以A/（A+B）表示不平等程度，这个数值即为基尼系数（或称洛伦茨系数）。如果基尼系数为0，表示收入分配完全平等；如果基尼系数为1，表示收入分配绝对不平等。该系数可在0~1之间取任何值。收入分配越是趋向平等，洛伦茨曲线的弧度越小，基尼系数也越小；

反之，收入分配越是趋向不平等，洛伦茨曲线的弧度越大，那么基尼系数也越大。基尼系数反映相对差异，而非绝对差异，因此基尼系数变小，则相对差异变小，但绝对差异未必变小。联合国有关组织规定：若低于0.2表示收入绝对平均；0.2~0.3表示比较平均；0.3~0.4表示相对合理；0.4~0.5表示收入差距较大；0.6以上表示收入差距悬殊（见图2）。

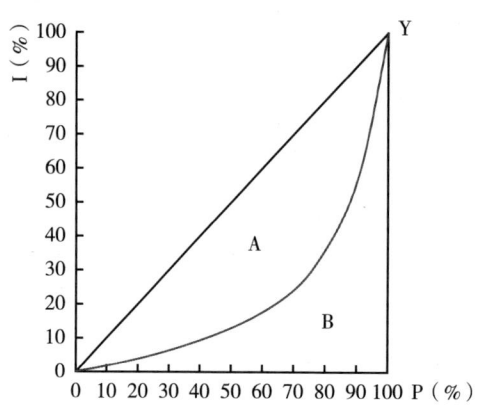

图1　基尼系数的图形表示

基尼系数的计算公式如下：

$$G = 1 - \sum_{i=0}^{n-1}(X_{i+1} - X_i)(Y_i + Y_{i+1}) \\ = \sum_{i=1}^{n-1} X_i Y_{i+1} - \sum_{i=1}^{n-1} X_{i+1} Y_i$$

（公式1）

其中，X为累计人数比率；Y为累计收入比率。

（二）泰尔指数

泰尔指数（Theil Index）是由泰尔于20世纪60年代提出用来分析区域总体差异、区域间差异及区域内差异的测量指标，反映相对差异。泰尔指数的优势在于能够将区域差异按照产业结构或地区结构进行多层次（组内、组间）分解，并可以采用经济规模进行加权。总体区域的泰尔指数等于加权计算的区域内泰尔指数和区域间泰尔指数的和。其计算公式如下：

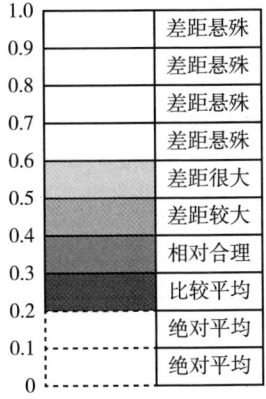

图 2 基尼系数的经验范围

以省为单位的差异: $T_P = \sum_i \sum_j \left(\frac{Y_{ij}}{Y}\right) \ln\left(\frac{Y_{ij}/Y}{N_{ij}/N}\right)$ （公式2）

以地区内省份为单位的差异: $T_{Pi} = \sum_j \left(\frac{Y_{ij}}{Y_i}\right) \ln\left(\frac{Y_{ij}/Y_i}{N_{ij}/N_i}\right)$ （公式3）

以地区为单位的差异: $T_{BR} = \sum_i \left(\frac{Y_i}{Y}\right) \ln\left(\frac{Y_i/Y}{N_i/N}\right)$ （公式4）

总体的泰尔指数为：

$$T_P = \sum_i \sum_j \left(\frac{Y_{ij}}{Y}\right) \ln\left(\frac{Y_{ij}/Y}{N_{ij}/N}\right) = \sum_i \left(\frac{Y_i}{Y}\right) T_{Pi} + T_{BR} = T_{WR} + T_{BR} \quad \text{（公式5）}$$

其中，i 代表省份，j 代表地区，N 为省份的个数。

对于区域和城乡的比较分析通过绝对值的年度变化和倍率进行。

四 实证分析

（一）教育财政经费投入的公平与协调情况

1. 生均教育事业费

（1）三河市义务教育生均教育事业费

从区域教育事业费投入公平与均衡的情况看，2016~2017 年数据显示,三河市义务教育生均教育事业费显著低于京津冀地区及北京市通州区,且差距逐年扩大,亟须大幅增加义务教育生均教育事业费投入。2017年,北京市普通小学和普通初中的生均教育事业费分别是三河市的4.3倍和4.5倍,分别比2016年的3.1倍和3.6倍有所增加。与2016年相比,2017年通州区的义务教育生均教育事业费与三河市的差距也在2倍多的基础上,进一步扩大到3.2和4.2倍。天津市与三河市的义务教育生均事业费差距始终维持在2倍以上。2016年之前,除中职之外,三河市普通小学、普通初中和普通高中的生均教育事业费均高于河北省平均水平,但2017年开始三河市普通小学生均教育事业费开始低于河北省平均水平。三河市普通高中生均教育经费与京津冀地区的差距相对稳定,与通州区差距逐渐减小。三河市中职生均教育事业费与京津冀地区差距呈缩小趋势(见图3)。

(2)三河市各级各类教育的生均教育事业费

从生均教育事业费的投入结构看,三河市各级各类教育的生均教育事业费投入呈现差距逐渐扩大的趋势,存在投入结构不协调的问题,亟须优化投入结构,加大普通小学教育事业费投入力度。具体表现为中职与中等教育及普通小学差距逐渐拉开。普通高中和中职生均教育事业费曲折上升,普通初中生均教育事业费增速逐年放缓,普通小学生均教育事业费呈现下降趋势。以2017年为例,普通小学生均教育事业费最低,为7044.9元;普通初中以12789.2元位处次低,为普通小学生均教育事业费的1.8倍;普通高中较高,为14906.9元,是普通小学的2.1倍;中职以19652.9元位处最高,为普通小学的2.8倍(见图4)。这一趋势与北京市的情况相反,2013~2017年,北京市基础教育和中职生均教育事业费逐年增长,普通高等学校虽在2016年有所下降,但整体仍呈现上升趋势;中等教育和高等教育之间的生均教育事业费差距在逐年减小;但因普通小学生均教育事业费增速相对缓慢,与中等和高等教育生均教育事业费差距逐渐扩大(见图5)。

三河市各级各类教育生均教育事业费差异的增加,凸显出三河市生均教

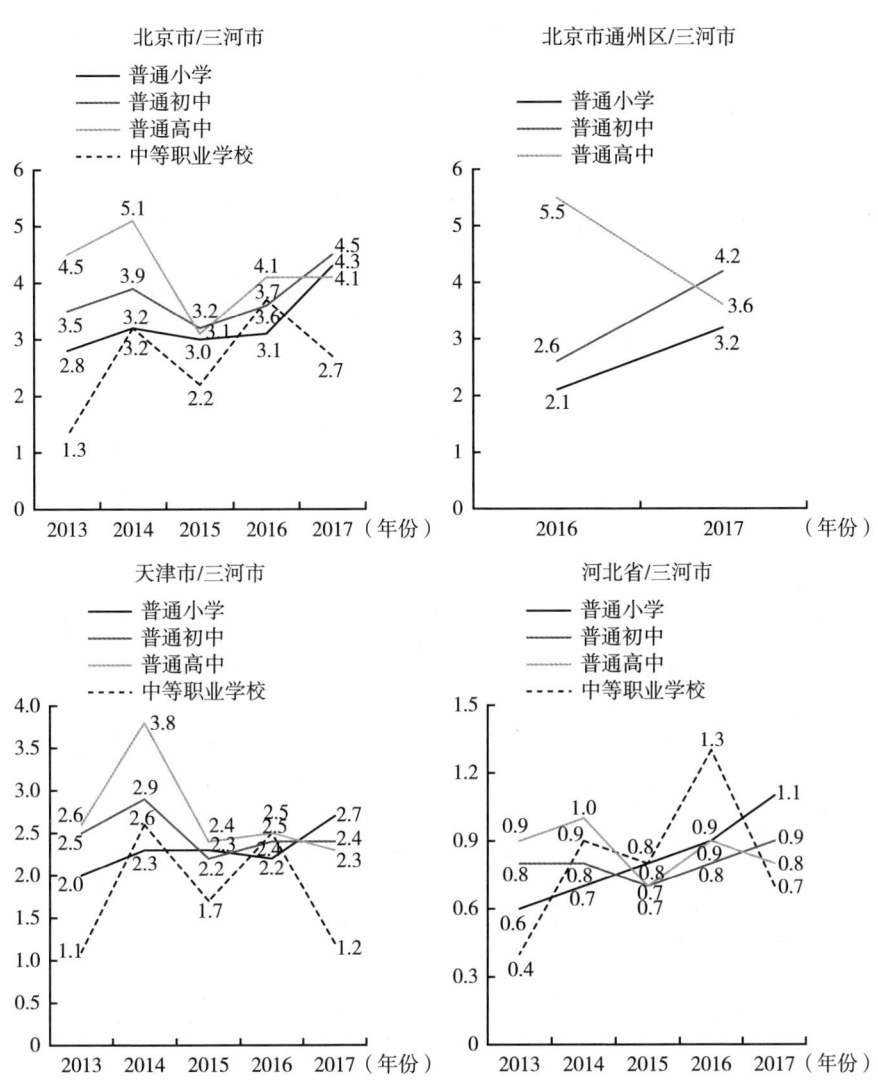

图3 京津冀及北京市通州区与三河市生均教育事业费比值情况

资料来源：根据2013~2017年全国教育经费执行情况统计公告，2013~2017年北京市教育经费执行情况统计公告，三河市提供的教育经费与教育发展相关统计资料计算得出。

育事业费投入结构不合理的问题，这一问题在义务教育阶段尤其突出。普通小学生均教育事业费下降的情况需高度重视，要充分考虑三河市适龄人口结

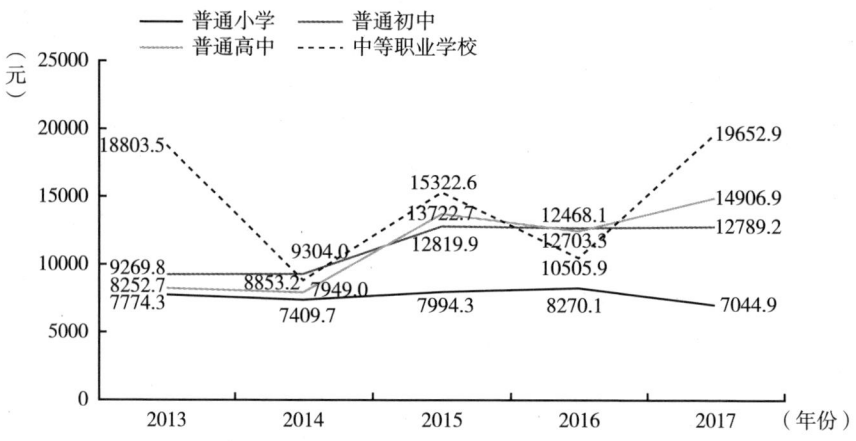

图4 三河市各级各类教育生均教育事业费年度变化情况

资料来源：根据三河市教育经费与教育发展相关统计资料计算得出。

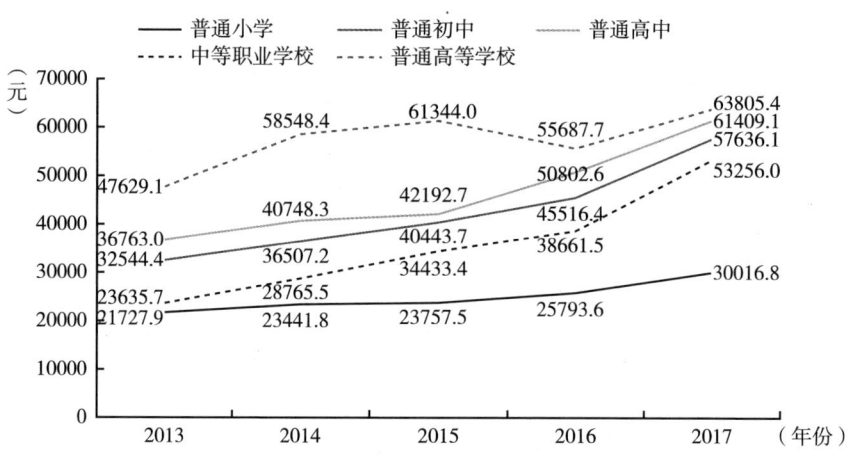

图5 北京市各级各类教育生均教育事业费年度变化情况

资料来源：2013~2017年《北京市教育经费统计公告》。

构变化和流动人口快速变化带来小学适龄人口快速增长的外部趋势，及时调整教育事业费在各级各类教育中的投入结构。

2. 生均公用经费

（1）三河市中等教育生均公用经费

如图6所示，从区域教育公用经费投入公平与均衡的情况看，2016~2017年数据显示，三河市中等教育生均公用经费显著低于京津冀地区及北京市通州区，且差距呈现扩大趋势，需大幅增加普通初中生均公用经费，不断提升普通高中生均公用经费。2017年，北京普通初中和普通高中的生均公用经费分别是三河市的9.6倍和8.0倍，在2016年3.1倍和4.8倍的基础上差距进一步拉大。与2016年相比，2017年通州区的普通初中生均公用经费与三河市的差距也在2.4倍的基础上，进一步拉大到11.4倍。天津市与三河市的中等教育生均公用经费差距始终维持在3倍以内。2016年之前，三河市普通小学、普通初中、普通高中和中职的生均公用经费均高于河北省平均水平，但2017年三河市普通初中生均公用经费开始低于河北省平均水平，普通高中生均公用经费与河北省平均水平持平。三河市普通小学公用经费与京津冀及北京市通州区的差异也在逐渐扩大，与北京市平均水平的差距最为明显，天津市其次。三河市中职生均公用经费与天津市差距呈缩小趋势。

（2）三河市各级各类基础教育生均公用经费

从生均公用经费的投入结构看，三河市普通初中生均公用经费下降最为明显，中职与基础教育生均公用经费差距逐渐拉开。以2017年为例，普通初中生均公用经费投入最低，为2219.4元；普通小学以2378元位处次低；普通高中略高，为2702.7元；普通小学、普通初中和普通高中生均公用经费均不超过3000元，且差异较小。中职以6674.1元位处最高，为普通初中的3倍。基础教育与中职教育生均公用经费差距进一步扩大，存在公用经费投入结构不协调的问题，公用经费投入重心应向普通初中及普通高中转移（见图7）。

这一趋势与北京市的情况不同。2013~2017年，北京市普通小学生均公用经费变化幅度较小，略有增长，总体维持稳定。由于增加了对普通初中、普通高中和中职的生均公用经费投入，中等教育生均公用经费

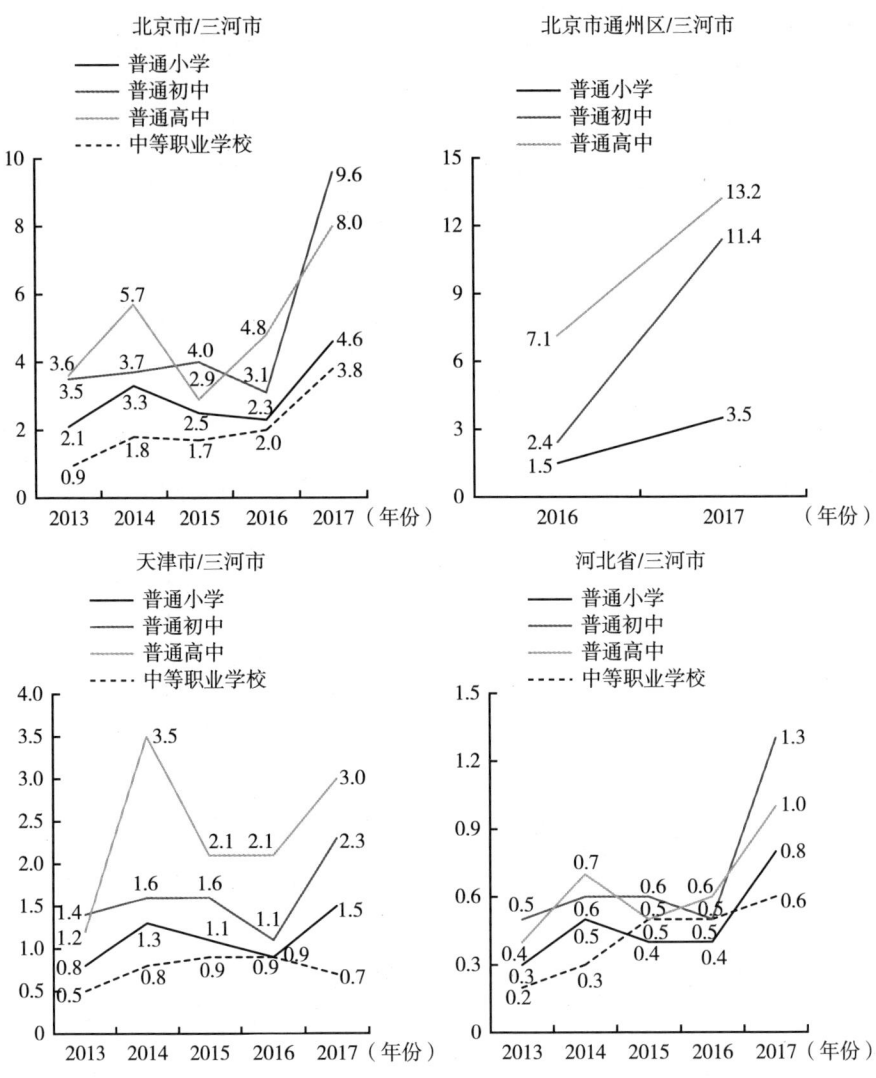

图 6 京津冀及北京市通州区与三河市生均公用经费比值情况

资料来源:根据 2013~2017 年全国教育经费执行情况统计公告,2013~2017 年北京市教育经费执行情况统计公告,三河市提供的教育经费与教育发展相关统计资料计算得出。

呈现比较明显的增长趋势,增长幅度由高到低依次为中职、普通高中和普通初中。高等教育生均公用经费呈现曲折上升趋势,2015、2016 年有所下降后,2017 年继续攀升。总体来看,北京市初等教育、中等教育和高等教育之间的生均公用经费差距明显且呈现层级分化的趋势（见图8）。

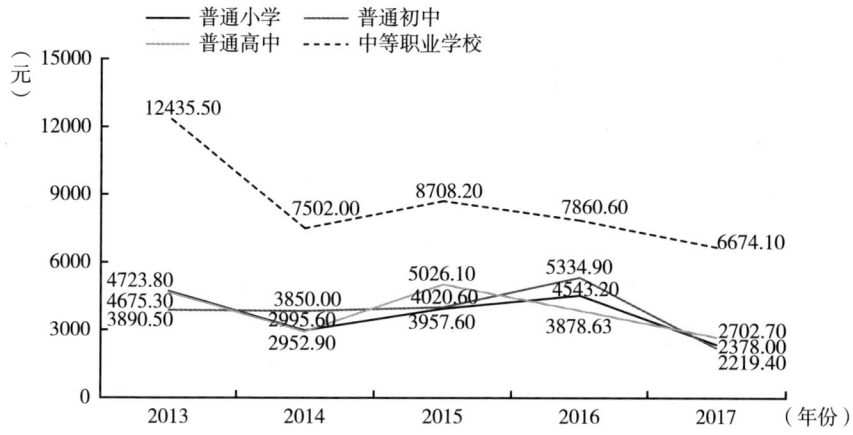

图7 三河市各级各类教育生均公用经费年度变化情况

资料来源：根据三河市教育经费与教育发展相关统计资料计算得出。

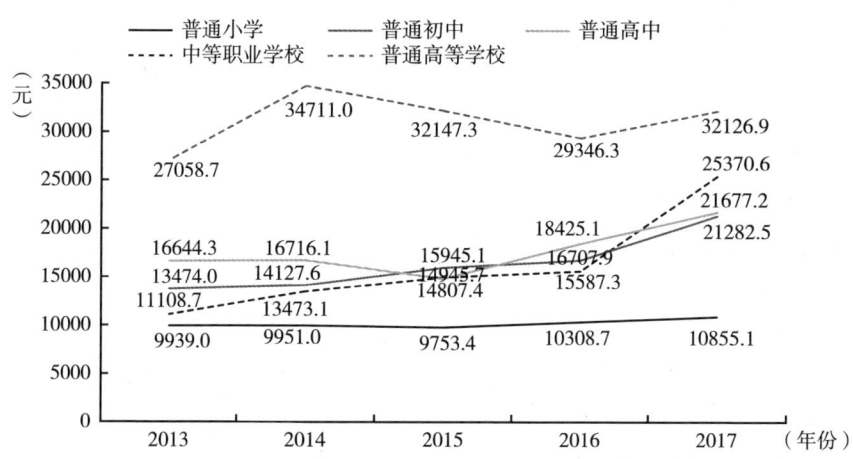

图8 北京市各级各类教育生均公用经费年度变化情况

资料来源：2013～2017年《北京市教育经费执行情况统计公告》。

（二）教育人力资本投入的公平与协调情况

根据三河市提供的2017年度68所小学、17所初中和5所高中的校级层面的生师比数据，分析三河市各学段师资投入的校际差异及城乡差异如下。

1. 普通小学师资短缺问题不断加剧，需着力增加师资配备

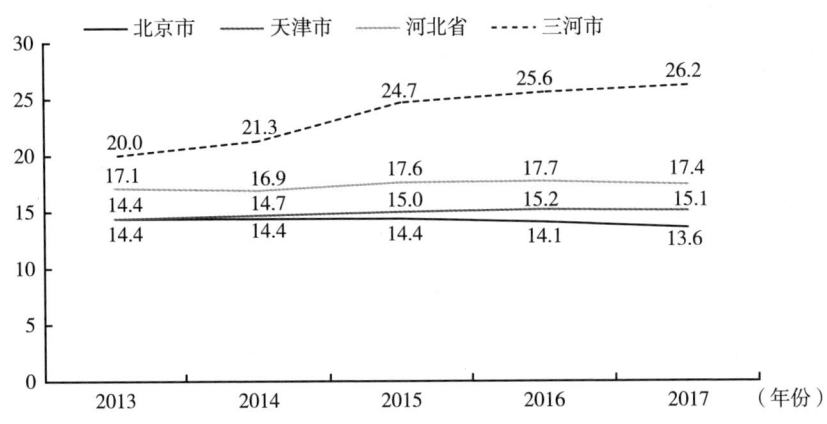

图9　京津冀与三河市普通小学生师比年度变化

资料来源：根据2017年和2018年《北京教育一本通》、三河市2013～2017年统计年鉴计算得出。

如图9、图10所示，三河市普通小学生师比与京津冀三地整体水平差异明显，普通小学师资短缺问题突出。2017年高达26.2，分别是北京市、天津市和河北省的1.9倍、1.7倍和1.5倍。OECD国家2016年的小学生师比平均水平为15[①]，三河市是其1.7倍。从变化趋势来看，受到近年来人口流动的影响，三河市生师比呈现与天津市的相似的年度变化规律，2013～2017年逐年增长，反映出生源增长速率高于师资配置增长速度，进一步加剧了原本就存在的师资不足的问题。随着北京非首都功能疏解的推进，普通小学生师比也在缓慢下降，由2013年的14.4下降至2017年的13.6，已低

---

① 国际数据来自"Education at a Glance 2018：OECD Indicators"。

于 OECD 国家平均水平。若要实现义务教育均衡，提升初等教育质量，三河市需在增加普通小学教师配置方面进一步加大力度。

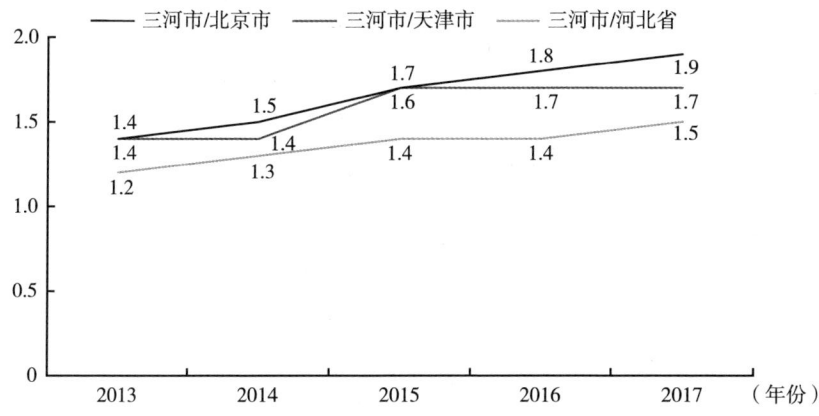

图10 三河市与京津冀普通小学生师比比值的年度变化

资料来源：根据图9数据测算得出。

2. 普通中学生师结构相对稳定，需有序扩大中学教师队伍

2013~2017年，三河市普通中学生师比维持在14.4~14.9，高于河北省、天津市和北京市的平均水平，2017年分别是三者的1.06、1.49和1.9倍（见图11、图12）。五年间，三河市与河北省的变化趋势类似，均有一定程度的上升；北京市和天津市的生师比趋势呈现相似性，均在稳中有降，北京市的降幅较为明显。2016年，OECD国家中学生师比平均水平为13。三河市是其1.1倍。北京市和天津市普通中学的生师比已经低于OECD国家平均水平。由此可见，三河市与北京市和天津市普通中学师资配置仍存在一定的差距。未来，需要在优先保障普通小学教师配备的前提下，不断补充普通中学教师的资源供给。

3. 师资配置存在学段、城乡之间及城乡内部校际的不均衡、不协调问题

（1）普通小学师资配置校际差异大于普通初中和普通高中，初等教育师资配置更不均衡

由表3中的校际基尼系数可见，普通小学的基尼系数是0.38，大于普

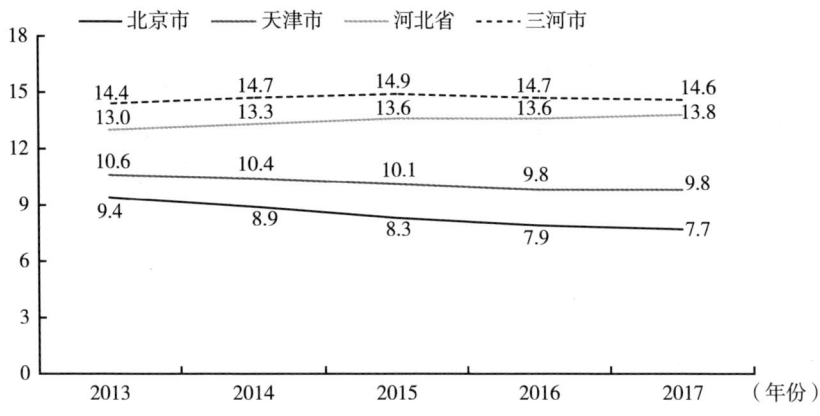

图 11　京津冀与三河市普通中学生师比年度变化

注：北京、天津和河北的数据取初中和高中生师比均值与三河进行比较。
资料来源：根据2017年和2018年《北京教育一本通》、三河市2013～2017年统计年鉴计算得出。

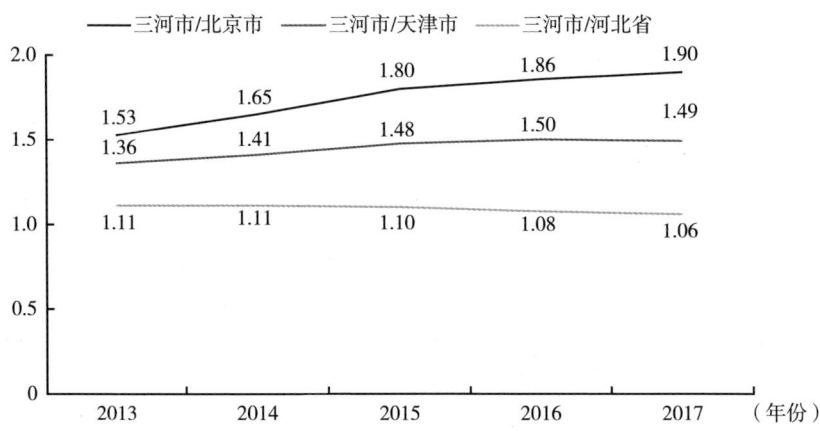

图 12　三河市与京津冀普通中学生师比比值的年度变化

资料来源：根据图11数据测算得出。

通初中的0.29和普通高中的0.13，0.38处于相对合理与差距较大的边缘位置，普通小学教师在校际仍存在一定的配置不均衡问题。

（2）城区师资紧缺的问题大于乡村地区

根据中小学校的分析数据，三河市城区普通小学和乡镇普通小学的生师比均值分别为30.8和14.5，两者相差1倍有余。普通初中城乡的生师比均值为13.7和8.9，前者是后者的1.5倍。由此可见，较之乡镇，三河市城区义务教育教师资源紧缺问题更为严重。

（3）三河市中小学师资投入的城乡内校际差异大于城乡间差异

表3中的泰尔指数显示，三河市中小学师资投入的校际差异主要来源于城乡内部校际差异，而非城乡之间的差异，城乡内部校际差异对师资配置校际差异贡献了70%以上的解释度。需要进一步通过城区和乡镇整体的教师资源统筹协调，提升师资在三河市校际配置的均衡水平。

表3 三河市中小学校际、城乡师资投入差异的泰尔指数和基尼系数

项目	校际泰尔指数	城乡间泰尔指数	城乡内校际泰尔指数	校际基尼系数
普通小学	0.25	0.07	0.18	0.38
普通初中	0.16	0.04	0.12	0.29
普通高中	0.04	—	—	0.13

注：由于普通高中学校数过少，不适宜进行城乡层面的比较。
资料来源：根据三河市教育事业发展相关统计资料计算得出。

（三）办学条件投入的公平与协调情况

1. 三河市中小学大班额问题突出

在普通小学阶段，目前共有68所学校，其中7所学校是班额超过66人的超大班额校，占比10.3%，且7所学校全部为公办校和城区校；16所普通小学的班额超过56人，大班额普通小学比例为23.5%，其全部为公办校，14所为城区普通小学，2所为乡镇普通小学；24所公办普通小学班额超过优质均衡标准，占35.3%，其中城区校18所，占3/4（见表4）。

在普通初中阶段，目前4所学校为超大班额校，全部为公办校和城区校；8所公办大班额普通初中，占比47.1%，其中7所分布在城区；11所普通初中超过优质均衡对于50人班额限制的标准，占比64.7%，即近2/3的普通初中都存在大班额问题。

由此可见，三河市1/3的普通小学和2/3的普通初中班额无法达到优质均衡标准，距离2022年实现义务教育优质均衡的规划目标仍有较大努力空间，挑战非常严峻。而且，大班额问题集中出现在城区校和公办校，反映了教育质量和教育资源在城乡之间和公办校、民办校之间配置的不均衡问题。优质教育资源和人口在城区的双重集聚带来了虹吸效应，需要通过义务教育学校标准化建设和优质师资的均衡配置和灵活流动，带动校际均衡，从而缓解大班额问题。

表4 三河市义务教育学校大班额情况

单位：所，%

项目		学校数	百分比	公办校	城区校
普通小学（平均班额53人）	超大班额	7	10.3	7	7
	大班额	16	23.5	16	14
	超过优质均衡标准	24	35.3	24	18
普通初中（平均班额51人）	超大班额	4	23.5	4	4
	大班额	8	47.1	8	7
	超过优质均衡标准	11	64.7	11	8

资料来源：根据三河市教育事业发展相关统计资料计算得出。

表5显示，三河市基础教育校际班额差异不大，普通小学差异大于普通初中，普通高中班额差异最小，差异主要来源于城乡内部校际班额差别。

表5 三河市基础教育学校班额校际及城乡差异泰尔指数与基尼系数

项目	校际泰尔指数	城乡间泰尔指数	城乡内校际泰尔指数	校际基尼系数
普通小学	0.080	0.021	0.059	0.23
普通初中	0.060	0.001	0.059	0.18
普通高中	0.033	—	—	0.13

资料来源：根据三河市教育事业发展相关统计资料计算得出。

2. 生均占地面积存在学段间不协调问题，需补充义务教育资源、完善空间布局

从中小学生均占地面积来看，三河市普通初中生均占地面积的校际差异很大,其基尼系数为0.53,介于0.5~0.6;普通小学生均占地面积的校际差异较大,基尼系数为0.42;普通高中校际生均占地面积相对均衡,基尼系数小于0.2。中小学生均占地面积的主要差异来源于城乡内的校际差异,而非城乡之间的差异。

因此,需要在完善义务教育学校标准化建设,均衡教育资源供给的同时,强化政府统筹规划功能,教育部门和住建部门通力协作,优化教育资源布局,扩充义务教育学校的空间资源,保障日常教学和活动空间充足。

表6 三河市基础教育学校生均占地面积校际及城乡差异泰尔指数与基尼系数

项目	校际泰尔指数	城乡间泰尔指数	城乡内校际泰尔指数	校际基尼系数
普通小学	0.28	0.09	0.19	0.42
普通初中	0.49	0.01	0.48	0.53
普通高中	0.05	—	—	0.16

资料来源:根据三河市教育事业发展相关统计资料计算得出。

3. 中小学生均建筑面积逐年下降,需加强硬件投入,优化资源整合,拓展学校边界

优质均衡要求小学、初中生均教学和辅助用房面积分别达到4.5平方米以上、5.8平方米以上。三河市虽然满足了优质均衡对初中和小学的面积要求,但是距离京津冀地区仍略有差距。2017年,三河市普通小学生均建筑面积为5.04平方米,低于河北省(6.62平方米)、天津市(7.15平方米)和北京市(8.3平方米)的平均水平,接近优质均衡临界线。从变化趋势来看,与天津市类似并与北京市和河北省相反,三河市小学生均建筑面积呈现下降趋势(见图13)。从年度增量看,三河市生均建筑面积与北京市、河北省的差距在不断扩大,与天津市的差距略有缩小。以北京市为例,2013年北京市为三河市的1.32倍,2017年扩大到1.65倍。2013年,河北省的生均建筑面积曾低于三河市,2014年即赶超三河市水平,且差距不断扩大(见图14)。

从中学的情况来看,2013~2017年三河市中学生均建筑面积逐年下

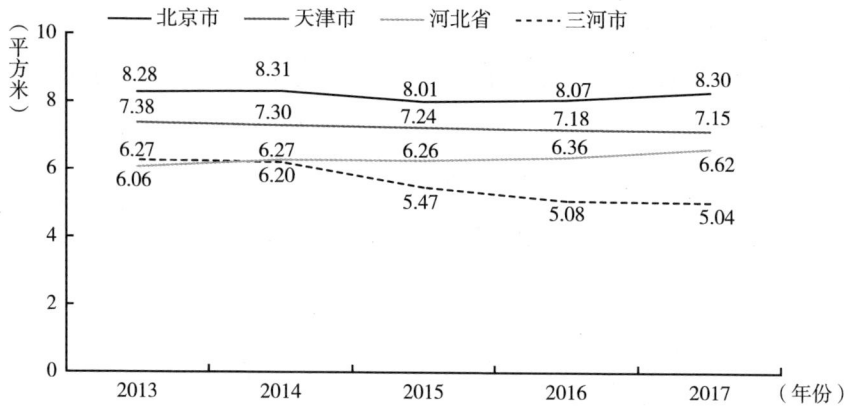

图 13 京津冀与三河市普通小学生均建筑面积年度变化情况

资料来源：根据2017年和2018年《北京教育一本通》、三河市2013～2017年教育事业发展统计资料计算得出。

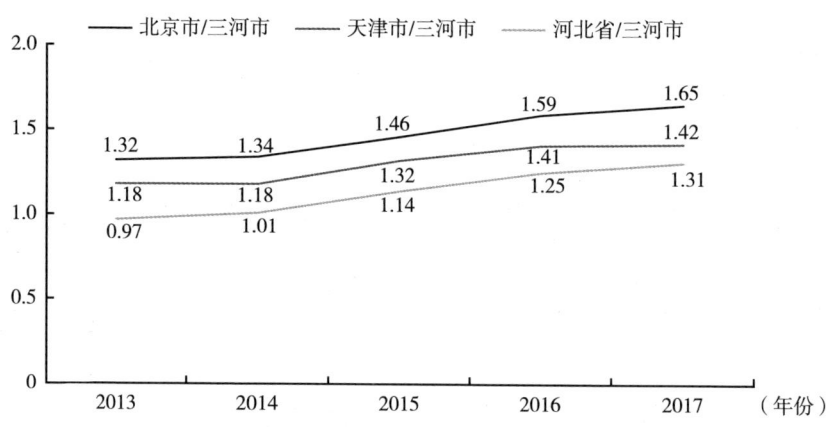

图 14 京津冀与三河市普通小学生均建筑面积比值年度变化情况

资料来源：根据2017年和2018年《北京教育一本通》、三河市2013～2017年教育事业发展统计资料计算得出。

降，与北京市、河北省和天津市趋势相反，从2013年12.88平方米下降至2017年9.95平方米。虽然该数值仍然超过5.8平方米的优质均衡标准,但趋势不容乐观(见图15)。图16展示了京津冀与三河市五年来生均建筑面积的变化趋势,三河市与北京市的差距最大,2017年北京市已是三河市的1.59倍,且差距在快速扩大,与天津市和河北省相比,三河市也逐渐失去空间资源优势。需不断加强中学的硬件设施建设,并优化整合周边中小学、大学甚至社区资源,提升空间利用率和公共设施设备利用效率,拓展学校边界。

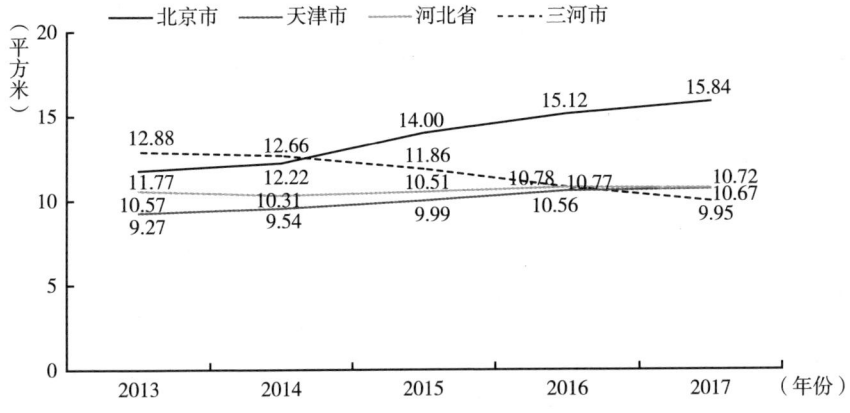

图15　京津冀与三河市普通中学生均建筑面积年度变化情况

资料来源:根据2017年和2018年《北京教育一本通》、三河市2013~2017年教育事业发展统计资料计算得出。

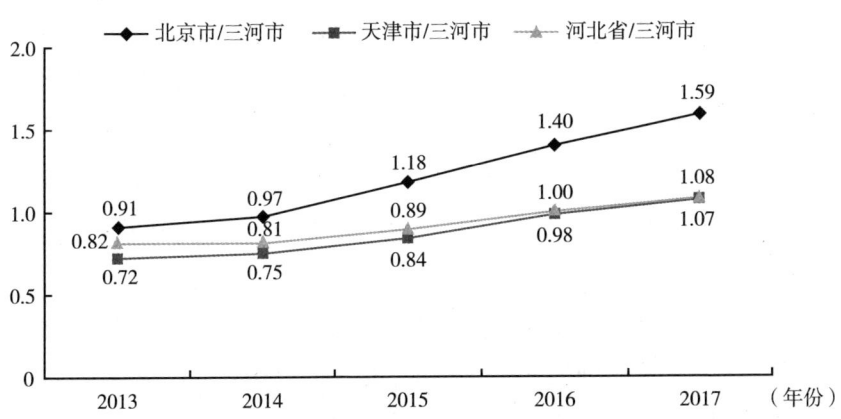

图16　京津冀与三河市普通中学生均建筑面积比值年度变化情况

资料来源:根据2017年和2018年《北京教育一本通》、三河市2013~2017年教育事业发展统计资料计算得出。

五 政策建议

本部分结合三河市教育公平和协调发展在经费投入、人力资本投入和办学条件投入方面存在的主要问题提出针对性对策建议。

(一)经费投入:优化经费管理制度,政府主导投入和多元筹资并举,补偿性措施和激励性措施并用

三河市经费投入的问题在于生均教育事业费和生均公用经费的投入规模不足、结构失衡和区域不均衡。投入规模不足与区域不均衡受制于以县为主的管理体制和地方财政收入能力的区域差异。投入结构失衡表现在各学段中,特别是普通小学生均教育事业费和普通初中、普通高中生均公用经费投入方面。完善经费投入机制,既要从宏观政策出发自上而下优化经费管理体制和机制,也要由内而外,政府主导投入和多元筹资并举,补偿性措施和激励性措施并用。

第一,要持续加大教育财政投入力度。依法保障教育经费"三增长",坚持财政资金优先保障教育投入,坚持公共资源优先满足教育和人力资源开发需要。具体采取三步走策略。一是 2022 年前,全面逐年提高三河市各级各类生均教育经费水平,保证生均教育经费不因财政收入、学龄人口增长等而减少。二是 2025 年前,根据三河市的学龄人口、学校规模、财政收入、京津冀地区生均教育经费水平,联合财政部门,制定符合三河市教育发展的各级各类生均教育经费动态标准,逐步达到天津市各级各类教育生均教育经费平均水平。三是到 2035 年前,根据动态生均标准,逐步达到北京城市副中心各级各类生均教育经费水平。

第二,政府需要调整政策、资源分配的非均衡导向,实行办学条件、教育经费和师资配备等方面城乡同一标准,建立健全财政投入保障机制,合理调整资源分配结构。在衡量地方教育投入的财政能力时,除了要考虑财政性教育经费占 GDP 的比重、财政性教育经费占教育总经费的比重,以及预算内财政性教育经费占财政支出的比重等关键指标外,还应该考量不同地区产

业结构及其经济效益的差异,以及各地由地理因素、人口因素等造成的生均教育支出成本的差异等。

第三,加大激励性转移支付力度,拓宽融资渠道,这样一方面可引导地方政府加大教育投入程度;另一方面,给社会力量、民营力量更大的政策优惠,适度降低或减免税收,提供冠名权等方式,广泛吸引社会力量,通过多种形式捐资助学,以增加教育经费投入水平。

第四,当前三河市政府需要优化财政经费投入结构,教育事业费向普通小学倾斜,公用经费向普通初中和普通高中倾斜。后期根据上述外部影响因素的变化和生均经费变化情况,提前预测并及时调整专项经费或经常性投入、教育事业费及公用经费的结构。

第五,加强对财政教育资金的监管,提高资金使用效益。提升教育支出的效率、效果和效益,三河市政府要主动把握市场经济规律,提升自身系统分析和设计教育财政政策的能力,充分利用已有的资源为实现教育均衡发展、提高教育质量服务,加强各级政府的统筹能力和执行力度,采用科学、动态、灵活、客观的方法对政策的效果进行适时评估。

(二)师资队伍建设:区域联合培养、联合教研、联合实习、联合就业,参考公务员制度,同岗薪资福利均等化

三河市教师队伍的问题在于总量不足、校际和城乡之间分配不均、质量有待提升。总量不足的问题需要通过合作培养和吸引人才两条路径解决;配置不均需要完善教师管理体制机制;质量提升需要强化教师培养培训及交流协同。

第一,京津各师范类高校或有师范专业的高校可建立教师合作培养机制,实现教学研协同并行,联合培养、联合教研、联合实习、联合就业。建立首都师范大学三河实习基地,形成首都师范大学学生赴三河中小学、幼儿园实习的机制;建立三河市与北京城市副中心学科教学研究"一对一"合作机制。对标国内发达地区教师薪资福利标准,大力提升教师待遇,建立教师增资机制,严格落实各项津补贴政策,吸引优秀师资。

第二,优先补充义务教育阶段教师,探索实行县管校聘制,参考公务员

管理制，薪资福利均衡化促进教师流动。建立重点校与普通校间的校长教师轮岗制。提升学校管理水平，通过在职培训和绩效考评增强教师专业化素养，逐步解决基础教育阶段教师队伍结构性失衡问题。改革教师职称和激励制度，提高高级职称比例。

第三，通过严格全过程管理提升师资队伍质量。严格教师聘任准入标准，进一步提升教师学历层次，2022年实现普通小学、普通初中新入职教师100%本科学历；普通高中新入职教师50%以上具有硕士及以上学历。对标北京城市副中心教师的任职学历水平，吸引外地优秀教师来三河市执教。建立健全名师、名校长、教师定期培训和双向交流制度；三河市与北京城市副中心教师统一培训标准、培训大纲、培训内容和培训方式，形成常态化的教师联合培训机制；实施"科研兴校计划"，加大教育科学研究投入，建立"姊妹校""工作坊"等方式，互鉴、互帮、互学，全面提升教育教学研究水平。

（三）硬件投入：高标准规划推进标准化智慧校园建设

三河市教育的办学投入问题在于空间资源不足、学段不均、城乡不协调。需优化教育规划，优先保障义务教育资源，以现代化和智慧教育理念和技术推进义务教育标准化校园建设。

第一，需扩大城镇教育资源。对新建居住区严格学校建设标准，有序扩大城镇学校学位供给，重点扩大三河市西市区和北城区的教育资源供给。充分利用社会资源和民办学校在用地、体制和机制方面的优势，在控制规模的基础上适当发展义务教育阶段的民办教育。

第二，探索构建智慧校园标准化建设方案，到2022年，与第三方机构合作深入开展智慧校园、数字化校园和平安校园建设，提升校园智能化水平。利用信息技术提升管理水平和管理效率。与教育部学校规划建设中心合作，2020年建立三河市未来学校试验区，到2025年逐步建成未来学校发展示范区，积极发展农村学校的信息化水平，形成具有三河特色的乡村智慧教育体系。

第三，统筹学校软硬件、校内外学习资源建设，构建开放的学习环境，形成丰富优质、多元个性的数字教育资源库。利用信息技术手段扩大优质教育资源覆盖面，覆盖每所学校、每个学生，满足学习者开放、泛在、个性化的学习需求。

（四）软件投入：坚持开放办学、依法治教、文化强教

除了硬件投入，学校的办学、管理机制和文化环境都对教育可持续发展具有深远影响。

第一，在京津冀教育协同发展背景下，加强三河市与北京市海淀区、朝阳区、通州区的教育合作，分学段、分城乡、分学区进行集团办学、校际联合、城乡帮扶、强弱帮带，形成多种形式的区域性、组团式合作模式；发挥双方教育优势，在中小学、幼儿园组建跨区域的教育集团品牌，拓展区补充完善优质基础教育设施，推动三河市基础教育水平的整体提升。与北京市知名中小学建立密切的合作关系，通过设立分校、共建共管、教育托管等形式，加快与北京市知名学校的合作、交流与融合。

第二，推进依法治教，明确界定在推进三河市教育改革和发展过程中党政机关、企事业单位、社会组织、教育机构与学习者的责任、权利与义务，将三河市教育发展和改革纳入法制轨道。重点加强领导体制、决策机制、协调与激励制度建设等顶层设计。完善社会参与教育决策机制，建立社会参与学校管理机制。完善三河市教育信息统计体系；研制三河市教育现代化监测评估指标体系，开发三河市教育现代化监测评估工具，构建监测评估制度体系。

第三，在区域协同发展中引入京城文化，将北京的传统文化、现代文化融入三河城乡文化体系，合作研制开发"运河文化"校本课程，体现在三河市中小学校的文化系统中，逐步实现通过文化整合培育共享人才。推进义务教育阶段学校一校一品建设。通过加大三河市各学段内学校与北京市通州区及北京市同类别学校的文化交流，促进三地之间学校文化的融合发展。通过学区整体性挖掘中华优秀传统文化和北京、三河区域文化。

B.4
"十四五"时期三河市义务教育阶段学位需求预测

赵佳音[*]

摘　要： 学位需求变动对教育资源配置具有直接影响，同时学位需求预测对制定教育规划具有重要的参考价值。河北省三河市紧邻北京市通州区，一方面，域内燕郊地区的大量人口在北京工作，而教育等公共服务主要依赖三河市；另一方面，"全面二孩"和"非首都功能疏解"等政策，对三河市学位需求也会产生影响。因此，研究三河市的学位需求问题具有特殊的意义。本报告使用2013～2017年三河市的教育事业统计资料，2007～2019年《三河市国民经济和社会发展统计公报》，对2021～2025年三河市义务教育阶段学位需求进行了预测。总体来说，"全面二孩"政策对学位需求会有短暂的冲击效果，承接"非首都功能疏解"的学位需求增长具有持续性。"十四五"时期，三河市义务教育阶段学位需求会呈持续上涨态势，教育资源极度紧张。

关键词： "全面二孩"政策　义务教育阶段　学位需求

---

[*] 赵佳音，博士后，供职于北京教育科学研究院，主要研究领域为学龄人口预测、教育财政、教育经济。

一 问题的提出

三河市隶属于河北省,由廊坊市代管,与北京仅一河之隔,是中国占地面积最大、行政级别最高的县级飞地。首都社会经济快速发展对三河市有较大影响,三河市户籍人口从 2010 年的 53.87 万人快速增长至 2019 年的 74.74 万人。义务教育阶段在校生数从 2013 年 5.24 万人快速增长至 2017 年的 9.32 万人。

一方面,三河市燕郊地区的大量人口在北京工作,而子女主要在三河市接受义务教育,占用了三河市本地人口的义务教育资源;另一方面,"全面二孩""非首都功能疏解"两项人口政策影响着三河市的人口数量、人口结构,进而影响三河市义务教育学位需求。因此,在三河市在制定"十四五"时期教育规划时,对学位需求进行预测和研究变得十分必要。

二 三河市人口、教育发展现状分析

三河市向西距天安门 30 公里、向南距天津 125 公里、向东距唐山 121 公里,是京、津、唐三大城市间的"金三角"核心地带,在京津冀一体化和环渤海经济圈中居重要地位[①]。本研究主要对三河市人口、教育事业发展、教育财政情况进行分析。

(一)三河市人口情况分析

受首都社会经济发展影响,三河市户籍人口处于持续增长阶段,从 2007 年的 50.38 万人增长至 2019 年的 74.74 万人。出生人口处于增长阶段,受"全面二孩"政策影响,2017 年出生人口有显著上升,而后趋于平缓,出生率与属相存在一定的相关性(见表1)。

---

① 三河市人民政府网站,http://www.san-he.gov.cn/tzsh/list?cid=20。

表1 2007～2019年三河市人口情况

单位：人，‰

年份	户籍人口	出生人口	出生率	属相
2007	503821	4798	9.5	猪
2008	520328	6088	11.7	鼠
2009	530541	6437	12.1	牛
2010	538667	7962	14.8	虎
2011	561366	9382	16.7	兔
2012	580232	9310	16.0	蛇
2013	598431	9681	16.2	龙
2014	618983	10594	17.1	马
2015	651531	7852	12.1	羊
2016	691271	10926	15.8	猴
2017	710232	13392	18.9	鸡
2018	731252	10970	15.0	狗
2019	747366	9191	12.3	猪

资料来源：2007～2019年《三河市国民经济和社会发展统计公报》。

其中，2019年末户籍人口为747366人，其中城镇人口420965人，乡村人口326401人，分别占总人口的56.3%和43.7%。在总人口中，女性383609人，男性363757人，男女性别比为94.8（以女性为100）。2019年内出生人口9191人，人口出生率为12.3‰；年内死亡人口2012人，人口死亡率为2.7‰，人口自然增长率为9.6‰。年内迁入人口15822人，迁出人口6887人。18岁以下人口180806人，占总人口的比重为24.2%，比上年末提高0.2个百分点；18～59岁人口455933人，占总人口的比重为61%，比上年末下降0.4个百分点；60岁及以上人口110627人，占总人口比重为14.8%，比上年提高0.2个百分点。

（二）三河市教育事业发展情况

当前，三河市教育发展仍不充分，教育资源总体规模、空间布局、设施质量、设备配置跟不上城市快速发展需求，相较北京市差距明显。三河市义务教育阶段在校生数从 2013 年的 5.24 万人快速增长至 2017 年的 9.32 万人。小学教育阶段在校生呈快速上升趋势，2017 年较 2013 年增长 51.58%，初中教育阶段也处于快速增长期，2017 年是 2013 年在校生数的 3.5 倍（见表 2）。2017 年三河市小学专任教师 2630 人，普通中学专任教师 2607 人，各教育阶段师生比分别为小学 1∶5、中学 1∶16.7，低于周边区县，教师数量配备不足，代课教师较多，教师水平整体有待提高。

表 2　2013~2017 年三河市义务教育阶段在校生数

单位：人

年份	2013	2014	2015	2016	2017
小学	45423	49795	57868	63988	68854
初中	6938	19648	20963	22100	24371
义务教育阶段	52361	69443	78831	86088	93225

资料来源：根据三河市教体局提供教育经费与教育发展相关统计资料整理。

三河市教育资源城乡不均、差距大、"城区爆满，郊区不足"现象突出。三河市优良教育资源主要分布在西市燕郊片区和东市沟阳片区，其他乡村布局略为稀疏，区域间不均衡现象突出。乡村教育资源设施较差，存在校舍简陋，活动场地不足等问题，城镇教育资源设施配套相对完善，城乡教育资源差距明显。

区域、人群之间与校际教育资源不均衡问题也尤为严重，由于在北京工作的"北漂一族"在前十年中不断向北京周边外溢，2007~2018 年燕郊镇暂住人口一直维持在 20 万人左右。整体教育设施供给滞后，造成学校数量少、大班额、高班数等现象突出。近年来小学教育设施缺口问题更加突出，产生了明显的滞后现象。

（三）三河市教育财政情况

在三河市政府及教育部门的不断努力下，2017 年全市公共财政中教育经费总投入达 14.4 亿元，较 2013 年增长 35.8%。2016 年更是达到了 15.2 亿元，较 2013 年增长 42.6%。

三河市各教育阶段生均教育事业费亟待提高,并且需要着重关注普通小学教育阶段(见表3)。除小学教育阶段,2013~2017年,三河市生均教育事业费都有不同程度的增长,虽然略高于河北省平均水平,但与北京市平均水平、天津市平均水平、北京市通州区生均教育事业费还有很大的差距。以2017年为例,北京市普通初中、普通高中、中等职业学校生均教育事业费分别是三河市的4.5倍、4.1倍与2.7倍;天津市普通初中、普通高中、中等职业学校生均教育事业费分别是三河市的2.4倍、2.3倍与1.2倍;北京市通州区普通初中、普通高中生均教育事业费分别是三河市的4.2倍、3.6倍。而普通小学阶段,受北京市"非首都功能疏解",以及三河市自身人口年龄结构影响,生均教育事业费在5年间甚至有所下降,甚至低于河北省平均水平,2017年三河市生均教育事业费为7044.9元,而河北省平均水平为7914.2元。

表3 三河市与京津冀各省市及部分地区各级各类生均教育事业费比较

单位:元

年份	地区	普通小学	普通初中	普通高中	中等职业学校	普通高等学校
2017	北京市	30016.8	57636.1	61409.1	53256.0	63805.4
	天津市	18683.8	30949.8	34527.9	22927.2	23422.2
	河北省	7914.2	11441.4	12098.7	14111.7	17134.7
	北京市通州区	22507.3	53427.1	54127.9	—	47364.6
	三河市	7044.9	12789.2	14906.9	19652.9	—
2016	北京市	25793.6	45516.4	50802.6	38661.5	55687.7
	天津市	18284.4	29961.9	31425.0	26651.7	19581.5
	河北省	7300.2	10532.6	10859.0	13524.0	16151.5
	北京市通州区	17591.2	33166.7	68651.7	—	24581.9
	三河市	8270.1	12703.3	12468.1	10505.9	—
2015	北京市	23757.5	40443.7	42192.7	34433.4	61344.0
	天津市	18128.2	28208.7	32848.1	26481.0	20415.3
	河北省	6752.7	9557.8	9992.1	12007.5	13828.7
	北京市通州区	—	—	—	—	—
	三河市	7994.3	12819.9	13722.7	15322.6	—

续表

年份	地区	普通小学	普通初中	普通高中	中等职业学校	普通高等学校
2014	北京市	23441.8	36507.2	40748.3	28765.5	58548.4
	天津市	17233.9	26956.4	30090.1	22753.1	18668.0
	河北省	5349.1	7749.4	7748.2	8031.6	12292.6
	北京市通州区	—	—	—	—	—
	三河市	7409.7	9304.0	7949.0	8853.2	
2013	北京市	21727.9	32544.4	36763.0	23635.7	47629.1
	天津市	15447.4	22840.6	21103.9	19901.9	23046.9
	河北省	4936.8	7470.8	7105.3	6890.1	12904.4
	北京市通州区	—	—	—	—	—
	三河市	7774.3	9269.8	8252.7	18803.5	—

资料来源：2013～2017年《全国教育经费执行情况统计公告》，2013～2017年《北京市教育经费执行情况统计公告》，三河人口情况介绍（县公安大队人口表格），《三河市经济社会发展统计公报》，三河市提供教育经费与教育发展相关统计资料。

三河市各教育阶段生均教育公用经费过低，亟待增长（见表4）。相较于生均教育事业费，三河市生均教育公用经费与北京市、天津市平均水平差距更大。以2017年为例，北京市普通初中、普通高中、中等职业学校生均教育公用经费分别是三河市的9.6倍、8.0倍、3.8倍；天津市普通初中、普通高中、中等职业学校生均教育公用经费分别是三河市的2.3倍、3.0倍、0.7倍；北京市通州区普通初中、普通高中生均教育公用经费分别是三河市的11.4倍、13.2倍。而普通小学阶段，三河市生均教育公用经费从2013年的4723.8元下降至2017年的2378元，5年间从远超河北省平均水平，下降到略高于河北省平均水平。过低的生均教育公用经费会影响基本教育设备的更新及学校的日常运转，同时也会影响教育现代化的推进过程。

表4 三河市与京津冀各省市及部分地区各级各类生均教育公用经费比较

单位：元

年份	地区	普通小学	普通初中	普通高中	中等职业学校	普通高等学校
2017	北京市	10855.1	21282.5	21677.2	25370.6	32126.9
	天津市	3649.5	5014.6	8078.1	4494.9	13382.2
	河北省	1922.1	2796.8	2596.7	4004.4	7834.2
	北京市通州区	8378.0	25278.5	35740.6	—	6126.7
	三河市	2378.0	2219.4	2702.7	6674.1	—
2016	北京市	10308.7	16707.9	18425.1	15587.3	29346.3
	天津市	4244.7	5790.5	7977.1	7212.4	9690.6
	河北省	1862.0	2695.5	2428.0	3943.5	8067.9
	北京市通州区	6792.2	12702.5	27648.2	—	5269.7
	三河市	4543.2	5334.9	3878.6	7860.6	—
2015	北京市	9753.4	15945.1	14807.4	14945.7	32147.3
	天津市	4361.4	6356.9	10677.9	7882.2	10847.9
	河北省	1770.6	2533.7	2613.7	3935.0	7162.2
	北京市通州区	—	—	—	—	—
	三河市	3957.6	4020.6	5026.1	8708.2	—
2014	北京市	9951.0	14127.6	16716.1	13473.1	34711.0
	天津市	3968.9	6134.4	10411.5	5918.0	10224.7
	河北省	1439.3	2121.1	2207.9	2435.1	6520.7
	北京市通州区	—	—	—	—	—
	三河市	2995.6	3850.0	2952.9	7502.0	—
2013	北京市	9939.0	13747.0	16644.3	11108.7	27058.7
	天津市	3788.9	5379.9	5562.9	5797.4	15135.7
	河北省	1390.8	2083.7	2075.0	2047.4	7431.3
	北京市通州区	—	—	—	—	—
	三河市	4723.8	3890.5	4675.3	12435.5	—

资料来源：2013~2017年《全国教育经费执行情况统计公告》，2013~2017年《北京市教育经费执行情况统计公告》，三河人口情况介绍（县公安大队人口表格），《三河市经济社会发展统计公报》，三河市提供教育经费与教育发展相关统计资料。

三 三河市学位预测政策因素分析

"全面二孩"政策、"非首都功能疏解"政策也会影响三河市的人口数量及结构,本研究将对这两个政策的影响进行分析。

(一)"非首都功能疏解"政策影响分析

人口疏解是大型城市进行人口调控的主要方式之一,表现为中心城区人口向周边地区转移,常常通过城市功能疏解来带动。20世纪初,国外学者开始对城市功能及人口疏解的关系进行研究,芬兰规划师Eliel Saarinen首次提出了"有机疏散理论"。疏解方式主要是通过政府在中心城区外有计划地建设卫星城减轻中心城区压力,从而实现中心城区的人口及功能疏散。另一种方式是通过"郊区化"来完成的,即将人口、就业及公共服务从中心城区迁移至郊区。近代学者对人口疏解的研究主要集中在疏解测度、疏解方式和疏解成效评价等领域。

面对北京大城市病及综合承载力不足的问题,2014年初,北京市政府印发了《市政府党组党的群众路线教育实践活动整改方案》,提出了人口规模调控的整改目标,目标指出:综合运用法律、行政、经济等各种手段,合理控制人口规模,优化人口空间布局,改善人口发展环境,疏解中心城区功能,落实"以证管人、以房管人、以业控人",使人口增速明显下降。而后出台的《京津冀协同发展规划纲要》更是提出,到2020年,北京市常住人口力争控制在2300万人以内,城六区常住人口争取下降15%左右。各区也按照北京市人口调控目标规定了未来5年的人口调控目标。2015年习近平总书记提出"非首都功能疏解",指明北京市近期城市发展目标是保留与首都功能定位相适应的产业,逐渐移出非首都功能相关产业。城市人口与产业发展密不可分,产业结构调整伴随人口规模与结构的调整,城市功能疏解与人口疏解应同步推进。随着"非首都功能疏解"不断推进,三河市主动承接北京市产业转移,相当一部分"北漂"人口流入三河市,外来人口规模庞大,为15~20万人。

（二）"全面二孩"政策影响分析

2016年1月1日，我国废除了推行20多年的"一孩政策"，开始实行"全面二孩"政策，允许所有城乡、区域、民族的夫妇生育两个孩子，以缓解人口增长放缓、人口老龄化、人口红利下降等一系列问题。

学术界对"全面二孩"政策实施效果有较大分歧。翟耀武教授认为，全面放开二孩政策后符合新政策条件的目标人群规模较大（约1.52亿人），妇女生育二孩的意愿持续处于较高水平（约为9700万人），我国年度出生人口将在政策变动后急剧增加，出生人口峰值达到4995万人，总和生育水平峰值达到4.5左右。而北京大学人口所的乔晓春教授认为，我国潜在生育人群中实际生育的人会在1700万至3100万人，年度出生人口峰值在2200万至2700万人，总和生育率峰值会在2.17~2.68。"全面二孩"政策的实施无法根本改变我国人口生育率长期处于较低水平的状况。从三河市近三年的出生率和出生人口来看，"全面二孩"政策的实施效果表现为短暂的能量释放过程，比较符合乔晓春的观点。

四 三河市义务教育阶段学位需求预测

（一）预测方法

学龄人口预测是人口预测的一部分，但是从预测数据和对方法的要求方面又有其特殊之处。人口预测的方法一般分为四类。第一类：将人口增长趋势与某种数学分布相联系建立模型，如早期的马尔萨斯模型，这类方法可用于对人口变动的基本趋势判断。而学龄人口预测需要对特定的年龄段人口年龄结构进行预测，所以在做学龄人口预测时不采用这种方法。第二类：将未来人口数看作一个随时间变化的队列，建立离散时间模型，如凯菲茨矩阵模型、莱斯利矩阵模型、宋健人口发展方程等，这类模型对数据要求较高，并考虑生育、死亡、迁移三个主要因素。通过这类方法预测获得的数据在形态和结构上,比较符合学龄人口预测要求。第三类:根据已知数据进行线性回归,这类模型有惠特尔自回归模型(ARMA)、多元回归模型等,但由于人口自身的特性,预测效果往往并不理想。第四类:通过非线性模拟来预测人口数量,如人工智能网络模型、灰色模型等。这类方法适用于数据不完全、影响因素无法确定的情况下,有些模型预测的结果并不稳定,但有比较好的发展前景。

本研究使用第二类队列要素法进行预测,该方法也是人口预测中最常用的一种方法。在塞缪尔·普雷斯顿等人为宾夕法尼亚大学人口统计学研究生所著的教科书中宣称:"该方法几乎是人口预测中唯一使用的方法,代表了社会科学中罕见的一致认同。"

队列要素法的基石是人口平衡方程,使用离散时间模型表达人口变动的过程,即时间每向前推移一个年龄段,该年龄段内所有存活的人口加上净迁移的人口会自然地进入下一个年龄段。属于这种预测方法的有凯菲茨矩阵方程,该方程由美国数理人口学家、社会学家内森·凯菲茨创立,初创时仅考虑人口的出生与死亡两个因素,没有考虑迁移对预测的影响。现阶段,较常用的为莱斯利矩阵模型,该模型是1945年澳大利亚学者莱斯利提出的,最初用于研究动物的数量变化,后来才应用于人口预测。莱斯利矩阵考虑了生育、死亡及迁移三个要素,较内森·凯菲茨的矩阵方程更为合理。对生育、死亡及迁移的预测也有很多不同的方式,因此,在与莱斯利矩阵进行组合的过程中也有很多的变化。我国学者宋健的人口发展方程,也是在改进了莱斯利矩阵生育分布模式的基础上建立起来的。国家计生委研发的人口预测CPPS软件也是队列要素法的一种。另外,与其他人口预测方法相比,队列要素法可以对人口结构进行预测,如对不同年龄段、不同性别的人口数进行预测,而不仅仅只是对人口总数进行预测,并且预测结果比较稳定。在对学龄人口进行预测时,需要对特定年龄段的适龄人口数进行具体预测,因此,队列要素法在学龄人口预测中也被广泛应用。但队列要素法也有其局限性,例如除了基年的人口数据外,其余变量都需要进行假设,假设是否符合实际情况,对预测是否准确有非常大的影响。

（二）数据来源

本研究使用2013～2017年三河市教育事业统计资料与2007～2019年《三河市国民经济和社会发展统计公报》中的相关数据进行预测。三河市教育事业统计资料由三河市教体局提供，本研究使用分年度、分年级学生数，用于确定相关年份的入学率、升级率，并使用2017年小学到初中分年级学生数作为学位预测的基本队列。

《三河市国民经济和社会发展统计公报》全面反映了三河市的社会经济发展现状，本研究主要使用其中的户籍人口数、出生率及出生人口数，用于衡量"全面二孩"政策对人口生育的影响、小学入学率并补充学位预测的基本队列。

（三）预测假设

人口预测部分假设：在生育率方面，由于三河市2019年前各年份户籍出生人口已经公布，预测时间范围内不需要进行生育率假设。在人口迁移方面，三河市稳步承接"非首都功能"疏解人口，域内常住人口增长规模保持稳定。

各教育阶段学位预测假设：小学教育阶段，假定小学一年级至小学六年级对应在校生年龄段为6～11岁，招生数为对应年份户籍人口出生数加4700人；初中教育阶段，对应年份在校生年龄段为12～14岁，小学升学率及各年级升学率为1①。

（四）预测结论

笔者对三河市"十四五"时期义务教育学位需求进行了预测，结果如表5所示。

2021～2025年，三河市小学教育阶段学位需求在2024年达到峰值，为

---

① 升级系数均通过实际历史数据推算。

9.16万人,较2021年增长11.9%,是2013年的2.02倍,2017年的1.33倍,学位资源供给面临较大压力。初中教育阶段,2021~2025年,学位需求持续上升,到2025年达到峰值4.15万人,较2021年增长20.7%,是2013年的5.98倍,是2017年的1.70倍。

表5 "十四五"期间三河市义务教育学位需求预测

单位:人

年份	2021	2022	2023	2024	2025
小学	81887	84970	89955	91615	91125
初中	34379	36304	38280	39660	41498
义务教育阶段	116266	121274	128235	131275	132623

总体来说,三河市义务教育阶段在"十四五"期间学位需求将面临极大压力。在校生数总数将从2013年的5.24万人上升至2025年的13.26万人,三河市现有义务教育阶段学位供给能力将面临较大挑战。

五 政策建议

(一)加快扩充义务教育阶段学位供给水平

基于学位需求预测数据,"十四五"时期,小学教育阶段学位需求增长最快,需要扩充大约1万个学位,初中教育阶段虽然也处于增长阶段,但每年增速较为平稳,每年约增加2000个学位。因此政府投入应当首先保证小学教育阶段的学位供给。由于学位需求存在周期性与波动性,在缓解学位压力时,应采取"以改扩建为主,适当新建"的原则,扩大基础教育学位,避免大规模新建可能造成的较大浪费。

(二)合理调整学校空间布局

三河市除了学位总量极度缺乏外,市内学校空间布局不合理也加剧了学位的供需矛盾。城区内主要集中在燕郊及东市区两个地区，远郊区居民点分布十分零散，部分区域与学校之间距离较远，存在"教育空白区"，学龄人口无法就近入学。而城乡之间教育资源差异较大，也使得远郊生源大量向中心镇集聚，出现城区学校生源爆满，乡村学校生源明显不足的情况，乡村约有28.6%小学生到中心城区上学。在"十四五"时期，应该加快学校空间布局调整，使得市内学校与人口分布相符合。

（三）在各级各类教育资源配置过程中需要保持一定的弹性

三河市在"十四五"时期末，小学教育阶段学位需求开始逐步回落。但不要在学位需求下降时盲目撤并学校，恢复或新建一所学校要经历一个较长的时间。教育资源规划时，可以加强九年一贯制及十二年一贯制学校的推广，以便适时、适度在学校内实现不同阶段教育资源共享，缓解各教育阶段入学压力。

（四）建立人口出生和适龄人口迁移的动态预判机制

以片区为单位，建立多部门协调，以科研机构为基础的学龄人口预测机制。由于学龄人口预测的复杂性、特殊性，需要教育、计划生育、公安户籍等部门提供数据，并由研究机构对学龄人口进行科学的预测。对学龄人口预测较为重要的是学前教育及义务教育阶段，这两个阶段的学生大部分就近入学，而且这两个阶段学校的事权及财政支出责任在县级政府。因此，加强对本区学龄人口预测是教育部门的重点工作。如果片区内人口规模较大，应以片区为单位进行学龄人口预测。各部门协同、提前行动及时发布引导性政策，共同保障公共教育服务的充分供应。制定教育投入动态标准，确保投入总量充足。

（五）以新冠肺炎疫情下线上教育情况为参考，探索新型教育资源配置方式

学位需求与教育资源的主要矛盾为：学位需求在短期内会剧烈波动，而

传统的教育资源无法在短期内进行新增或调整。建立一所新的学校需要土地审批、建设、分配教师编制等诸多环节，很难在短期内完成。学位供给受学校物理空间的制约，而线上教育可以不受物理空间的限制。

（六）健全以三河市政府投入为主、多渠道筹集教育经费的体制

现阶段，三河市各级各类生均教育经费远低于城市副中心生均水平，而2017年三河市年人均GDP为7.3万元，城市副中心年人均GDP约为5万元，证明三河市有进一步提升教育经费投入的潜力。应综合运用政策手段，通过税收减免、提供冠名权等方式，广泛吸引社会力量，通过多种形式捐资助学，增加教育经费投入水平。

（七）以质量为核心合理调整教育经费结构

优化教育投入方式，合理调整教育经费使用方向。瞄准三河市教育现代化战略目标。完善预算分配方式，更加注重经常性、整体性，更加重视保障人员经费需求。从以专项投入为主转向以经常性投入为主，逐步提高经常性投入比例。在市级专项投入中，从以各专项分散投入为主转向以学校为单位的整体投入为主。在专项投入结构上，转变以硬件投入为主的模式，逐步增加人员经费支付比例，切实增加临时聘用教师的工资待遇。

（八）全面提高教育经费使用效益

全面实施绩效管理。健全教育经费绩效评估制度。完善适应三河市财政体制、教育体制改革要求的教育经费预算管理制度，推动完善学校财务会计制度、国有资产管理制度、教育收费管理制度。完善教育经费统计公告制度，每年对外公布各级各类生均教育事业费、生均教育公用经费。主动接受社会监督，努力实现教育经费使用效益最大化。

参考文献

高敏:《城市进化论——从城市副中心到副中心城市》,中国发展出版社,2018。

李万亮:《北京城市副中心建设背景下通州区人口均衡发展研究》,中国政法大学硕士学位论文,2018。

李文化、李媛:《法国城市规划建设实践对北京城市副中心建设启示》,《投资北京》2018年第1期。

李瑶、安树伟:《北京城市副中心的形成机制、路径与对策》,《城市》2018年第8期。

刘擎:《非首都功能疏解背景下北京人口调控政策研究》,首都经济贸易大学硕士学位论文,2017。

陆小成:《国外首都城市副中心建设的经验与教训》,《前线》2017年第12期。

石晓冬:《"四个中心"塑格局"多规合一"绘蓝图——〈北京城市总体规划(2016年~2035年)〉解读》,《城市管理与科技》2018年第3期。

唐鑫:《"一核两翼"的空间价值和实践意义》,《前线》2018年第6期。

王峥主编《北京城市副中心》,北京科学技术出版社,2017。

尹文耀:《中国生育率地理波与先进生育文化的区域传播》,《人口研究》2003年第2期。

尹文耀、姚引妹、李芬:《生育水平评估与生育政策调整——基于中国大陆分省生育水平现状的分析》,《中国社会科学》2013年第6期。

张灏:《特大城市副中心发展研究——东京经验及对上海的思考》,《上海城市规划》2018年第4期。

张开琳:《巴黎拉德芳斯城市副中心建设启示录》,《上海经济》2004年第5期。

赵佳音:《"全面二孩政策"背景下全国及各省市学龄人口预测——2016至2025年学前到高中阶段》,《教育与经济》2016年第4期。

赵佳音:《人口变动背景下北京市及各区县义务教育学龄人口与教育资源需求预测》,《教育科学研究》2016年第6期。

B.5 保定市对接京津和雄安新区教育发展研究报告

田宝军 李燕*

摘 要: 河北省保定市充分发挥区位、文化、教育优势,积极吸引京津优质教育资源,重点抓观念、管理、资源、开放和服务"五个对接",同时扎实开展京保教育精准扶贫攻坚行动。目前,已建立多种合作关系,形成了由点及面,由零散向系统规划发展的新局面。但对接工作在合作项目落实、教育基础差异、体制机制分立、合作诉求各异等方面仍存在诸多问题与困难。京津保教育多主体协同发展,实现功能互补、区域联动效应,要求京津保三地的教育发展打破传统地方主义框架的限制与束缚,站在国家战略的高度上重新定位和谋划。应从完善法规机制、统筹城乡规划、继续加大投入、做好编制管理、加强教育信息化建设五方面持续推进保定市自身教育改革与发展。同时,保定市还要完善教育对接的目标和规划,探索区域教育协同发展的协调机制和长效机制,推进多层次、多主体的项目合作,加强督导评估,并遴选重点项目重点扶持,做实做强,最终实现区域教育优质均衡的发展目标。

关键词: 保定市 京津冀协同发展 教育基本公共服务体系建设

---

* 田宝军,河北师范大学教育学院教授、博士研究生导师,管理学博士,河北省中小学教师继续教育中心常务副主任,主要研究领域为教育政策、教育管理等;李燕,河北大学教育学院在读博士,主要研究领域为教育管理、教育史等。

保定，位于河北省中部，地处京津冀核心区，与北京、天津构成黄金三角，互成掎角之势，自古是"北控三关、南达九省、地连四部、雄冠中州"的"通衢之地"，素有"首都南大门"之称。全市下辖24个县（市、区），总面积2.2万平方公里，总人口1186万人。在京津冀协同发展的大格局下，保定已成为与北京、天津、雄安新区联动发展的前沿地带。保定市教育系统在京津冀协同发展和雄安新区建设的大背景下，面对教育改革带来的新变化、新挑战，抢抓机遇，顺势而为，突出承接教育功能疏解、提升教育整体水平、紧紧围绕京津冀协同发展大局，主动适应经济发展新常态，推进教育协同发展工作。目前，已与北京市教委等教育部门建立了合作关系，与北京师范大学、北京四中网校联盟、北京八一学校等多所名校展开实质对接合作。全市教育系统各类对接项目达到110多个，涉及高等教育、基础教育、职业教育、学前教育、特殊教育等多个领域。在观念、管理、资源、开放、服务"五个对接"工作上，为推动保定教育发展注入了活力。

本研究系统梳理了保定市基础教育和中等职业教育的基本情况，并与河北省、京津两市和雄安三县的教育基本情况进行了比较，在回顾总结了保定市教育系统近年来在对接京津及雄安新区的主要成绩与基本经验的基础上，经过集中研讨和协商论证，提出了进一步推进保定市对接京津及雄安新区，加快教育基本公共服务体系建设的建议。

一 保定市教育事业发展概况

近年来，保定市教育改革和发展取得了显著成就，教育体系日益完善，教育改革有序推进，办学条件显著改善，办学水平和教育教学质量不断提高，为全市经济社会发展提供了有力的人才支撑和智力支持，为保障和改善民生做出了重要贡献。[①]

---

① 本报告数据如无特殊说明均来源于河北省教育厅提供的2018年度《河北省基础教育综合数据年度报表》及保定市教育局提供的2017~2018年度教育统计数据。

（一）学前教育

保定市各县（市、区）大力实施"学前教育三年行动计划"，已构建起"以政府办园为主体，公办与民办共同发展，全面覆盖城乡"的幼儿教育体系。2018年保定市继续实施《河北省第三期学前教育行动计划（2017—2020年）》，50所新（改、扩）建幼儿园已全部启动；充分发挥省级示范园园长引领作用，成立保定市园长之家，建成园长工作室4个，累计开展活动22次。2018年，保定市小学招生数180375人，其中180374人接受过学前教育，占比接近100%，学前教育全面普及。

1. 办学规模

2018年，保定市共有幼儿园2791所，从分布态势上看，城区幼儿园数量低于镇区，镇区低于乡村，乡村幼儿园占全部幼儿园总数的49.77%。

保定市学前教育阶段在园人数合计38.29万人，其中城区、镇区和乡村学前在园人数占比分别为25.86%、34.89%和39.25%，乡村学前教育在园人数占比最高。

保定市幼儿园园均幼儿数约137人，园均班级数量5.39个，城区幼儿园规模大于镇区幼儿园，而城区、镇区幼儿园办学规模均明显大于乡村幼儿园，分别为乡村园均幼儿数的1.95倍和1.61倍，城区、镇区幼儿园园均班级数量分别为乡村幼儿园园均班级数量的1.44倍和1.24倍。

与2017年相比，2018年幼儿园新生入园人数整体减少991人，其中镇区减少1605人，乡村减少4588人，而城区增加了5202人。尤其是当年城区的招生数远多于当年毕业生数，换言之，当年学生毕业后所空余下来的学位，根本不足以满足当年新招学生的需要，出现了8036人的较大差额。

保定市幼儿园班均幼儿数23.57人，高于河北省幼儿园20.81人的班均幼儿数，但差距不大。保定市城区、镇区和乡村幼儿园班均幼儿数分别为26.99人、25.92人和19.86人，城区最高，镇区高于乡村，保定市幼儿园班级规模较大。

2. 师资队伍

（1）教师配备不足。截至2018年，保定市幼儿园教职工人数合计31569人

(见表1),根据教育部印发的《幼儿园教职工配备标准(暂行)》规定,"全日制幼儿园每班配备2名专任教师和1名保育员,或配备3名专任教师。"按照教育部规定的"两教一保"的师资配备标准推算,截至2018年,保定市幼儿园教职工缺口非常大,教师数量长期严重不足,不能满足幼儿园的一线教学需要,教师和保育员的数量,均尚未达到国家规定的标准(见表2)。

表1 2018年保定市幼儿园教职工情况

单位:人,%

项目	三类教职工分布			保定市幼儿园教职工总计	莲池区和竞秀区幼儿园教职工
	园长	专任教师	保育员		
人数	2932	20859	3802	31569	6358
占比	9.29	66.19	12.04	—	20.14

表2 2018年保定市幼儿园教职工缺额情况

单位:人,%

项目	城区	镇区	乡村	保定市整体缺额
专任教师缺额	超额84	2038	7215	9169
保育员缺额	2028	3366	5836	11230
保育员缺额占比	18.06	29.97	51.97	—

如表2所示,乡村幼儿园保教人员缺额率远高于城镇幼儿园保教人员缺额率。

如表3所示,乡村幼儿园专任教师负担重,缺额严重。

表3 2018年保定市学前教育阶段生师比和班师比情况

项目	合计	城区	镇区	乡村
生师比	18.33:1	13.49:1	17.04:1	26.30:1
班师比	1:1.39	1:2.02	1:1.59	1:0.88

注:生师比是指某一单位所有学生数量与所有专任教师数量的比值。

(2)教师性别比例失调。保定市幼儿园专任教师中女教师占比为97.12%,其中城区、镇区、乡村分别为98.72%、97.42和94.66%;且有进一步增大的趋势。

幼儿园师资队伍以专科学历为主，本科、高中阶段学历所占比例也较大。从不同学历教师占比来看，保定市幼儿园专任教师学历已经从以高中阶段为主发展到以专科学历为主，学历水平较低。截至2018年，专科学历的教师成为保定市幼儿园师资队伍的主体，占幼儿园专任教师的60.74%，本科、高中毕业的专任教师占比分别为20.35%、17.83%。

幼儿园师资队伍职称结构以未评职称教师为主。截至2018年，保定市幼儿园专任教师中未定职级的专任教师13081人，占比达62.60%。保定市幼儿园专任教师中学高级职称和小学高级职称的专任教师仅4876人，占比23.34%，高级职称专任教师比例低。

3. 办学条件

截至2018年，保定市幼儿园占地面积达651.83万平方米、校舍建筑面积达267.43万平方米，生均占地面积和生均校舍建筑面积分别为18.40平方米和7.55平方米。

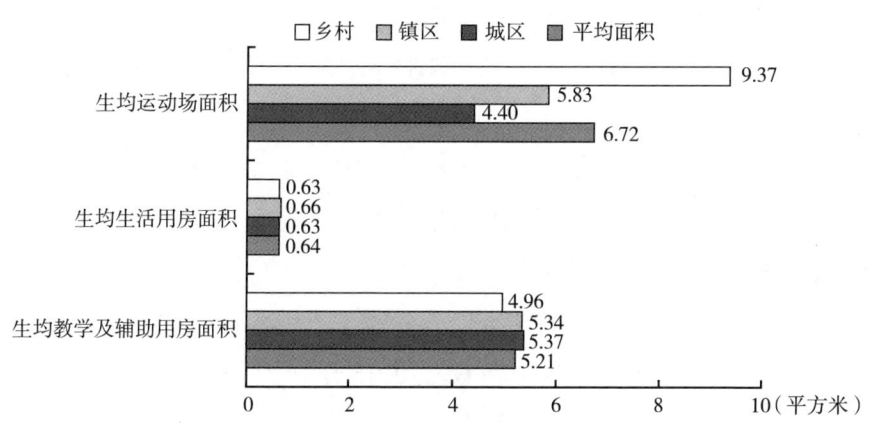

图1 保定市幼儿园城乡生均教学及生活、运动面积对比

此外，如图1所示，保定市乡村幼儿园生均运动场面积是城区幼儿园的2.13倍。《河北省民办幼儿园设置基本标准》规定生均室外活动面积不低于3平方米，保定市幼儿园室外活动面积超出标准3.72平方米，说明保定市

近年来重视幼儿户外活动场所的建设。

保定市城区、镇区和乡村幼儿园生均图书拥有量分别为13.12册、13.26册和14.69册，城乡差异不大，基本持平。

4.教育经费

2018年，保定市幼儿园生均公共财政预算教育事业费5904.61元，比2017年增长23.04%。生均公共财政预算公用经费1326.51元，比2017年增长74.87%。增幅高于其他各类生均教育经费。

（二）义务教育

推进均衡发展，提高教育质量。保定市义务教育招生数达34.18万人，在校生144.78万人，九年义务教育巩固率超过97%。2018年，保定市22个县（市、区）已全部通过国家义务教育发展基本均衡评估认定，提前两年完成任务。

1.办学规模

保定市共有小学2215所①，从分布态势上看，城区小学数量低于镇区，镇区低于乡村，乡村小学占全部小学总数的61.72%；共有初中402所②，其分布则是镇区最多，乡村次之，城区最少，镇区初中占全部初中总数的42.54%。

从小学内部结构来看，教学点占比44.25%，其中城区、镇区和乡村教学点数量占所在区域小学总量的比例分别为7.47%、22.22%和59.88%，教学点已经成为乡村小学办学的主要形式。

保定市义务教育阶段在校生合计144.78万人，小学在校生99.95万人，其中城区、镇区和乡村小学在校生占比分别为22.53%、35.75%和41.71%，乡村小学在校生占比最高；初中在校生44.83万人，其中城区、镇区和乡村初中在校生占比分别为27.91%、49.61%和22.48%，镇区在校生占比最高。

---

① 小学包括小学（含教学点）、九年一贯制和十二年一贯制小学阶段。
② 初中包括初级中学，九年一贯制、十二年一贯制和完全中学初级中学阶段。

保定市城区学校规模大于镇区学校，而城区和镇区学校办学规模均明显大于乡村学校，平均为乡村学校规模的两倍以上。如城区、镇区小学平均规模分别为乡村小学平均规模的2.82倍和2.00倍，城区、镇区初中平均规模分别为乡村初中平均规模的2.30倍和1.94倍。

随着新生入学人数逐年增加，城区、镇区学校压力逐渐增大。2018年与2017年相比，小学新生入学人数增加了31064人。其中城区、镇区和乡村分别增加12675人、10249人和8140人。初中入学人数增加23451人，其中城区、镇区和乡村分别增加12065人、6283人和5103人。尤其是，当年招生数远远高于当年毕业生数，出现的较大差额，小学总体差额为17052人，其中城区、镇区和乡村差额分别为8444人、3342人和5266人；初中总体差额为41062人，其中城区、镇区和乡村差额分别为12075人、19320人和9667人。城镇大班额情况进一步加剧。

2018年，保定市小学阶段平均班额为37.27人，其中城区46.86人、镇区41.93人、乡村30.91人。小学班额在56~65人的大班额数量占全部班级数量的7.96%，66人及以上的超大班额占比0.16%。初中学校整体上大班额问题更加突出。初中平均班额为51.20人，其中城区52.95人、镇区51.82人、乡村47.94人。具体来看，初中班额在56~65人的大班额数量占全部班级的14.72%，66人及以上的超大班额占比1.42%。

与此同时，乡村小学中低于30人的班级数量占乡村小学班级总数的47.09%，城区、镇区大班额，乡村小学小班化态势明显。

实际上，城镇学校大班额状况要比统计数据中显示的状况严重得多。因为统计数据中的班额数量来源于学籍注册系统。实际上，很多学校在真正实施的时候，受限于实际条件，并不是按照学籍系统中的班级建制上课的，而是重新编办，从而又形成了很多在学籍系统中不能显示的大班额和特大班额的班级。

2. 师资队伍

到2018年，保定市义务教育阶段专任教师总计85893人（含代课教师），其中莲池、竞秀两区8975人，占比10.45%。

2018年，保定市小学和初中的生师比低于2014年河北省规定的小学为19∶1、初中为13.5∶1的标准。国家尚未出台班师比的配备标准，但从班师比统计数据的比较来看，乡村学校教师明显不足（见表4）。

表4　2018年保定市义务教育阶段生师比和班师比情况

项目		合计	城区	镇区	乡村
生师比	小学	16.96∶1	18.21∶1	17.78∶1	15.83∶1
	初中	13.31∶1	13.09∶1	13.78∶1	12.66∶1
班师比	小学	1∶2.17	1∶2.57	1∶2.35	1∶1.94
	初中	1∶3.85	1∶4.07	1∶3.78	1∶3.77

注：生师比是指某一单位所有学生数量与所有教职工数量的比值。生师比、班师比中的小学含小学和教学点；初中指三年制初级中学。九年一贯制学校、完全中学和十二年一贯制学校义务教育阶段未计算在内中。

需要说明的是，统计数据上的教师人数是各地在编教师和在册代课教师的总数，并不是在学校中实际从事教育教学工作教师人数。调查中发现，现有教职工中，二线和内部退养人员、事病假产假人员、借调私立学校和外系统人员，以及工作在教育局直属单位人员总比例高达25%左右。扣除这部分人员后，实际上，生师比会远远超标，根本不能满足中小学一线的教学需要。

教师性别比例失调。保定市小学专任教师中女教师占比为82.85%，其中城区、镇区、乡村分别为88.29%、85.54%和78.32%；初中专任教师中女教师比例为74.41%，其中城区、镇区、乡村分别为80.09%、74.08%和68.35%，且有进一步增大的趋势。

教师年龄偏大，且结构不合理。2018年，保定市义务教育阶段教师45岁及以上教师占26.95%，其中50岁及以上教师较多，为11164人，占专任教师的13.00%，考虑到中小学教师工作量大的实际特点，教师队伍呈现老龄化趋势。29岁及以下的青年教师占20.51%。而青年教师占比虽然达到20.51%，但有相当数量为代课教师和特岗教师，稳定性很差。35～44岁教师占比40.91%，为中坚力量，人数也相对较多。但是，在这部分教师中，普九攻坚时期各县职教中心师资班毕业的教师占一定比例。这些教师中，虽不乏优秀教师，但整体上文化基础较为薄弱，发展后劲不足（见图2）。

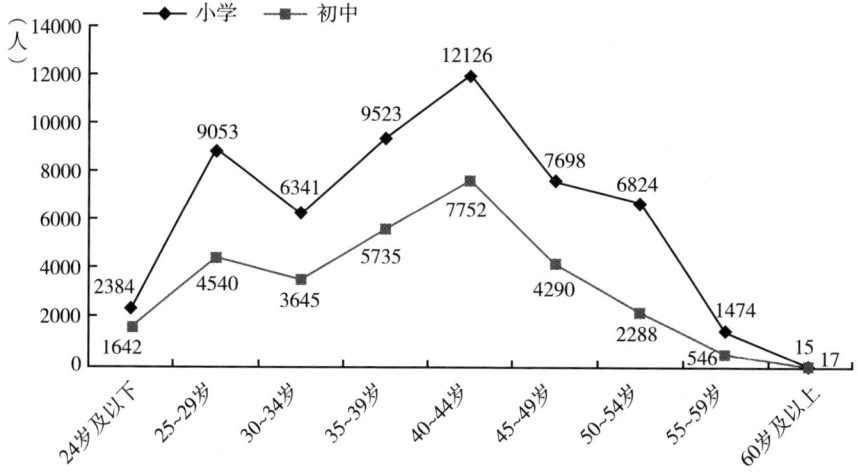

图2　2018年保定市义务教育专任教师年龄结构

小学教师中，语文、数学教师占比61.29%，音乐、美术和计算机教师总计占比仅11.25%，外语教师占8.79%。初中教师中，语文、数学、外语教师占45.96%，音、体、美、信息技术教师总计占比13.80%。音乐、体育、美术、计算机及小学外语等学科教师明显不足。

教师学历达标率较高，普遍在专科以上。但是调研中发现，除莲池区和竞秀区外，其余各县市教师初始学历为大专及以上学历的教师比例为10%或略高，教师初始学历普遍偏低，且普遍存在教师任教学科与所学专业不一致的"教非所学"现象。

3. 办学条件

截至2018年，保定市小学、初中①占地面积分别为2344.75万平方米、896.60万平方米，校舍建筑面积分别639.42万平方米、323.54万平方

---

① 小学含小学和教学点；初中指三年制初级中学。九年一贯制学校、完全中学和十二年一贯制学校义务教育阶段未计算在内中。

米。小学生均占地面积和生均校舍建筑面积分别为25.14平方米和6.86平方米,初中生均占地面积和生均校舍建筑面积分别为25.66平方米和9.26平方米。

如图3和图4所示,2018年保定市城区小学生均教学及辅助用房面积、生均生活用房面积均低于镇区和乡村,乡村初中生均教学及辅助用房面积、生均生活用房面积均高于城区、镇区。

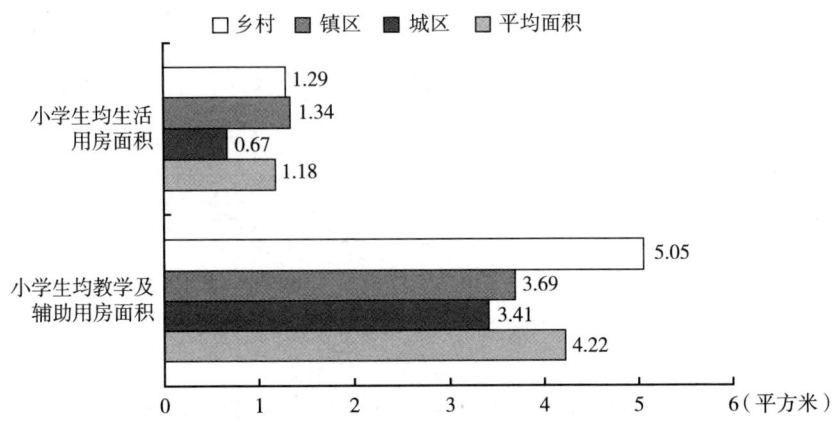

图3　2018年保定市小学城乡生均教学及生活用房面积对比

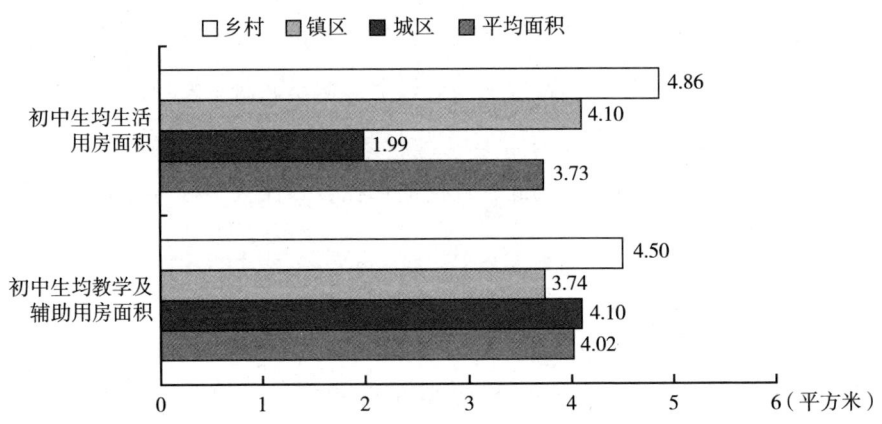

图4　2018年保定市初中城乡生均教学及生活用房面积对比

如图5、图6所示,保定市小学、初中生均图书拥有量城乡差异不大,基本持平。保定市小学、初中百人计算机拥有量乡村略高于城区和镇区。

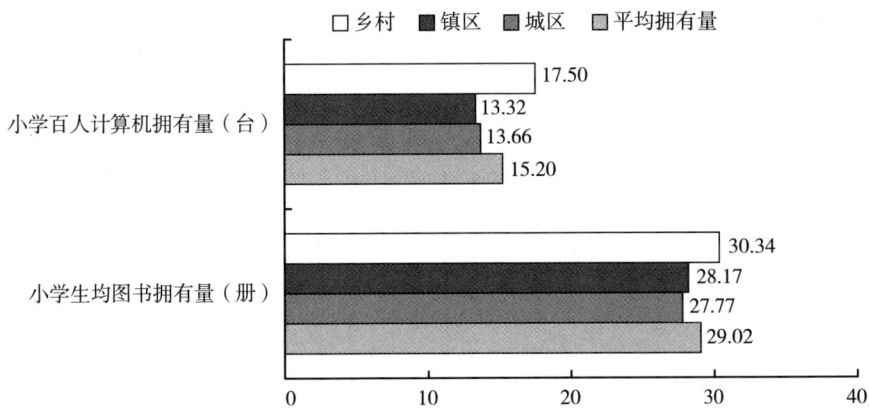

图5 保定市小学生均图书及百人计算机拥有量情况对比

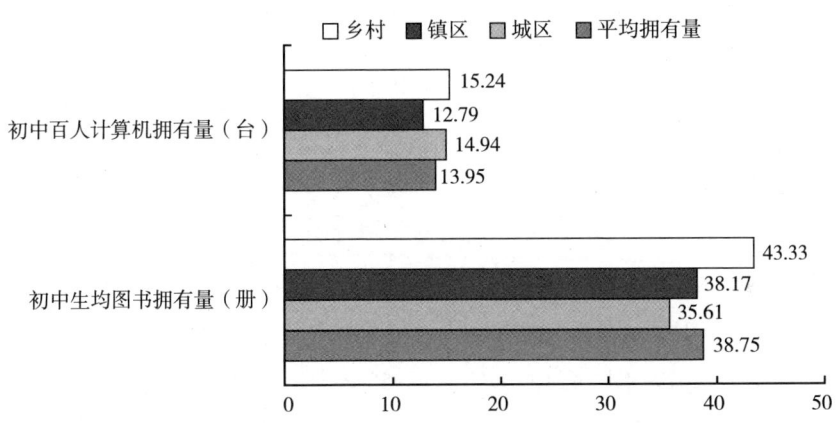

图6 保定市初中生均图书及百人计算机拥有量情况对比

保定市城乡小学和初中,98%以上的学校接入互联网并建立了校园网。截至2018年,全市接入互联网的中小学共计2581所,占比83%;多媒体教室数量达24587间,占教室总数的80%;新型的电子白板、电脑一体机等交互式多媒体教室共计20160间,占教室总数的65.7%;已有2610所学校开通了学校空间，占中小学总数83%；开通教师空间64951个，占比74%；学生学习空间898584个，占比64%。

保定市义务教育阶段学校办学条件达标情况整体趋好，但是卫生保健类办学条件和莲池、竞秀两区的小学运动场面积，达标率较低（见表5）。

表5　2018年保定市义务教育学校总体办学条件学校达标率概况

单位：%

学校	地区	体育运动场面积	体育器械配备	音乐器材配备	美术器材配备	数学自然实验仪器（理科实验仪器）	有校医院（卫生室）	有专职校医	有专职保健人员
小学	保定市	74.72	85.93	85.13	85.04	89.92	34.38	2.11	3.10
小学	莲池区竞秀区	56.19	91.43	88.57	87.62	90.48	54.29	5.71	7.62
初中	保定市	85.33	92.33	92.67	93.00	95.67	54.00	18.67	12.33
初中	莲池区竞秀区	61.54	80.77	80.77	80.77	80.77	69.23	30.77	26.92

注：表中小学指小学和教学点，初中指三年制初级中学。

4. 经费投入

如表13、表14所示，2018年，保定市普通小学生均公共财政预算教育事业费7635.73元，生均公共财政预算公用经费2336.40元。保定市普通初中生均公共财政预算教育事业费10905.70元，生均公共财政预算公用经费3270.25元。2018年保定市普通小学、普通初中生均公共财政预算教育事业费支出分别比2017年增长13.09%、12.55%；生均公共财政预算公用经费支出分别比2017年增长19.61%、26.18%。

统计的生均公共财政预算公用经费并不是直接拨付可由学校支配的，而是教育事业费中，扣除人员经费后，全部用于其他教育事业经费的总额，按支出方向学生人数的多少，折合成的生均公用经费。实际上，各地实际上拨付学校，由学校支配的生均公共财政预算公用经费基本上是按照河北省小学685元/生、初中885元/生的标准执行的。

（三）普通高中教育

保定市现有高中①89所，在校生21.74万人。普及高中阶段教育取得新的进展，推动制定起草《高中阶段教育普及攻坚计划（2018～2020年）落实方案》，政府审定印发后将付诸实施。普通高中招生指标全部分配到初中学校，招生工作更加规范，教学质量稳步提升。

1. 办学规模

从分布态势上看，镇区高中数量高于城区，城区高于乡村，镇区高中占全部高中总数的50.56%。

从内部结构来看，高级中学占比75.28%，其中城区、镇区和乡村高级中学总量的比例分别为78.38%、80.00%和28.57%，高级中学已经成为城镇高中办学的主要形式。

从学生分布来看，城区、镇区和乡村高中在校生占比分别为43.08%、55.05%和1.88%，镇区高中在校生占比最高。

保定市有3766个高中班，平均班额为57.74人，其中城区58.21人、镇区57.85人、乡村46.39人。56～65人的大班额的班级数量为1198个，占全部班级的31.81%，高中教育大班额基本上成为常态。

2. 师资队伍

保定市高级中学教职工数、专任教师数分别15713人、13471人。高级中学生师比为12.36，其中城区、镇区和乡村分别为12.00、12.68和7.35，镇区高级中学生师比略高于2014年国家规定的高中为12.5的标准。高级中学班师比为1:4.17，其中城区、镇区和乡村分别为1:4.34、1:4.20和1:0.45，乡村班师比过高。

教师年龄结构较为合理。保定市高中教育阶段教师29岁及以下的青年教师占23.63%，30～39岁教师占35.32%，40～49岁教师占32.30%，50岁及以上仅占8.75%。

---

① 高中含完全中学、高级中学和十二年一贯制学校。

保定市高中教师本科学历以上的占98.49%,略高于河北省98.43%的平均水平。

3. 办学条件

保定市高中生均校园占地面积28.20平方米。生均校舍建筑面积为15.63平方米,生均教学及辅助用房5.36平方米,生均行政办公用房1.16平方米,生均生活用房7.98平方米。生均固定资产值724.58元。生均图书拥有量26.33册。百生计算机拥有量14.64台。

保定市高中办学条件的各项主要指标,均低于甚至是大幅低于河北省的平均水平。

4. 经费投入

2018年,保定市普通高中生均公共财政预算教育事业费、生均公共财政预算公用经费分别为10692.22元、2961.22元,分别比2017年增长25.85%、74.22%。

(四)中等职业教育

2017年,保定市有中等职业教育学校64所,专任教师0.6万人,在校学生6.6万人。中职学校81所(含职业学校43所,技工学校38所),在校生9万人,专任教师9374人。保定市有国家级中等职业教育改革示范学校6所,国家级重点中等职业学校29所,省级重点中等职业学校16所,开办15类78个专业,其中省级骨干特色专业41个。中等职业学校毕业生就业率稳定在98%以上。18所中等职业学校与京津79家企事业单位、26所院校开展了多种形式的校企合作、联合办学,每年有1万多名学生到京津实习或就业。以阜平职教中心为核心示范校的北京·燕太片区职教扶贫协作区组建工作正加速推进,将惠及河北、山西、内蒙古3省(区)6市的33个国家扶贫开发工作重点县。

全市中等职业学校共开设15大类78个专业。其中省级骨干专业35个、省级特色专业15个,位居全省前列;建成市级骨干专业30个、市级特色专业7个,初步形成了省、市两级骨干专业、特色专业建设体系。

2018年,保定市中等职业学校生均公共财政预算教育事业费、生均公共财政预算公用经费分别为 15364.38 元、5131.76 元,分别比 2017 年增长 9.39%、25.16%。

二 保定市与其他区域教育比较

保定市教育事业几项主要指标,总体上与河北省平均水平持平,基本上属于中等稍偏下层次,远远低于北京市和天津市,但是高于雄安新区。

(一)办学规模

保定市学前教育和小学相对办学规模(每十万人口在校生数量)介于全国与河北省平均规模之间,但相对办学规模却高于北京市、天津市。其中学前教育规模是北京市的 1.55 倍、天津市的 1.91 倍,小学规模是北京市的 2.00 倍、天津市的 1.95 倍,初中规模是北京市的 2.94 倍、天津市的 2.10 倍,高中规模是北京市的 1.59 倍、天津市的 1.05 倍。也就是说,在与北京市或天津市同等经济发展水平和同等比例的教育资源投入的情况下,保定市所负担的学生人数要远远多于北京市,保定市生均教育资源量也远远低于北京市或天津市。雄安新区小学状况比保定市还要严重,且超过河北省平均规模(见表6)。

表6 2018 年各地每十万人口各级学校平均在校生数

单位:人

地区	学前教育	小学	初中	高中
全国	3350	7438	3347	2828
北京市	2076	4206	1285	1151
天津市	1689	4324	1800	1752
河北省	3194	8761	3765	2885
保定市	3228	8427	3780	1833
雄安新区	3140	9610	3626	1409

注:2018 年保定市人口 1186 万人,雄安新区人口 112 万人。
资料来源:中华人民共和国民政部:全国行政区划河北省(冀)-保定市,民政部门户网站,http://old.moe.gov.cn//publicfiles/business/htmlfiles/moe/s7027/201301/147148.html,2018 年 7 月 27 日。

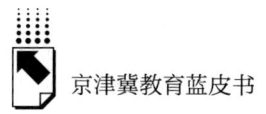

（二）师资队伍

保定市教师数量不足。保定市中小学教师生师比略低于河北省，与全国平均水平基本持平，但是与北京市、天津市差异巨大。其中普通小学生师比分别高出北京市、天津市的24.25%和12.84%，初中生师比分别高出北京、天津69.99%和30.49%，普通高中生师比分别高出北京市、天津市66.13%和28.35%。与北京、天津两市相比，保定市教师数量远远不足，学段层级越高越严重。雄安新区义务教育阶段教师缺编则更严重（见表7）。

表7 2018年各地各级学校生师比比较

地区	普通小学	初中	普通高中	中等职业学校
全国	16.97	12.79	13.10	19.10
北京市	13.65	7.83	7.44	10.13
天津市	15.03	10.20	9.63	16.11
河北省	17.32	14.17	13.37	15.55
保定市	16.96	13.31	12.36	暂缺
雄安新区	18.19	14.58	12.90	暂缺

注：保定市和雄安新区普通小学含小学和教学点；初中指三年制初级中学，九年一贯制学校、完全中学和十二年一贯制学校义务教育阶段未计算在内中；普通高中指高级中学。

保定市教师学历层次明显偏低，但优于雄安新区。

保定市幼儿园园长、专任教师中，本科及以上学历占比为22.48%，远远低于北京市46.84%和天津的50.52%，如表8所示。

表8 2018年各地幼儿园园长、专任教师各学历层次情况比较

单位：人，%

区域	总计	研究生		本科		专科		高中阶段及以下	
		数量	比例	数量	比例	数量	比例	数量	比例
全国	2873509	7852	0.27	686328	23.88	1658526	57.72	520803	18.12
北京市	41254	626	1.52	18697	45.32	19400	47.03	2531	6.14
天津市	22037	347	1.57	10787	48.95	7636	34.65	3267	14.83

续表

区域	总计	研究生		本科		专科		高中阶段及以下	
		数量	比例	数量	比例	数量	比例	数量	比例
河北省	142556	319	0.22	27269	19.13	80579	56.52	34389	24.12
保定市	23827	65	0.27	5291	22.21	14324	60.12	4147	17.40
雄安新区	2319	1	0.04	336	14.49	1301	56.10	681	29.37

保定市小学专任教师中，本科及以上学历占比为48.36%，远远低于北京市的92.95%和天津市的80.99%，如表9所示。

表9 2018年各地小学专任教师各学历层次情况比较

单位：人，%

区域	总计	研究生		本科		专科		高中阶段及以下	
		数量	比例	数量	比例	数量	比例	数量	比例
全国	6091908	69711	1.14	3531559	57.97	2276957	37.38	213681	3.51
北京市	66894	5430	8.12	56746	84.83	4504	6.73	214	0.32
天津市	44785	2506	5.60	33765	75.39	7426	16.58	1088	2.43
河北省	380333	2704	0.71	207176	54.47	162517	42.73	7936	2.09
保定市	55438	292	0.53	26517	47.83	27812	50.17	817	1.47
雄安新区	5598	13	0.23	2042	36.48	3452	61.66	91	1.63

保定市初中专任教师中，本科及以上学历占比为85.03%，低于北京市的99.19%和天津市的96.95%。其中保定市研究生占比2.08%，远远低于北京市19.86%和天津市的9.56%，如表10所示。

表10 2018年各地初中专任教师各学历层次情况比较

单位：人，%

区域	总计	研究生		本科		专科		高中阶段及以下	
		数量	比例	数量	比例	数量	比例	数量	比例
全国	3638999	110659	3.04	3026933	83.18	496449	13.64	4958	0.14
北京市	35643	7077	19.86	28275	79.33	286	0.80	5	0.01

续表

区域	总计	研究生		本科		专科		高中阶段及以下	
		数量	比例	数量	比例	数量	比例	数量	比例
天津市	27469	2624	9.56	24005	87.39	799	2.91	41	0.15
河北省	199852	4685	2.34	170250	85.19	24795	12.41	122	0.06
保定市	30455	633	2.08	25263	82.95	4545	14.92	14	0.05
雄安新区	2599	50	1.92	2072	79.72	474	18.24	3	0.12

保定市普通高中专任教师中，研究生学历占比9.31%，远远低于北京市30.14%和天津市的17.70%，如表11所示。

表11 2018年各地普通高中专任教师各学历层次情况比较

单位：人，%

区域	总计	研究生		本科		专科		高中阶段及以下	
		数量	比例	数量	比例	数量	比例	数量	比例
全国	1812584	177968	9.82	1605873	88.60	28229	1.56	514	0.03
北京市	20892	6297	30.14	14570	69.74	24	0.11	1	0.005
天津市	16606	2940	17.70	13587	81.82	77	0.46	2	0.01
河北省	99859	9137	9.15	89158	89.28	1552	1.55	12	0.01
保定市	15140	1410	9.31	13501	89.17	229	1.51	0	0.00
雄安新区	1078	156	14.47	880	81.63	42	3.90	0	0.00

（三）办学条件

在北京市和河北省分别采取不同办学条件标准的情况下，保定市小学、初中和高中办学条件达标率普遍低于北京市，低于全国平均水平，尤其是小学阶段，如表12所示。

表12　2018年各地学校总体办学条件学校达标率概况

单位：%

学校	地区	体育运动场面积	体育器械配备	音乐器材配备	美术器材配备	数学自然实验仪器（理科实验仪器）
小学	全国	88.47	94.23	93.89	93.70	93.72
	北京市	85.80	96.10	96.10	95.80	95.30
	河北省	86.64	92.75	92.03	91.99	94.01
	保定市	74.75	85.97	85.17	85.08	89.96
	雄安新区	52.80	62.62	63.55	63.08	73.83
初中	全国	92.58	95.91	95.45	95.21	95.64
	北京市	93.50	95.00	94.40	95.30	94.10
	河北省	91.52	95.46	95.02	95.02	97.26
	保定市	85.33	92.33	92.67	93.00	95.67
	雄安新区	93.94	93.94	100.00	100.00	100.00
高中	全国	91.77	93.84	92.71	92.91	93.70
	北京市	86.90	97.00	95.10	95.70	94.40
	河北省	90.32	91.4	88.44	90.32	93.28
	保定市	89.55	92.54	89.55	94.03	92.54
	雄安新区	100.00	100.00	100.00	100.00	100.00

注：表中小学指小学和教学点，初中指三年制初级中学，高中指高级中学。北京市为2016年数据，且北京市与河北省办学标准不同。暂缺天津市数据。

（四）教育经费

2018年，保定市教育经费收入合计181.30亿元，其中国家财政性教育经费158.41亿元，一般公共预算安排的教育经费154.48亿元，一般公共预算教育经费137.54亿元，分别比上年增长6.75%、8.95%、10.23%和7.51%。

保定市普通小学、普通初中、普通高中生均公共财政预算教育事业费全部低于全国和河北省平均水平。保定市幼儿园、普通小学、普通初中、普通高中和中等职业学校生均公共财政预算公用经费，全部低于全国平均水平，但略高于河北省平均水平（见表13、表14）。

表13 2018年各地生均公共财政预算教育事业费情况

单位：元

地区	幼儿园	普通小学	普通初中	普通高中	中等职业学校
全国	6913.97	10564.39	15195.88	14928.60	14195.81
北京市	36841.48	31375.64	59768.35	66083.69	53861.27
天津市	19511.00	19101.73	31957.08	35787.59	23144.82
河北省	5390.62	8367.82	11839.75	12718.18	15359.98
保定市	5904.61	7635.73	10905.70	10692.22	15364.38

表14 2018年各地生均公共财政预算公用经费情况

单位：元

地区	幼儿园	普通小学	普通初中	普通高中	中等职业学校
全国	2439.51	2793.86	3906.40	3631.14	5201.95
北京市	15488.29	11092.22	31603.57	22721.41	21712.91
天津市	5874.40	4006.30	6513.59	9180.46	5689.45
河北省	1231.16	2184.45	2991.40	2613.09	4890.83
保定市	1326.51	2336.40	3270.25	2961.22	5131.76

然而，保定市生均公共财政预算教育事业费水平，与北京、天津两市相比，差距悬殊。尤其是北京市幼儿园生均公共财政预算教育事业费、公用经费分别是保定市的6.24倍、11.68倍，普通小学、普通初中、普通高中、中等职业学校的生均公共财政预算公用经费分别是保定市的4.75、9.66、7.67、4.23倍（见表15）。

表15 2018年全国、京津与保定市生均公共财政预算教育事业费、公用经费比值

项目	生均公共财政预算教育事业费比值					生均公共财政预算公用经费比值				
地区	幼儿园	普通小学	普通初中	普通高中	中等职业学校	幼儿园	普通小学	普通初中	普通高中	中等职业学校
全国	1.17	1.38	1.39	1.40	0.92	1.84	1.20	1.19	1.23	1.01
北京市	6.24	4.11	5.48	6.18	3.51	11.68	4.75	9.66	7.67	4.23
天津市	3.30	2.50	2.93	3.35	1.51	4.43	1.71	1.99	3.10	1.11

三 保定市教育系统对接工作的回顾

近年来,保定市教育系统以质量提升、协同发展为主线,以优化资源配置、提升专业素养和教育扶贫协作、面向"三个聚焦"为目标,服务雄安大计,服务保定发展大局,承接北京教育功能疏解,扎实有序推进京津保教育协同发展。

(一)主要做法与成绩

保定教育系统围绕提升教育整体水平、承接教育功能疏解、服务协同发展大局、提供智力人才支撑"四项任务",重点抓住观念、管理、资源、开放和服务"五个对接"。目前,已与北京市教委等教育部门建立了合作关系,与首都师范大学、北京四中网校联盟、北京八一学校等多所名校展开实质对接合作,形成了由点及面、由零散向系统规划发展的新局面。

2018年,全市35所学校与京津学校建立对接关系,成立帮扶小组或结成"互帮互助"对子学校。京津保三地职业院校共举办对接会、研讨会、经验交流会79次,联合举办技能比赛36次,共建实训基地94个。全市23所中等职业学校与京津地区117家企事业达成长期合作协议;21所中职学校与京津地区32所中高职学校达成合作协议,联合培养学生3406人[①]。

1. 顶层推进

2015~2018年,保定市先后出台《关于贯彻落实京津冀协同发展战略推动京津保地区率先联动发展的实施意见》《关于推进京津保教育协同发展工作的实施意见》《保定市脱贫扶贫攻坚三年行动计划(2018-2020年)》《保定市教育扶贫攻坚行动实施方案》《关于推进京保教育扶贫协作工作的实施意见》等文件,明确提出,推进京津保教育合作,在整合现有教育资

---

① 李慧英、赵昱:《让群众享有更多教育获得感——2018年全市教育工作综述》,河北省人民政府网转载保定日报,http://www.hebei.gov.cn/hebei/11937442/10756595/107566 2/14521573/3index.html,2019年1月10日。

源、调整优化布局的基础上，规划专门区域，完善配套条件，承接京津优质教育资源转移，提升教育公共服务水平。同时强调教育扶贫，以法定程序明确落实东西部扶贫协作等要求，形成了推动教育扶贫的完整政策体系，并与京津地区多所高校达成多项协议和合作共识。

2. 筑巢引凤

充分发挥保定区位、文化、教育优势，积极吸引京津优质教育资源。北京八一学校保定分校，投资2.5亿元，2016年9月建成投入使用。榜样堂九年一贯制学校投资5.4亿元，同中国科学院老专家技术中心、北京教育学院石景山分院等单位共同组建"京津冀科技创新教育联盟"。源盛城发集团与北京师范大学合作，投资7亿元建设北京师范大学保定实验学校。北京公交集团的公交智造产业园计划落户涞水县，面积约2000亩，主要用于教育培训、新能源产业制造等。产业园还将建成一所"企业大学"，作为公交系统的培训基地。

3. 全面对接

保定市教育局通过观念对接、管理对接、资源对接、开放对接、服务对接等引进先进教育理念和教育资源，创新办学机制，先后到京津两地同北京四中、北京八一学校、北京师范大学等学校拜访对接。邀请北京四中校长刘长铭、北京教育学院院长李方等专家举办专场报告会20余场，传授先进教育观念和教学思想。与此同时，保定市从各县（市）遴选200名中小学校长，赴北京教育学院培训；积极开展与京津的合作与交流，通过教学教研平台对接、联盟课改实验校、资源在线共享等形式开展合作办学等。

北京市海淀区特殊教育研究与指导中心和保定市特殊教育中心签订对口帮扶协议，启动"北京市对口帮扶保定市特殊教育中心及涞水、涞源、易县、唐县、顺平、阜平六个县特殊教育学校项目"，从研学帮扶、自闭症康复帮扶、师资队伍建设帮扶和教学管理帮扶四方面稳步推进。

4. 协力扶贫

研究出台《关于推进京保教育扶贫协作工作的实施意见》，坚持横向抓统筹，从京保市级层面建立教育主管部门定期研究机制和重点工作调度机制;坚持纵向抓落实,建立在市委、市政府统一领导下,市县教育部门一把手负总责、分管领导具体负责、专门处(股)室负责实施,校长履行主体责任亲自抓落实的工作体系[①]。

2018年,通过开展结对帮扶、合作办学和教师交流等活动,保定市教育与京津两市联系日渐紧密,其间,共同建立各种合作平台56个,开展交流活动38次,签署协议21个。尤其在教育扶贫领域,8个贫困县积极开展与北京市相关结对帮扶区的合作与交流,共有35所学校与北京市相关学校建立对接关系、成立帮扶小组或结成"互帮互助"对子学校,部分学校与北京市相关学校开展联合办学,使696名学生受益。

北京市多个企业为保定市8个受助县621所小学教学点捐赠了1万本绘本,向阜平县、涞源县和涞水县的13所学校捐赠了价值285万元的网上阅读平台、价值260万元的网络互动课堂和VIP助力高效高中生升学平台读书学习平台,并对相关教师进行了培训。持续推进吴姓校长工作室活动开展和学习交流。2018年吴姓校长个人向3所学校180名学生捐赠了价值3万元的学习文具。

(二)主要问题与困难

相比京津两市,保定市办学理念还需要更新,管理水平有待提高,教师能力素质与新课程改革的要求还有差距,特别是办学规模、师资队伍、办学条件和经费投入还有相当大的差距。对接工作还存在诸多问题与困难。

1. 合作项目落实不够,实际效果不佳

一是形式大于内容。截至2019年初,保定市与京津两市签署的各项教育合作协议近300项,但是协议落实情况不容乐观,很多项目没有进一步的行动,有一些交流合作项目内容宽泛笼统,缺乏具体的措施和实施方案,相关责任落实不到位,项目难以推行。二是政策和资金支持依然欠缺。虽然与

---

① 《强化精准 综合施策 京保教育扶贫协作成为扶智扶志重要载体》,保定市人民政府网今日保定, http://www.bd.gov.cn/content-173-153278.html, 2018年11月19日。

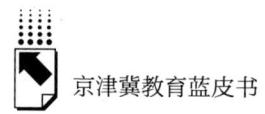

京津两市教育部门在校长教师素质提升、中小学生研学、教师置换培训、送教下乡、信息资源共享等方面达成了一定的合作共识，但由于政策支持、资金限制等，相关工作不能深入广泛地开展。同时，由于每年的扶贫项目资金有限，难以惠及更多的贫困地区学生、教师和学校。

2. 教育基础差异悬殊，合作基础薄弱

各区域的教育基础与社会环境差异较大。保定市教育无论是经费投入、办学条件、教育理念、教师素质管理水平和待遇水平或是经济社会条件、政策支持等方面，与京津两市相比，都存在不小差距，这导致平等、互补、共赢的合作基础不牢，合作双方在诸如办学模式、评价体系、考试内容等具体的合作领域存在较大差异，难以达成共识。同时，北京市优质基础教育资源的存量有限，优质中小学已经承担了许多社会责任，从长远来看，合作对接的可持续性也受到很多局限。

3. 体制机制相互独立，缺乏制度保障

从宏观层面上看，国家和河北省目前出台的政策多为倡导性的，缺乏刚性的约束和具体指导。虽然近几年陆续出台了一些规划和意见，但在经费保障、机构协调、人员统筹、学籍管理、招生就业等具体方面都存在诸多壁垒。

受地域影响，三地教育部门之间缺乏统一完善的跨区域教育合作制度。统一管理与协调作用的机构组织和制度、配套的财政制度和监督体制欠缺，利益分配制度和激励制度都不健全。此外，跨区域办学还面临着如招生考试、教材选用、经费投入等诸多制度问题，职业教育也面临着学籍管理、学分互认等方面的问题。

四 保定市教育系统对接工作的建议

京津保教育的发展是多主体协同发展、实现功能互补、区域联动效应的过程，这就要求京津保三地的教育发展打破传统地方主义框架的桎梏，站在国家战略的高度上重新定位和谋划，以协同发展为基本指导思想，完善京津保区域教育治理结构和发展模式，构建高效畅通的教育协同机制，超越以往以省市行政区划为基本单位的分立的公共教育体制，缩小区域内部教育发展水平的差距，最终达成区域教育优质均衡的根本目标。

（一）持续推进保定市教育改革与发展

保定市自身的教育改革与发展，是提升保定市教育对接京津和雄安新区工作水平的基础。建议在强力推进中心城区"学校建设三年攻坚行动""县城学校建设三年攻坚行动""义务教育薄弱学校改造攻坚工程""幼儿园建设攻坚工程""普通高中建设攻坚工程"这五大工程的同时，做好以下工作。

1. 完善法规机制，推进依法治教治校

2019年7月1日，《保定市中小学校幼儿园规划建设条例》（以下简称《条例》）正式实施。这是保定市首部教育方面的地方法规，该法规的实施在法律层面为保定市日后规范和促进城乡中小学建设均衡发展提供了借鉴和保障。建议保定市通过《条例》的实施，在具体工作中总结先进经验、有效推广，对教育要素配置中的重要问题尽快制定法规规章，明确政府和各级部门的职责和法律责任，为解决好制约教育发展的瓶颈问题提供法律保障。全面推进依法治教，适应教育管理需要，建立权责统一、权威高效的教育行政执法体制，依法维护学校、学生、教师和举办者的权益[①]。

2. 统筹城乡规划，着力开展教育扶贫

推进城乡义务教育一体化发展，全面梳理各区县教育发展现状，结合教育中长期发展需求，进行全面布局调整和专项规划，并纳入本地区国民经济和社会发展规划、城市总体规划、土地利用规划中。建立城乡一体的数据库和教育管理信息系统，动态掌握城乡教育情况，实施"互联网+教育"行动，推动优质教育资源走进农村学校，均衡教育分配。

明确重点保障领域，教育经费向贫困地区、薄弱环节、困难学生倾斜，完善各级各类家庭经济困难学生资助体系。完善农村留守儿童关爱保护机

[①]《保定市教育事业第十三个五年规划》，保定市人民政府网，http://www.bd.gov.cn/xxgkcontent-888888017-133629.html，2017年11月30日。

制，建立农村学校留守儿童档案，落实联系指导教师制度，及时帮助留守儿童解决生活、学习、心理等方面的困难和问题。

3. 继续加大投入，优化投资方式

对于教育费附加、农村税费改革专项转移支付、城市维护建设税、土地出让金计提、成人教育费等政策性教育资金，要做到足额征收，足额按时拨付，依法依规使用。加大教育经费在经费支出结构中公用经费支出比例，积极合理运用政府与社会资本合作等方式，撬动更多社会资本投资教育事业。建立健全教育专项经费监管责任制，提高资金使用效率。在均衡城市和农村学校的教育投入时，重视农村和城市的过渡地段，即行政区划属于市区，但经济社会发展现状尚处于农村的市区城郊地区。

4. 做好编制管理，优化干部教师队伍

做好现有教师编制的管理工作，尽快解决部分教师在编不在岗的问题，严禁空编不补和挤占、挪用、截留教职工编制，及时补充教师队伍，建立健全城乡干部教师交流机制和偏远乡村教师奖励激励机制，努力打造一支"留得下、带不走"的教育人才队伍。

大力加强师德师风建设。健全师德考核奖惩机制，建立定性与定量相结合、科学合理的师德评价方法和指标体系，把师德表现作为教师聘用、收入分配、评优评先的首要条件。加强学术道德与学术规范建设，弘扬优良学风，坚决惩治师德败坏和学术不端行为。构建多方参与的师德监督体系[1]。

5. 加强教育信息化建设，实现优质资源全覆盖

贯彻落实《保定市教育信息化发展规划（2018~2020）》，坚持信息技术与教育教学深度融合的核心理念，实施"互联网+教育"，以教育信息化带动教育现代化发展，推进教育公平，提高教育质量[2]。

建立健全管理机制，统筹协调制定优先发展政策，继续加大教育信息化

---

[1] 《保定市教育事业第十三个五年规划》，保定市人民政府网，http://www.bd.gov.cn/xxgkcontent-888888017-133629.html，2017年11月30日。

[2] 《保定市教育信息化发展规划（2018~2020）》，保定市教育局，http://www.bdjy.gov.cn/content-621-1005.html，2018年5月7日。

的投入,加快教育信息化步伐,将教育信息化发展情况作为教育工作验收内容,纳入制度层面,保障落实。

加大对贫困地区师生的信息化教育和培训,通过建立远程培训平台、搭建立体化的区域教研平台等,形成教研联盟,推动资源共享、互联互通,共同探索新的教育管理与教学模式,实现优质教育资源全覆盖。

(二)加强顶层设计,建立对接机制与平台

充分发挥政府推动"京津冀保雄"区域教育协同的主体作用和指导作用,为对接工作提供法律上和政策上的保障。

1. 完善保定市教育对接的目标和规划

政府应当深入领会《京津冀教育协同发展行动计划(2018 - 2020 年)》精神,在全面了解京津两市教育发展概况基础上,对自身进行优劣分析,明确近期及中长期发展目标,对学校数量和布局、办学层次和类型、师资等教育资源进行优化调整,制定并实施保定市对接京津、雄安新区教育发展规划。

2. 探索区域教育协同发展的协调机制和长效机制

2019 年 1 月 7 日,北京市、天津市教委同河北省教育厅联合发布《京津冀教育协同发展行动计划(2018 - 2020 年)》,指出要创新教育协同发展体制机制建设,搭建协同管理机制、健全组织实施机制、完善配套政策保障①。在这方面长三角有一些重要的经验值得京津保雄四地借鉴。例如,长三角两省一市早在 2003 年就签订了《关于加强沪苏浙教育合作的意见》,在交流机制和工作组织方面开展探索;2009 年签订了《关于建立长三角地区教育协作发展会商机制协议书》,实现了以民间为主、非常规状态向行政决策层面、制度化状态的转变;2010 年 3 月成立了长三角教育联动发展协调领导小组,设立长三角教育联动发展协调领导小组办公室,负责协调联动发展的重大事项与

---

① 张晓明:《京津冀教育协同发展行动计划(2018~2020 年)发布》,河北省人民政府网,http://www.hebei.gov.cn/hebei/11937442/10761139/14518577/index.html,2019 年 1 月 8 日。

问题。

(1) 发挥政府和市场合力,建立协调和长效机制。政府从立法、政策、经费、人事等方面为区域教育协同发展创造有利条件,协调各级政府和学校之间的合作,协调具体属地之间的教育合作事宜等。

建议京津保雄四地持续推进骨干教师"手拉手"等合作交流项目,联合开展义务教育专项督导,组织教育教学质量领域的合作研究与监测活动,通过多种市场化办学模式如民办教育、名校办分校等,有效打破区域教育行政分割,共享先进教育管理经验和信息,实现优质教育资源的跨区流动和配置。

(2) 推进京津冀区域间合作办学机制。建立专门化的管理机构,制定完善管理合作规定、资金保障制度、薪酬及激励制度、监督制度等一系列配套制度机制,为合作办学提供制度保障。完善区域间合作办学的筹资渠道,在资金来源上给予合作主体一定的自主权,长期稳定地维持其经济驱动。建立双方或多方的教育合作联席会议、教育信息资源网、课程教学资源共享平台、教师(校长)联合培训平台、教育协同发展质量监测与评估中心等,促进教育理念、管理、师资、课程等教育要素的跨区流动。

(3) 赋予学校更多办学自主权,鼓励创新合作模式。建议利用教育综合改革时机,在职业教育领域,适当扩大学校在异地招生、办学、收费、师资、教学等方面的自主权,建设京津冀职业教育对接产业服务平台,推动职业院校、职教园区与产业集聚区融合发展,协同提升高端技术技能人才培养水平。探索包括共建交流、联合办学、名校办分校、集团办学等多种跨区合作形式和方法,更有效地推动区域教育协同发展。

(4) 利用互联网,建设功能完善的教育信息平台。在京津冀教育协同发展框架下,加强保定市与各地之间的网络教育资源对接与共享,合理利用信息化手段扩大包括基础教育云平台、教育管理服务平台、数字学校 BDS 应用平台等相对成熟的信息化平台在内的各种优质教育教学及教育管理资源的覆盖面积,通过构建京津保区域立体化、应用型教育信息化服务体系,整合和共享区域内教育资源,为区域内教师和学生提供优质的教学与学习资源,以信息技术实现区域内优质教育资源共享。

（三）推进多层次、多主体的项目合作，重点突破

就目前的对接工作来看，成效显著，经验非常丰富，但问题也是多方面的。关键应在鼓励积极探索的基础上，做实具体的、标志性的重点项目。

1. 推进多层次、多主体的项目合作

（1）推进跨区域开放项目合作。通过合作开展各种形式的学术论坛、各个领域的教育教学思想研究会、教师专业发展合作组织等交流活动，学校间可以共同开展课题研究、学科教学改革、师生特色活动等具体项目。

（2）实现资源共享交流常态化。多种形式促进办学机构间的资源开放，如教师、课程、课堂、图书馆等，鼓励教师跨校交流，允许学生跨学校选课、学分互认、学籍对接，特别是网络平台资源的开放共享等，可采取试点先行，讨论建立成熟的交流共享机制，逐步进行推广，推动此种形式日常化、广泛化。

（3）推动区域联盟及合作对接。可建立合作共同体，重点推进跨区域、跨层次的校政之间、校校之间、校企之间、学校与科研机构之间、大学与中小学之间的全面合作与帮扶，借助有效的教育供给，扩大在本区域内的教育影响力，实现教育资源的持续优化良性循环。

（4）持续加强教育扶贫力度。根据贫困地区的教育现状和贫困人口的教育需求，重点实施精准扶贫，同时大力推进教育扶贫普及化，充分发挥扶贫政策保障作用，依托区位优势，多方吸收优质资源，实现受援县教育全覆盖，进而推动教育资源和先进成果向贫困地区广泛延伸，推进教育普惠化、常态化。

2. 加强督导评估，遴选重点项目重点扶持，做实做强

2019年初，京津保已实施教育协作项目294个，建议对现有项目进行逐个评估摸底，了解具体进展和成效。对于已取得成效，或在可预见的范围内，能够取得较好效益的合作项目，如与北京师范大学等对接合作交流项目、北京市对保定市8个贫困县对口支援、吴甡校长工作室等重大项目，要注重建立健全政府间、合作机构间、以及合作机构内部配套的制度体系建

设，形成系统规范的长效机制。

对于合作方案可行、能够长期坚持并取得实效的项目，予以重点扶持，在体制机制、人员调配、经费投入等方面予以支持，做实做强，形成模式和品牌，对全面对接工作起到引领示范作用。

B.6 京津冀高校创新综合能力评价研究

王 纾*

摘　要： 本报告在建构区域高校创新综合能力评价模型并对全国31个省份情况进行测算的基础上，进一步分析比较京津冀、长三角、珠三角（广东）地区高校创新综合能力和创新活动特征，研究结果显示：虽然京津冀地区总体上高校创新综合能力很强，并且与区域经济发展水平基本适应，但是在区域内部呈现"两极分化"的特征，即北京和天津在全国位居前列而河北较为落后，这是目前京津冀高校创新综合能力的"短板"。在创新投入方面，京津冀地区高校创新投入力度大，但是在基础研究上投入的人员和经费比例相对偏低。在创新产出方面，京津冀地区高校在创新人才培养、科研成果产出、国际交流与合作等方面都表现突出，但是与长三角地区相比，成果转化与扩散能力仍有待提高。因此建议进一步加强跨行政区划的高校创新能力协同发展机制，加大对高校基础研究及成果转化与扩散的投入力度，通过政策倾斜和加大投入提高河北高校创新的"造血"能力，从而更好地服务京津冀地区经济社会高质量发展。

关键词： 京津冀　高校　创新能力　评价

---

* 王纾，博士，中国教育科学研究院职业与继续教育研究所副研究员，主要研究领域为教育评估与评价、大学生学习与发展、高等教育、职业教育。

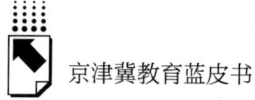

创新是引领发展的第一动力，是实现高质量发展的战略支撑和根本要求，可以为区域经济社会发展提供不竭源泉。《京津冀协同发展规划纲要》指出，要大力促进创新驱动发展，推动科研成果转化，到2030年在引领和支撑全国经济社会发展中发挥更大作用。对于京津冀协同发展而言，创新驱动是其根本动力，是提升京津冀地区核心竞争力的关键。高校作为国家创新体系的重要组成部分，是源头创新的主力军之一，在创新人才培养、知识生产与传播、产学研合作等方面都发挥着不可替代的作用。高校创新对加快京津冀协同发展共同体建设、推动京津冀协同发展意义重大。2018年，京津冀地区共有270所普通高校，占全国的10.14%。其中"一流大学"建设高校10所，占全国的27.78%，"一流学科"建设高校占全国的28.42%。近年来，京津冀地区成立了一系列高校联盟，例如京津冀协同创新联盟、京津冀高端制造共性关键技术协同创新中心、京津冀信息服务协同创新共同体、京津冀大学科技园联盟，以及建筑类、轻工类、医科、农林、师范等类型高校协同创新联盟，以期充分发挥桥梁纽带作用和辐射引领作用，建立资源共享机制，加速高校创新，推动区域创新和经济转型升级。本报告通过构建高校创新综合能力评价指标体系，在对全国各省份高校创新能力进行评价的基础上，客观判断京津冀高校创新综合能力的相对位置及在创新活动上体现出的区域特征，有利于继续发挥优势，准确定位，形成对提升京津冀高校创新能力的科学研判，更好地促进区域经济社会高质量发展。

一　京津冀高校创新综合能力评价方法

评价高校创新综合能力高低需要在一定的范围内、使用一套可比的评价指标来进行。考虑到京津冀作为国家区域战略的一个重要组成部分，本报告将以省份为单位，在区域间横向比较的视角下对京津冀高校创新综合能力进行评价。在本报告中，区域高校创新综合能力的指标体系是将多种高校创新活动相关指标进行系统整合，通过测量高校创新活动中的复杂成分，反映不同地区高校创新能力水平的测量机制。通常，区域评价指标的设计有两层含义，一是评价区域发展状况，二是描述系统重要特征。因此，采用合适的指标框架构建方式并选取恰当的评价指标对于区域高校科技创新能力的测量至关重要。

（一）高校科技创新能力评价指标体系概况

评价指标体系的建构需要以概念模型或分析框架作为基础，通过将实际资料与理论模式相结合，选择恰当的指标，形成较为完整的评价指标体系。有学者对海内外教育类指标体系概念模型的构建模式进行总结，指出目前有五种最为常见的概念模型构建模式，即系统模式、演绎模式、归纳模式、目标模式和问题模式。事实上，除了系统模式之外，其他几种概念模型建构模式并不带有很强的理论色彩，而采用更加强调目标导向、实践导向的设计思路[1]。许多国际组织在研究报告中就常采用演绎模式、归纳模式、问题模式等概念模型建构方式，即以重要教育议题作为教育指标建构的核心，其理论主张并不鲜明，而是不拘于特定理论，从实践情境中发现问题。

对于创新活动，科技活动是重要的组成部分，而研发活动始终是其中最核心的环节[2]。从已有研究来看，对高校创新能力评价的研究，主要集中在高校科技创新能力的评价研究，在指标体系设计上大致可划分为三类思路：一是从高校科技创新活动的要素出发建构评价指标体系，认为高校的科技创新活动主要由科技人才培养、知识创新活动和技术创新活动组成，比如包含创新基础条件、创新经费和人员投入、创新管理、创新产出，以及创新成果转化能力等维度[3][4][5][6]；二是从高校科技创新活动的内涵出发建构评价指标

---

[1] 孙志麟：《教育指标的概念模式》，《教育政策论坛》2000年第1期。
[2] 李胤：《关于研发、科技和创新的那些事儿——从统计角度浅议三者的关系》，《中国统计》2014年第8期。
[3] 李绩才、王晓波：《区域高校科技创新能力评价研究》，《科技管理研究》2007年第7期。
[4] 黄建国、袁伟灿：《京津冀高校科技创新能力评价及提升路径》，《中国高校科技》2019年第3期。
[5] 闫笑非、杜秀芳：《高校科技创新能力区域差异实证研究》，《科技管理研究》2009年第12期。
[6] 耿迪：《高校科技创新能力评价研究》，武汉理工大学博士学位论文，2013。

体系，比如包含创新基础实力、知识创新能力、技术创新能力、成果转化能力、国际交流能力、学科建设能力、环境支撑能力等[①][②]；三是从高校科技创新活动的效率出发建构评价指标体系，比如包含技术转让效率、高校产出效率、成果转化效果等[③]。总的来看，在设计思路上以第一种思路较为常用，即将投入能力、产出能力作为是高校科技创新能力评价中的重要维度，并且学者们在这个方面已经形成一定的共识。本报告对高校创新综合能力的评价在参考和借鉴已有研究成果的基础上，从创新活动要素的思路进行指标体系设计，结合近年来国家对高校创新的政策导向，形成以创新人力资源、科研经费投入、创新人才培养、科研创新成果、成果转化与扩散、国际交流与合作为主要评价维度的指标体系。

（二）评价指标初选及数据来源

研究采取归纳模式和问题模式相结合的概念模型设计方式，从我国高校创新能力所处的发展阶段及当前国家对高校科技工作的宏观政策导向出发，在参考和借鉴国内外已有研究成果的基础上，基于评价指标的科学性、实用性和系统性原则，同时兼顾相关统计数据的准确性和可获得性，从而设计和构建本报告使用的区域高校创新综合能力的评价指标体系。

本报告拟从6个维度选取31个指标初步建立高校创新综合能力的评价指标体系（见表1）。需说明的是，考虑到我国高等教育资源在区域间分布十分不均衡的现状，为了减少区域间高等教育规模差异对评价结果产生过大影响，故在本次评价指标选取时以校均数量或百分比指标为主，以期反映各个区域内部高校创新综合能力的平均水平。评价指标体系中各维度的含义及指标初选情况如下。

---

① 施星国、张建华、仲伟俊：《区域高校科技创新能力的评价研究》，《研究与发展管理》2009年第4期。
② 程鹤：《省域高校科技创新能力评价及其演化研究》，大连理工大学博士学位论文，2017。
③ 苑泽明、张永贝、宁金辉：《京津冀高校科研创新绩效评价——基于DEA-BCC和DEA-Malmquist模型》，《财会月刊》2018年第24期。

1. 创新人力资源。人力资源投入是高校开展科技创新活动的基础条件和重要保障，是反映高校科技创新投入能力的基础性指标。所包含的 5 个指标中，校均 R&D 人员数、高校教职员工中 R&D 人员占比体现了创新人力资源投入的规模，高校博士学位 R&D 人员占比和基础研究 R&D 人员全时当量占比体现创新人力资源投入的结构，平均每个 R&D 课题投入的人员数体现高校创新人力资源投入的力度。

2. 科研经费投入。开展科技创新活动离不开一定的财力支持，经费投入力度体现了高校对科技创新投入的重视程度和保障水平。所包含的 6 个指标中，校均 R&D 经费内部支出、高校 R&D 经费占当地 GDP 的比例体现科研经费投入的规模，人均 R&D 经费、R&D 课题平均投入经费体现科研经费投入的力度，基础研究经费在 R&D 经费内部支出中的占比、应用研究经费在 R&D 经费内部支出中的占比体现高校经费投入的结构。

3. 创新人才培养。高校是全面培养各级各类高水平人才和科技后备力量的重要阵地，源源不断地为国家创新体系输送新鲜血液。本项所包含的 5 个指标中，普通高校校均在校生数、平均每十万人口普通高校在校生数体现了高校创新人才培养的规模，普通高校毕业生中研究生所占比例体现了高校创新人才培养的结构，而理工农医类高校 R&D 课题平均研究生参与人数及理工农医类高校 R&D 成果应用和科技服务项目平均研究生参与人数体现的是高校创新人才培养的效益。

4. 科研创新成果。科技成果产出是指高校在知识、科技、学科等方面不断开展创新活动的过程中产生的高水平科技创新成果，它反映的是高校科技创新活动的结果。所包含的 6 个指标中，校均科技论文数、校均有效发明专利数、校均获得科技成果奖数量体现的是高校科研创新成果的规模，发明专利申请数量占高校专利申请数量的比例、科技成果奖中国家级奖项占比体现了高校科研创新成果产出的质量，每亿元 R&D 经费内部支出产生的专利申请量体现高校创新成果产出的效益。

5. 成果转化与扩散。随着经济社会的发展，高校越发从社会的边缘走向中心，科技创新活动成果也不仅限于象牙塔式的学术产出，通过转化与扩散，使研发成果更多更广地服务于社会生产、产生实际经济效益，已经成为高校科技创新活动日益强调的重点。本项所包含的5个指标中，校均专利所有权转让及许可数、校均技术转让合同数、校均技术转让合同金额体现高校创新成果转化扩散的规模，专利所有权转让及许可平均收入、技术转让平均合同金额体现高校创新成果转化扩散的效益。

6. 国际交流与合作。基于国际合作进行研究与发展活动已经成为目前科技创新领域的常见模式。参与国际合作的情况及相关成果产出是当前高校创新能力的重要体现之一。本项所包含的4个指标中，校均国际合作派遣及接受人次、校均主办国际科技学术会议数体现高校国际交流合作的规模，校均国际科技学术会议特邀报告数、校均发表国际刊物论文数体现高校国际交流与合作的效益。

本报告所用统计数据来自《中国统计年鉴2019》《中国科技统计年鉴2019》《中国教育统计年鉴2018》《2019年全国高校科技统计资料汇编》《中国普通高校创新能力监测报告2018》等。需说明的是，其他未被选入的维度和评价指标并非不重要，而是这些维度往往受到数据可获得性的限制而不能全部涉及。

（三）模型建立

考虑到想通过评价考察京津冀地区高校创新综合能力在全国所处的相对位置，并且和国内其他国家战略布局区域进行横向比较，因此研究采用PLS（Partial Least Squares）结构方程模型①对各省份高校创新综合能力进行评价，该方法常用于区域发展水平的评估与比较。所用样本以省份为单位，对全国31个省份高校创新综合能力进行横向比较，同时以"全国平均水平"作为一个单独的个案，故样本量为32。为了克服样本量小的问题并保证参数估计的稳健性，一般在计算时将Bootstrap样本数设定为500或1000以上，

---

① PLS结构方程模型是一种建构预测性结构模型的统计方法，采用在抽样技术中的Bootstrap方法获得统计量的样本分布，并进行参数估计和显著性检验。

在本研究中设定为 1000。数据分析采用 IBM SPSS 18.0 和德国汉堡大学 Ringle、Wende 和 Will 开发的 SmartPLS 2.0 软件进行处理。

在研究模型中,高校创新综合能力 6 个维度为潜变量,每个潜变量通过若干个作为观测变量的具体测量指标来反映①。经检验,除了指标 1.4、指标 2.5、指标 2.6、指标 3.5 和指标 4.3 之外,其余 26 个评价指标的 t 检验结果均达显著 ($p<0.05$),即能够较好地反映所对应的潜变量,故在最终模型中删除了上述未能通过检验的评价指标。区域高校创新综合能力评价指标的选取情况如表 1 所示。

表1 区域高校创新综合能力评价指标体系

维度	评价指标	是否保留
创新人力资源	1.1 校均 R&D 人员数(人)	是
	1.2 高校教职员工中 R&D 人员占比(%)	是
	1.3 高校博士学位 R&D 人员占比(%)	是
	1.4 基础研究 R&D 人员全时当量占比(%)	否
	1.5 平均每个 R&D 课题投入的人员数(人年)	是
科研经费投入	2.1 校均 R&D 经费内部支出(万元)	是
	2.2 高校 R&D 经费占当地 GDP 的比例(‰)	是
	2.3 人均 R&D 经费(万元)	是
	2.4 R&D 课题平均投入经费(万元)	是
	2.5 基础研究经费在 R&D 经费内部支出中的占比(%)	否
	2.6 应用研究经费在 R&D 经费内部支出中的占比(%)	否
创新人才培养	3.1 普通高校校均在校生数(人)	是
	3.2 平均每十万人口普通高校在校生数(人)	是
	3.3 普通高校毕业生中研究生所占比例(%)	是
	3.4 理工农医类高校 R&D 课题平均研究生参与人数(人)	是
	3.5 理工农医类高校 R&D 成果应用和科技服务项目平均研究生参与人数(人)	否
科研创新成果	4.1 校均科技论文数(篇)	是
	4.2 校均有效发明专利数(项)	是
	4.3 每亿元 R&D 经费内部支出产生的专利申请量(项)	否
	4.4 发明专利申请数量占高校专利申请数量的比例(%)	是
	4.5 校均获得科技成果奖数量(个)	是
	4.6 科技成果奖中国家级奖项占比(%)	是

---

① 结构方程模型将不可直接测量的变量称为潜变量,而将可以直接测量的变量称为观测变量。

续表

维度	评价指标	是否保留
成果转化与扩散	5.1 校均专利所有权转让及许可数（项）	是
	5.2 专利所有权转让及许可平均收入（万元）	是
	5.3 校均技术转让合同数（项）	是
	5.4 技术转让平均合同金额（万元）	是
	5.5 校均技术转让合同金额（万元）	是
国际交流与合作	6.1 校均国际合作派遣及接受人次（人次）	是
	6.2 校均主办国际科技学术会议数（次）	是
	6.3 校均国际科技学术会议特邀报告数（篇）	是
	6.4 校均发表国际刊物论文数（篇）	是

注：如无特殊说明，指标的范围均为普通高校。

基于上述指标体系，建立我国31个省份高校创新综合能力评价的结构方程模型，如图1所示。

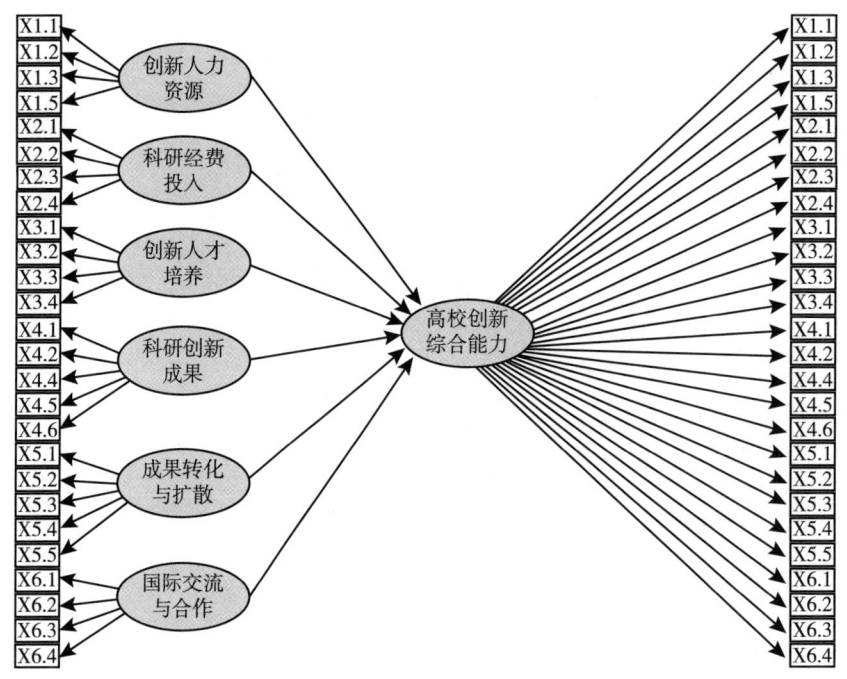

图1 高校创新综合能力的结构方程模型

经过对上述 PLS 结构方程模型中各个潜变量的指标进行唯一维度检验，结果显示每个潜变量的第一主成分特征值均大于 1，第二主成分特征值均小于 1，也就是说均通过了该项检验。使用 SmartPLS 2.0 软件中的 PLS 程序进行迭代运算，得到模型质量结果，如表 2 所示。模型中 6 个潜变量在各个检验指标上均基本接近或达到了质量要求，可以使用该模型分析各省份高校创新综合能力的评价。此外，高校创新综合能力对于这 6 个潜变量的多元回归方程测定系数是 1.000000（原值），说明创新综合能力对相应的 6 个维度的概括程度较高。在后续分析中，使用各省份标准分数作为比较的依据，并对其进行百分制转换。

表 2 模型质量结果

潜变量	平均变异萃取量	合成信度	测定系数	内部一致性系数	公因子方差	交叉验证冗余度
	>0.5	>0.6	>0.3	>0.6	>0.5	>0
创新综合能力	0.629	0.976	1.000	0.970	0.629	0.591
创新人力资源	0.625	0.841		0.728	0.625	0.438
科研经费投入	0.838	0.954		0.936	0.838	0.709
创新人才培养	0.520	0.791		0.653	0.520	0.318
科研创新成果	0.797	0.951		0.935	0.797	0.676
成果转化与扩散	0.547	0.850		0.790	0.547	0.375
国际交流与合作	0.942	0.985		0.979	0.942	0.834

二 京津冀高校创新综合能力的区域比较

基于上述指标体系设计路径模型，对全国 31 个省份区域高校创新综合能力进行评价，并对区域高校创新综合能力与当地经济发展水平的协调程度进行分析。

（一）高校创新综合能力在全国的相对位置

从全国 31 个省份高校创新综合能力来看，京津冀三省份高校创新综合能力有较为明显的差异。北京得分84.19远远高于全国平均水平，排在全国第1位；天津得分61.04，排在全国第3位；河北得分42.21，低于全国平均水平，排在全国第24位（见图2）。相比之下，长三角地区三省份上海、江苏和浙江的高校创新综合能力强并且省际差异相对较小，得分分别为79.35、58.67和53.98，分别排在全国第2名、第4名和第7名。而珠三角地区的广东高校创新综合能力得分52.88，略高于全国平均水平，排在全国第10名。

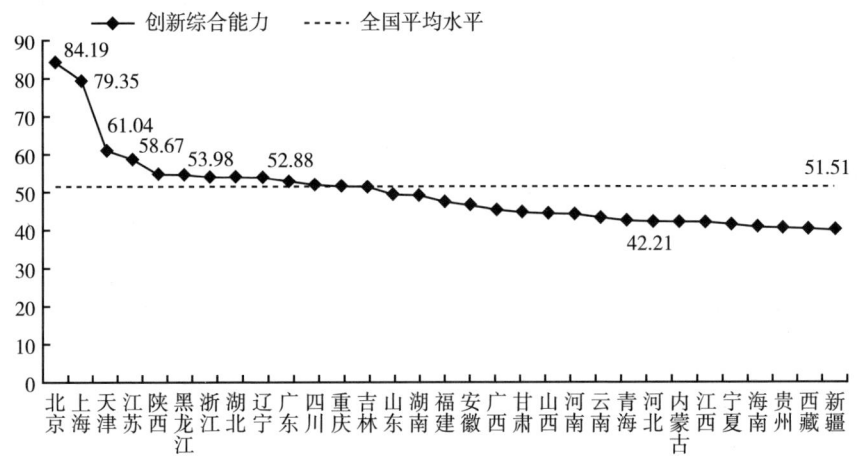

图2 2018年高校创新综合能力得分情况

（二）高校创新综合能力与当地经济发展水平的关系

从区域高校创新综合能力与经济发展水平的关系来看（见图3），京津冀地区的北京、天津，长三角地区的上海、江苏和浙江，以及珠三角地区的广东人均GDP和高校创新综合能力均高于全国平均水平，呈现良好的发展势头。而京津冀地区的河北，其人均GDP接近全国平均水平并且高校创新综合能力也低于全国平均水平。

进一步对比区域高校创新综合能力排名及人均GDP的排名情况，可以得到各省份区域高校创新综合能力与经济发展水平的等级差异，即：等级差异=高校创新综合能力排名－人均GDP排名，以此评价各省份高校创新综合

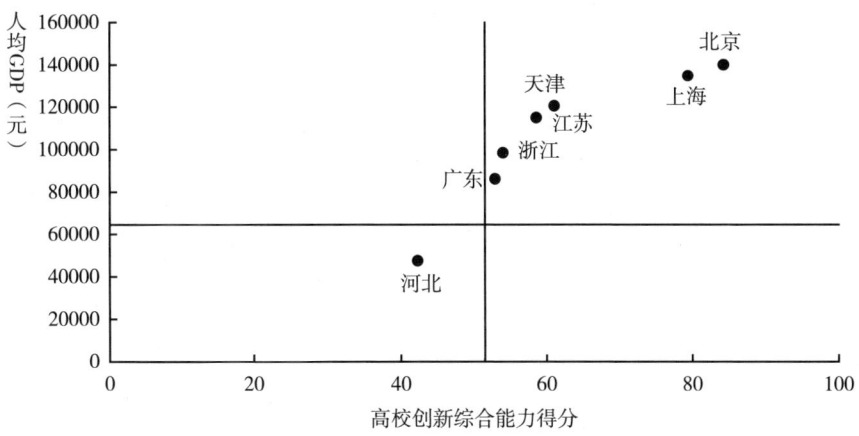

图 3 区域高校创新综合能力与人均 GDP 的关系

能力与经济发展的协调程度。本研究将各省份高校创新综合能力与经济发展水平的协调程度分为 3 个层次：若等级差异在 [-2,2]，则表明区域高校创新综合能力与经济发展水平基本协调；若等级差异大于等于 3，则表明区域高校创新综合能力低于经济发展水平；若等级差异小于等于 -3，则表明区域高校创新综合能力高于经济发展水平。从京津冀分析结果看（见表 3），北京和天津的区域高校创新综合能力与当地经济发展水平基本协调，而河北高校创新综合能力低于当地经济发展水平。相比之下，在长三角地区的浙江、江苏和上海，区域高校创新综合能力均与当地经济发展水平保持基本协调，而在珠三角地区的广东，区域高校创新综合能力略低于当地经济发展水平。

表 3 2018 年区域高校创新综合能力与人均 GDP 在全国排名的比较

省份	区域高校创新综合能力排名	人均 GDP		等级差异	区域高校创新综合能力与经济发展水平的协调程度
		排名	数额（元）		
北京	1	1	140211.24	0	基本协调
上海	2	2	134982.00	0	
天津	3	3	120710.80	0	
江苏	4	4	115168.41	0	
浙江	7	5	98643.41	2	
广东	10	7	86412.00	3	略低于经济发展水平
河北	24	21	47772.22	3	

（三）区域间高校创新综合能力的分维度比较

我国各地区经济社会发展水平、高等教育资源配置、产业结构布局等方面存在较大差异，因此不同区域高校创新综合能力及高校创新活动的特征也有所不同。从区域间横向比较来看（见图4），京津冀地区在高校创新综合能力各维度上得分均高于珠三角地区，但是仅在高校创新人才培养、科研经费投入维度得分上高于长三角地区，在其他维度得分低于长三角地区。从单个区域内部看，京津冀地区高校创新活动的优势主要体现在创新人才培养、科研经费投入和科研创新成果方面；长三角地区高校创新活动优势主要体现在创新人力资源、国际交流与合作、成果转化与扩散方面；而珠三角地区高校创新活动的优势主要体现在创新人力资源和科研经费投入方面。

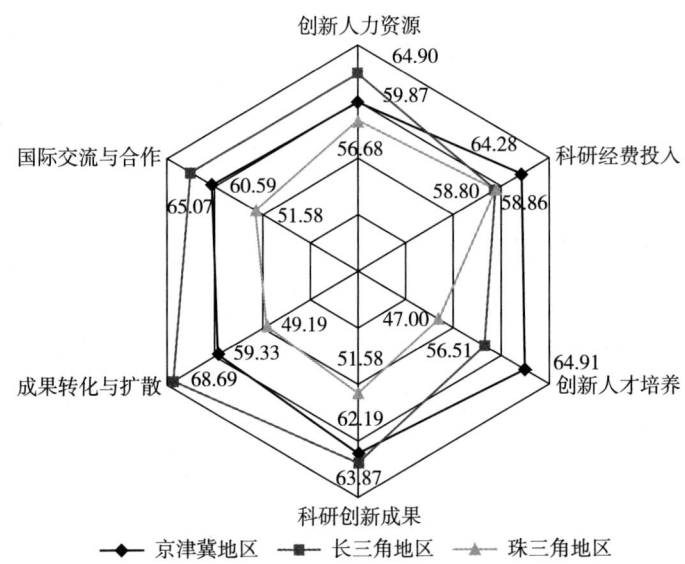

图4 2018年不同区域高校创新综合能力的分维度比较

具体来看，京津冀地区三个省份的创新综合能力各维度得分及排名差异较大（见图5）。北京在多个维度上都居于全国首位，仅在国际交流与合作方面略低于长三角地区的上海；天津在各维度上表现也居于全国前列，除成果转化与扩散排在全国第 7 位之外,其余维度得分均进入全国前 5 位,具有明显优势;河北各维度上得分在全国的排名较为靠后,但是相对而言在成果转化与扩散上表现好于其他方面(见表 4)。

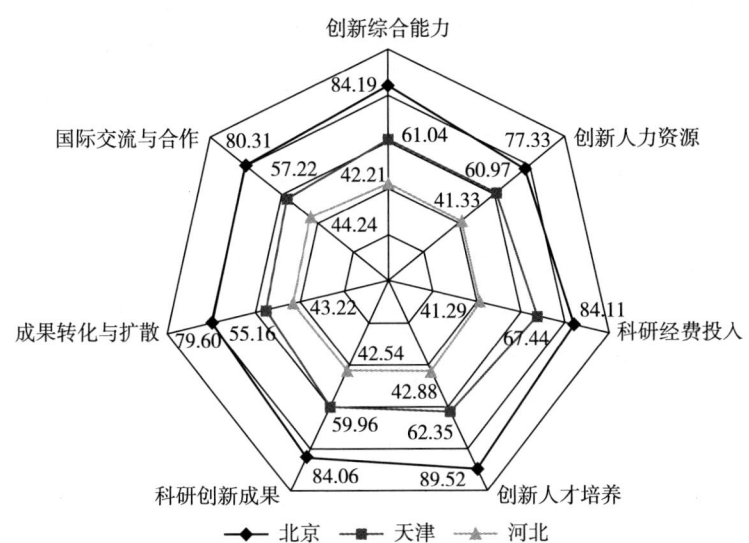

图 5　2018 年北京、天津、河北高校创新综合能力分维度比较

表 4　2018 年区域高校创新综合能力各维度得分及在全国的排名

维度	区域	京津冀			长三角			珠三角
		北京	天津	河北	上海	江苏	浙江	广东
创新人力资源	得分	77.33	60.97	41.33	76.76	56.25	61.68	56.68
	排名	1	4	24	2	7	3	6
科研经费投入	得分	84.11	67.44	41.29	71.55	55.06	49.78	58.86
	排名	1	3	28	2	6	13	5
创新人才培养	得分	89.52	62.35	42.88	67.53	56.40	45.59	47.00
	排名	1	3	25	2	6	20	16
科研创新成果	得分	84.06	59.96	42.54	75.39	60.06	56.16	51.58
	排名	1	4	24	2	3	7	11
成果转化与扩散	得分	79.60	55.16	43.22	79.59	67.11	59.38	49.19
	排名	1	7	22	2	3	4	14
国际交流与合作	得分	80.31	57.22	44.24	90.64	54.79	49.79	51.58
	排名	2	3	24	1	4	11	8

相比之下，长三角地区三个省份在高校创新能力分维度上各自具有相对优势（见图6）。如表4所示，上海在高校创新综合能力各维度上优势非常突出，仅次于北京；江苏高校创新综合能力各个维度得分上都跻身全国前10位，在科研创新成果、成果转化与扩散及国际交流与合作上表现更为突出，进入全国前5位；浙江高校创新综合能力的表现也较为优秀，尤其是在创新人力资源、成果转化与扩散及科研创新成果上均进入全国前10位。与京津冀地区不同，长三角地区高校科研创新综合能力的整体性和均衡性更好，三个省份齐头并进，各具特色。而珠三角地区的广东在高校创新综合能力各方面均排在全国中上位置，其中在创新人力资源、科研经费投入及国际交流与合作方面都进入了全国前10位。总体而言，广东高校创新综合能力优于京津冀地区的河北，与长三角地区的浙江基本相当，并且呈现不同的发展特色。

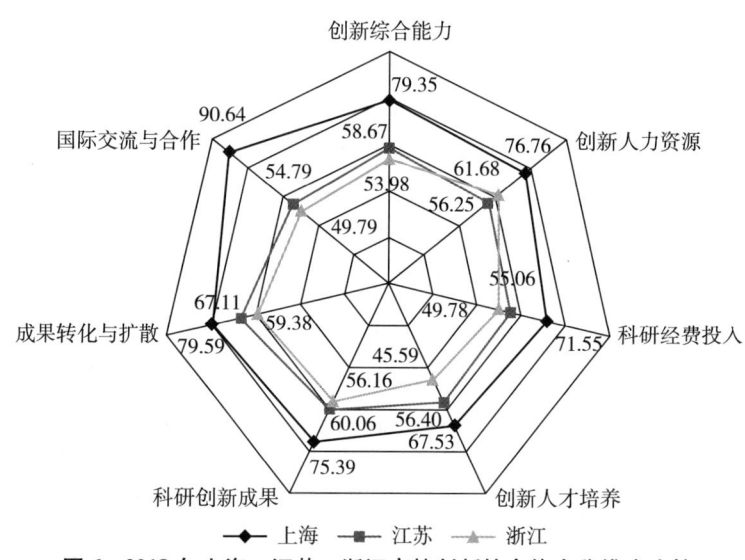

图6 2018年上海、江苏、浙江高校创新综合能力分维度比较

三 京津冀高校创新活动的特征分析

2018年，京津冀地区共有普通高校270所，其中中央部委所属普通高

校占16.67%，本科院校占58.52%，高职（专科）院校占41.48%。在区域内，北京中央部委所属普通高校占比很高，天津各类普通高校占比接近全国平均水平，而河北高职（专科）院校占比较高（见表5）。从评价指标相关数据来看，京津冀地区高校创新各项活动方面均呈现一定的省际差异，并且更加突出地体现在创新人才培养、科研创新成果、成果转化与扩散及国际合作与交流方面。

表5 2018年普通高校数量的区域比较

单位：所，%

区域	普通高校		中央部属普通高校		本科院校		高职（专科）院校	
	数量	占比	数量	占比	数量	占比	数量	占比
全国	2663	100.00	119	4.47	1245	46.75	1418	53.25
京津冀	270	100.00	45	16.67	158	58.52	112	41.48
北京	92	100.00	38	41.30	67	72.83	25	27.17
天津	56	100.00	3	5.36	30	53.57	26	46.43
河北	122	100.00	4	3.28	61	50.00	61	50.00
长三角	339	100.00	22	6.49	176	51.92	163	48.08
上海	64	100.00	10	15.63	39	60.94	25	39.06
江苏	167	100.00	10	5.99	77	46.11	90	53.89
浙江	108	100.00	2	1.85	60	55.56	48	44.44
珠三角（广东）	152	100.00	5	3.29	64	42.11	88	57.89

（一）创新人力资源投入情况

从高校创新人力资源投入的数量和质量来看（见表6），2018年北京、天津高校在校均R&D人员数、高校教职工中R&D人员占比，以及高校博士学位R&D人员占比上优势明显，均高于河北。这可能与北京和天津高校中研究型大学数量更多有关。从区域间比较来看，京津冀地区和长三角地区的高校创新人力资源投入数量、质量基本相当，并且均高于珠三角地区和全国平均水平。但是长三角地区高校教职员工中R&D人员占比普遍高于京津冀地区。

表6　2018年高校创新人力资源投入数量和质量的区域比较

区域	校均R&D人员数（人）	高校教职员工中R&D人员占比（%）	高校博士学位R&D人员占比（%）	平均每个R&D课题投入的人员数（人年）
全国	369.62	39.57	31.60	0.38
京津冀	538.67	48.65	36.67	0.38
北京	933.21	59.93	44.15	0.34
天津	466.80	55.07	35.16	0.46
河北	274.13	30.90	18.67	0.44
长三角	530.74	52.89	36.32	0.36
上海	826.63	70.43	41.85	0.45
江苏	414.75	40.60	36.22	0.36
浙江	534.74	61.14	31.37	0.28
珠三角（广东）	450.72	42.79	34.58	0.32

从高校创新人力资源在不同类型R&D活动上的投入结构来看（见表7），2018年京津冀地区在应用研究上投入的R&D人员全时当量占比最大，其次是在基础研究上的人力投入。其中，北京在基础研究上的人力资源投入在三地中占比最大，天津在试验发展上的人力资源投入占比最大，而河北在应用研究上的人力资源投入占比最大。

从区域间比较来看，京津冀地区在基础研究和试验发展上的人力资源投入占比低于全国平均水平，特别是在基础研究上的R&D人员全时当量投入占比，京津冀地区只有北京高于40%，而在长三角和珠三角地区，除浙江之外其余省份均高于47%。但是，京津冀地区在应用研究的人力资源投入占比明显高于全国平均水平，也高于长三角和珠三角地区的平均水平。

（二）科研经费投入和国家级平台情况

从高校科研经费投入指标来看（见表8），京津冀三地高校科研经费投入数量悬殊。2018年，北京高校校均R&D经费内部支出2.34亿元，是天津的2.15倍，是河北的11.82倍。北京高校R&D经费占当地GDP的比例是7.11%，天津为3.24%，而河北仅为0.67%。从人均R&D经费和R&D

表7 2018年高校创新人力资源在不同类型R&D活动上投入结构的区域比较

单位：%

区域	基础研究R&D人员全时当量占比	应用研究R&D人员全时当量占比	试验发展R&D人员全时当量占比
全国	46.56	47.92	5.52
京津冀	40.57	55.01	4.43
北京	41.91	55.68	2.41
天津	37.69	50.56	11.75
河北	39.27	57.33	3.40
长三角	48.71	44.94	6.35
上海	53.90	40.53	5.57
江苏	47.91	42.96	9.13
浙江	42.69	53.66	3.66
珠三角（广东）	47.04	48.66	4.30

表8 2018年高校科研经费投入数量的区域比较

单位：万元，‰

区域	校均R&D经费内部支出	高校R&D经费占当地GDP的比例	人均R&D经费	R&D课题平均投入经费
全国	5474.59	1.62	14.81	9.18
京津冀	11133.70	3.53	20.67	13.71
北京	23423.20	7.11	25.10	15.42
天津	10882.28	3.24	23.31	17.20
河北	1981.61	0.67	7.23	3.76
长三角	9549.26	1.78	17.99	9.55
上海	19517.69	3.82	23.61	11.85
江苏	7571.38	1.37	18.26	10.33
浙江	6700.43	1.29	12.53	6.80
珠三角（广东）	10073.41	1.57	22.35	9.98

课题平均投入经费来看，北京和天津基本相当，但是远高于河北。

从区域间差异来看，京津冀地区高校科研经费投入的平均水平远高于全国平均水平，同时也高于珠三角地区和长三角地区。但是从区域内省际差异来看，长三角地区的三个省份在高校科研经费投入上的差异要小于京津冀地区的三个省份。

从高校科研经费在不同类型R&D活动上的投入结构来看（见表9），2018年京津冀地区在应用研究上投入的科研经费占比最高，其次是在基础研究上的经费投入。其中，河北和北京在基础研究上投入的科研经费占比最高，天津在试验发展和应用研究上投入的科研经费占比最高。

表9 2018年高校科研经费在不同类型R&D活动上投入结构的区域比较

单位：%

区域	基础研究经费在R&D经费内部支出中的占比	应用研究经费在R&D经费内部支出中的占比	试验发展经费在R&D经费内部支出中的占比
全国	40.46	48.80	10.74
京津冀	37.27	52.12	10.61
北京	39.47	51.69	8.84
天津	27.33	53.66	19.01
河北	42.70	52.09	5.20
长三角	45.25	44.09	10.65
上海	48.09	44.46	7.45
江苏	42.96	40.27	16.77
浙江	44.36	50.13	5.50
珠三角(广东)	47.13	42.52	10.35

从区域间比较来看，京津冀地区在基础研究上投入的科研经费占比低于全国平均水平，在应用研究上投入的科研经费占比高于全国平均水平，在试验发展上投入的科研经费占比和全国平均水平基本相当。从高校在基础研究上投入的科研经费占比来看，京津冀地区只有河北高于40%，而在长三角和珠三角地区均高于42%。但是，京津冀地区高校在应用研究上投入的科研经费占比明显高于全国平均水平，也高于长三角和珠三角地区的平均水平。

从京津冀地区高校R&D经费内部支出来源结构看（见表10），政府资金是高校科研经费的主要来源，北京、天津和河北高校R&D经费内部支出中政府资金占比均超过65%。京津冀三个省份高校R&D经费内部支出中企业资金占比保持在24%以上,其中北京的占比最高为28.20%;高校R&D经费内部支出中国外资金占比仅北京超过1%;高校R&D经费内部支出中其他资金占比河北最高,达到10.47%,其次是天津达到2.83%。

表10 2018年高校R&D经费内部支出来源结构的区域比较

单位:%

区域	政府资金占比	企业资金占比	国外资金占比	其他资金占比
全国	66.69	26.56	0.40	6.35
京津冀	69.17	27.62	1.18	2.03
北京	69.38	28.20	1.56	0.86
天津	70.06	26.79	0.32	2.83
河北	65.03	24.50	0.00	10.47
长三角	63.80	30.20	0.36	5.64
上海	72.25	24.76	0.42	2.58
江苏	58.01	36.32	0.17	5.51
浙江	59.35	28.88	0.62	11.15
珠三角(广东)	71.61	19.65	0.16	8.58

从区域间差异来看,京津冀地区高校科研经费中政府资金占比高于全国平均水平和长三角地区平均水平,但是低于珠三角地区水平;高校科研经费中企业资金占比高于全国平均水平和珠三角地区水平,但是低于长三角地区平均水平;高校科研经费中其他资金占比低于全国平均水平,也低于珠三角地区水平和长三角地区的平均水平。在这三个区域中,高校科研经费中政府资金投入占比排前三位的省份依次是上海、广东和天津,企业资金投入占比排前三位的省份依次是江苏、浙江和北京,国外资金占比最高的省份是北京,其他资金占比排前三位的省份依次是浙江、河北和江苏。

从高校部分国家级科研平台拥有量来看(见表11),2016年京津冀地区高校拥有国家重点实验室37个、国家工程技术研究中心14个、国家工程实验室18个、国家工程研究中心10个,分别占全国的24.67%、15.38%、36.00%和33.33%。但是,在京津冀地区这些国家级科研平台几乎全部集中在北京,仅少数几个分布在天津和河北。

表 11 2016年高校拥有国家级科研平台的区域比较

单位：个，%

区域	国家重点实验室		国家工程技术研究中心		国家工程实验室		国家工程研究中心	
	数量	占全国比例	数量	占全国比例	数量	占全国比例	数量	占全国比例
全国	150	100.00	91	100.00	50	100.00	30	100.00
京津冀	37	24.67	14	15.38	18	36.00	10	33.33
北京	31	20.67	10	10.99	18	36.00	8	26.67
天津	5	3.33	2	2.20	0	0.00	2	6.67
河北	1	0.67	2	2.20	0	0.00	0	0.00
长三角	42	28.00	23	25.27	8	16.00	7	23.33
上海	18	12.00	6	6.59	3	6.00	4	13.33
江苏	17	11.33	10	10.99	2	4.00	1	3.33
浙江	7	4.67	7	7.69	3	6.00	2	6.67
珠三角（广东）	8	5.33	6	6.59	1	2.00	3	10.00

注：数据根据科技部和国家发改委公布的2016年相关国家级科研平台信息整理，仅统计高校作为第一承担单位的平台数。

资料来源：中华人民共和国教育部、中华人民共和国科学技术部编《中国普通高校创新综合能力监测报告2018》，科学技术文献出版社，2019。

从区域间比较来看，长三角地区高校拥有国家重点实验室42个、国家工程技术研究中心23个、国家工程实验室8个和国家工程研究中心7个，分别占全国的28.00%、25.27%、16.00%和23.33%，并且这些国家级科研平台在长三角地区三个省份分布相对较为均衡。珠三角地区的广东省高校拥有国家重点实验室8个、国家工程技术研究中心6个、国家工程实验室1个和国家工程研究中心3个，均超过天津市和河北省高校的拥有量。

（三）创新人才培养情况

从京津冀地区高校创新人才培养情况看（见表12），京津冀地区平均每十万人口普通高校在校生数为2640.39人，普通高校毕业生中研究生所占比例为15.97%，其中北京和天津的比例高于全国水平，河北低于全国平均水平。同时在培养过程中，京津冀地区理工农医类高校R&D课题平均研究生参与人数为1.49人、R&D成果应用和技术服务项目平均研究生参与人数为1.27人，北京高于全国平均水平，天津和河北低于全国平均水平。

表12　2018年高校创新人才培养指标的区域比较

单位：人，%

区域	普通高校校均在校生数	平均每十万人口普通高校在校生数	普通高校毕业生中研究生所占比例	理工农医类高校R&D课题平均研究生参与人数	理工农医类高校R&D成果应用和科技服务项目平均研究生参与人数
全国	11646.17	2222.60	7.35	1.27	1.22
京津冀	11021.18	2640.39	15.97	1.49	1.27
北京	10633.03	4541.50	37.18	1.68	1.52
天津	10717.55	3847.33	11.01	1.16	0.89
河北	11453.25	1849.25	3.87	0.89	0.64
长三角	11408.32	2385.53	10.87	1.33	1.35
上海	11249.09	2970.06	24.28	1.26	1.08
江苏	12182.50	2526.99	8.77	1.67	1.55
浙江	10305.56	1940.04	6.83	0.99	0.94
珠三角（广东）	13750.27	1842.10	5.21	1.16	0.87

从区域间比较来看，京津冀地区普通高校校均在校生规模低于珠三角和长三角地区，但是平均每十万人口普通高校在校生数、普通高校毕业生中研究生所占比例高于长三角和珠三角地区。在长三角地区，江苏理工农医类高校R&D课题平均研究生参与人数及R&D成果应用和科技服务项目平均研究生参与人数最高，与北京基本相当，明显高于上海、浙江、广东和天津。

（四）科技创新成果情况

从京津冀地区高校科技创新成果产出情况看（见表13），北京、天津、河北三省份之间差异很大。北京高校校均科技论文数、校均有效发明专利数、发明专利申请数量占高校专利申请数量的比例，以及高校获奖情况均高于天津和河北，但是天津和河北每亿元R&D经费内部支出产生的专利申请量高于北京。

表13　2018年高校科技创新成果指标的区域比较

区域	校均科技论文数（篇）	校均有效发明专利数（项）	每亿元R&D经费内部支出产生的专利申请量（项）	发明专利申请数量占高校专利申请数量的比例（%）	校均获得科技成果奖数量（个）	科技成果奖中国家级奖项占比（%）
全国	521.93	134.06	220.04	59.84	2.42	6.51
京津冀	738.35	248.10	110.62	71.38	3.97	12.88
北京	1408.28	573.98	81.11	83.24	8.61	19.70
天津	630.75	181.63	164.29	69.56	7.31	5.13
河北	282.54	32.86	238.30	38.57	1.55	2.35
长三角	814.43	301.91	252.28	66.69	3.65	8.73
上海	1390.89	377.48	100.97	80.45	8.68	9.83
江苏	788.66	296.46	374.74	63.56	3.07	8.97
浙江	512.69	265.55	299.48	65.52	2.75	7.03
珠三角（广东）	681.76	112.10	181.12	57.20	1.24	6.43

从区域间比较来看，京津冀地区高校科技创新成果各项指标的数值除每亿元R&D经费内部支出产生的专利申请量外，基本均高于全国平均水平和珠三角地区水平。而在校均科技论文数、校均有效发明专利数，以及每亿元R&D经费内部支出产生的专利申请量上都低于长三角地区。相比之下，长三角地区三个省份高校科技创新成果数量和质量虽然有差异，但是实力相对均衡，并不像京津冀地区三个省份之间的差距那样悬殊。

（五）创新成果转化与扩散

从京津冀高校创新成果转化与扩散情况看（见表14），北京、天津和河北差异较大。北京在各项指标上数值均高于天津和河北，特别是专利所有权转让及许可平均收入、技术转让平均合同金额，以及校均技术转让合同金额更具显著优势。

从区域间比较来看，京津冀地区高校成果转化及扩散在各项指标上数值均高于全国平均水平和珠三角地区水平。和长三角地区相比，京津冀地区在高校校均专利所有权转让及许可数、校均技术转让合同数上没有优势，但是

表14　2018年高校成果转化与扩散指标的区域比较

单位：项，万元

区域	校均专利所有权转让及许可数	专利所有权转让及许可平均收入	校均技术转让合同数	技术转让平均合同金额	校均技术转让合同金额
全国	2.35	30.28	5.68	54.90	311.70
京津冀	2.62	76.88	7.48	88.01	658.05
北京	5.59	103.10	18.59	119.28	2217.05
天津	1.64	7.82	14.13	30.98	437.53
河北	0.84	7.01	1.86	20.49	38.19
长三角	8.10	19.96	14.70	42.66	627.05
上海	5.19	103.41	12.71	194.44	2470.59
江苏	10.16	9.10	17.01	21.99	374.21
浙江	6.63	7.00	11.72	30.56	358.16
珠三角（广东）	1.72	62.89	3.51	64.59	226.92

在专利所有权转让及许可平均收入及技术转让平均合同金额方面表现更好。在高校校均技术转让合同金额方面，京津冀地区和长三角地区基本相当。

（六）国际交流与合作

从京津冀地区高校国际交流与合作情况看（见表15），北京和天津高校非常活跃，在校均国际合作派遣及接受人次、校均主办国际科技学术会议数、校均国际科技学术会议特邀报告数和校均发表国际刊物论文数上都明显高于河北。

从区域间的比较来看，京津冀地区在国际交流与合作各项指标上的表现均高于全国平均水平，也高于珠三角地区水平。但是相比而言，长三角地区高校国际交流与合作更为活跃，在校均国际合作派遣及接受人次、校均主办国际科技学术会议次数、校均发表国际刊物论文数上均高于京津冀地区，并且长三角地区三个省份之间高校国际合作与交流数量和质量差异并不像京津冀地区三个省份之间那样悬殊。

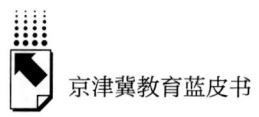

表15 2018年高校国际交流与合作指标的区域比较

区域	校均国际合作派遣及接受人次（人次）	校均主办国际科技学术会议数（次）	校均国际科技学术会议特邀报告数（篇）	校均发表国际刊物论文数（篇）
全国	45.83	1.14	11.57	172.55
京津冀	71.03	1.85	30.19	272.87
北京	200.93	5.65	95.87	558.60
天津	90.75	2.13	30.63	261.32
河北	13.85	0.22	2.65	62.70
长三角	82.29	2.46	23.57	346.21
上海	311.26	9.82	80.41	674.41
江苏	65.89	1.41	19.93	310.62
浙江	24.85	1.46	8.61	206.77
珠三角（广东）	39.96	1.81	8.99	242.05

四 主要结论与建议

从京津冀区域内部比较来看：①三个省份在高校创新综合能力上呈现较大差异，优势主要集中在北京和天津。北京高校创新综合能力位居全国第1，天津高校创新综合能力位居全国第3，而河北高校创新综合能力则位居全国第24，其中北京和天津高校创新综合能力与当地经济发展水平基本协调，河北高校创新综合能力略低于当地经济发展水平。②从高校创新活动投入来看，京津冀地区优势高等教育资源丰富，中央部委所属院校占比高、重点建设高校数量多，高校创新基础条件优越，各类国家级科研平台较为集中。创新人力资源和科研创新经费投入力度较大，特别是在应用研究上的投入力度最大，而在基础研究、试验发展上的投入比例低于全国平均水平。③从高校创新活动产出来看，京津冀地区创新人才培养规模大、高层次人才比例高、研究生参与科研创新实践活动多；论文、专利等科技成果数量多、质量高，科技成果获奖多且国家级奖项占比大；创新成果转化与扩散的数量不多，但是相对而言，单个转化项目的效益较高；国际交流活动较为频繁，相关成果较多并且在国际上具有一定影响力。④在高校创新人力资源、科研经费投入、创新人才培养、科研创新成果、成果转化与扩散、国际交流与合作六个维度上，三个省份各自在不同水平上均呈现了高校创新活动全面平衡发展的状态，其中北京、天津在高校创新综合能力各个维度上呈现全面的领先优势，而河北高校创新综合能力各个维度则是在较低水平上保持均衡发展态势。

从三大城市群之间比较来看：①三个城市群在区域内高校创新综合能力均衡度上存在差异。京津冀地区高校创新综合能力的省际差异较大，全国领先与相对落后并存；而长三角地区高校创新综合能力的整体性和均衡性更好，省际差异较小，整体居于全国前10位；而珠三角地区的广东高校创新综合能力位于全国第10位，相对于京津冀地区的河北来说具有明显优势。②三个城市群在高校创新综合能力上体现出不同的区域优势。京津冀地区高校创新活动的优势主要体现在创新人才培养、科研经费投入和科研创新成果方面；长三角地区高校创新活动优势主要体现在创新人力资源、国际交流与合作、成果转化与扩散方面；而珠三角地区高校创新活动的优势主要体现在创新人力资源和科研经费投入方面。③三个城市群内部高校综合创新能力均呈现省际差异化发展特征。京津冀三地在高校创新综合能力各维度分别呈现不同水平的全面均衡发展状态，尽管北京、天津处于高水平全面平衡状态，而河北则是处于低水平平衡状态，但是这些地区均未在高校创新的某些方面有突出的表现。相比之下，长三角地区的上海、江苏和浙江在高校创新能力上呈现各具优势的特色化发展特征。其中上海在国际交流与合作、成果转化与扩散，以及创新人力资源方面特色鲜明，江苏、浙江则在成果转化与扩散、科研创新成果、创新人力资源方面表现突出。而珠三角地区广东高校创新综合能力则以创新人力资源和科研经费投入为主要优势。

通过以上研究结论可以看出，虽然京津冀地区总体上高校创新综合能力很强，但是在区域内部呈现"两极分化"的特征，北京和天津位居全国前列而河北相对落后，这是目前京津冀高校创新综合能力的"短板"。同时，京津冀地区在高校创新能力上发展状态相似，缺乏省际差异化、特色化发展。有研究指出，虽然京津冀区域有着丰富的创新资源，但以京津为中心的极化效应过强，以至于创新要素的空间溢出不足以弥补地区之间由于极化效应产生的差距，很难通过优势地区带动落后地区创新能力和产出水平的提升[①]。本研究针对京津冀地区高校创新能力提升提出如下建议。

第一，进一步加强跨行政区划的高校创新能力协同发展机制。政府应当加强对京津冀高校创新能力协同发展的顶层设计，打破行政区划之间的制度壁垒，从国家区域发展战略出发，将高校创新能力提升纳入区域整体发展规划之中。通过支持京津冀高校联盟开展联合攻关和协同创新的科研工作，促进区域内高校优质创新资源要素的有效流动与扩散，进而带动高校整体创新综合能力的提升。

第二，加大高校对基础研究及成果转化与扩散的投入力度。相比于长三角和珠三角地区，京津冀地区对基础研究的投入及成果转化与扩散能力明显不足。京津冀地区的高校应当加大对基础研究的人员和经费投入力度，集中力量提升高校原始创新能力，从而更好地服务于科技创新和经济发展。京津冀地区还应当加大对高校创新成果转化与扩散的投入力度，在跨行政区划层面设立区域高校创新成果转化与扩散服务平台，高校内部设立相应的服务部门、配置专业工作人员从事这方面的工作，使高校创新与市场需求更紧密地结合、更高效地转化。

第三，通过政策倾斜和加大投入提高河北高校创新的"造血"能力。京津冀地区三个省份高校创新综合能力差异很大，北京和天津遥遥领先，而河北较为落后。区域内省际水平不均衡是目前制约京津冀地区高校创新综合能力提升、有效发挥高校创新对经济发展促进作用的"短板"。从目前发展状况看，单纯依靠北京、天津优质资源扩散带动河北高校创新综合能力的提

---

① 梅长春、齐晓丽：《京津冀创新产出的空间布局与影响因素研究——基于13个城市的空间统计与计量分析》，《河北大学学报》（哲学社会科学版）2019年第1期。

升未必能达到补齐"短板"的预期效果。因此,应当考虑通过在京津冀一体化发展中加大对河北发展的政策倾斜,特别是配合雄安新区建设,提高河北对高校创新优质资源要素的吸引力,例如给予优秀科研人才更高的待遇、加大高水平人才落户的奖励力度、设立高校创新综合能力提升专项等,从而逐渐增强河北高校的创新综合能力,更好地推动区域经济社会高质量发展。

B.7
京津冀职业教育协同发展五年回顾与推进建议

侯兴蜀*

摘 要： 为全面了解2015~2019年京津冀职业教育协同发展的实践情况，通过汇总和分析京津冀职业教育协同发展简报（第1~20期）及北京市推进京津冀职业教育协同发展报告（2016年、2017年、2018年、2019年）的相关信息发现，京津冀职业教育协同发展小步前进，初有成效，并反映出六个实践特征：教育地理上的广泛性和集中性，协同发展主体关系的多层次性，协同发展内容和形式的多样性，组织性和自发性并存，专业协同育人和教育精准扶贫功能共同发挥，教育行政上的积极性和配套政策的困境并存。面向2035年，推进京津冀职业教育协同发展，从战略层面上看，应当确定目标、增加共识、保持耐心、把握方向、抓住重点、鼓励先进。

关键词： 京津冀　职业教育　协同发展

2015年以来京津冀职业教育协同发展小步前进、初有成效。汇总和分析京津冀职业教育协同发展简报（第1~20期）及北京市推进京津冀职业教育协同发展报告（2016年、2017年、2018年、2019年）的相关信息发

---

* 侯兴蜀，北京教育科学研究院职业教育研究所副研究员，主要研究领域为职业教育战略、政策和规划等。

现，京津冀职业教育协同发展实践具有六个特征：教育地理上的广泛性和集中性，协同发展主体关系的多层次性，协同发展内容和形式的多样性，组织性和自发性并存，专业协同育人和教育精准扶贫功能共同发挥，教育行政上的积极性和配套政策的困境并存。面向2035年，推进京津冀职业教育协同发展，从战略层面上看，应当确定目标、增加共识、保持耐心、把握方向、抓住重点、鼓励先进。

一 京津冀职业教育协同发展五年回顾

从总体上看，京津冀职业教育协同发展实践从最初的活跃探索期已经进入高原期，利益相关方从热度高涨到回归理性。具体来看，有以下六个方面的特征。

（一）教育地理上的广泛性和集中性

1. 广泛性

从地理上看，京津冀职业教育协同发展主体范围广，河北省全部11个地级市和雄安新区都与北京市或天津市开展了交流与合作活动。每年北京市都有30多所职业院校与河北省职业院校开展合作。2019年合作涉及北京市31所市中等、高等职业院校，天津市10所多职业院校，以及河北省全部11个地级市和雄安新区。据笔者不完全统计，2015~2019年参与京津冀职业教育协同发展实践的京津冀职业院校累计共有153所，其中北京市有48所，天津市有19所，河北省有86所。

2. 集中性

地理上的集中性表现在两个层面：第一个层面，就京津冀区域而言，协同发展相对集中于京冀和津冀间的双向合作，而京津间合作较少。形成这种局面的原因可能在于京津两市相对于河北省而言职业教育总体水平和生均资源较优一些[①]，同时京津两市职业教育总体发展水平接近、合作需求较少。

[①] 刘爱玲、薛二勇：《京津冀职业教育协同发展的政策研究》，《北京师范大学学报》（社会科学版）2017年第2期。

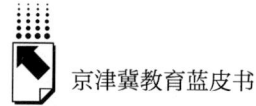

第二个层面，就河北省内部而言，与京津产生合作关系的地市相对集中于张家口、承德、唐山、保定、石家庄、廊坊六个市和雄安新区，而秦皇岛、沧州、邢台、衡水、邯郸五个市则相对较少。这种局面的形成可能有两个原因：一是地理上距离较近、交通成本较低；二是政策窗口期效应。张家口市因为和北京市联合筹办2022年冬奥会，因而京张职业教育合作获得较高重视，被列入政府优先议程，开展了高职"结对子"等多种形式的合作。雄安新区因为在京津冀协同发展中的特殊地位也成为京津冀职业教育合作的热点之一。天津市教育委员会、天津职业大学、天津市第一商业学校、北京市教育委员会、北京市丰台区职业教育中心学校与河北雄安新区管理委员会、河北省雄县职业技术教育中心等开展师资培训、中高职衔接等合作。

（二）协同发展主体关系的多层次性

京津冀职业教育协同发展主体关系主要有以下六种形式：一是京津冀教育行政部门间的合作；二是异地同等层次的职业院校间合作，比如北京卫生职业学院、天津医学高等专科学校、沧州医学高等专科学校；三是异地不同层次的职业院校间合作，比如北京信息职业技术学院与怀来县职业技术教育中心；四是异地职业院校与职业技能培训机构的合作，比如天津职业大学与雄县增民职业技能培训学校；五是京津冀职业教育科研和教研机构间的合作；六是异地职业教育集团间的合作，比如北京现代服务业职业教育集团、全国现代服务业职业教育集团京津冀分部（天津职业大学）与河北省现代服务业职业教育集团。实践表明，京津冀职业教育协同发展的主体是数量众多的职业院校。

（三）协同发展内容和形式的多样性

京津冀职业教育协同发展内容丰富，涉及技能人才培养培训、师资培训、教学资源建设、协同组织建设、智力支持、开展社会培训、科研和教研合作、交流研讨八个方面。这些内容附着在约20种具体形式上，包括京外招生计划重点投向河北、联合办学、学生短期技能培训、学生技能竞赛、访学、学生文化交流、设立奖学金、跟岗研修、挂职锻炼、教师培训、教师支教、教学能力比赛、免费开放课程资源、免费开放共享型实训基地、支援实训设备、协助引入企业资源、组建职业教育集团（联盟）、高职院校"结对子"、异地建设分校、举办研讨会等。

1. 技能人才培养培训

（1）京外招生计划重点投向河北省

在北京市缩减市属院校京外招生规模的要求下，北京市教育委员会支持北京市部分职业院校保持在河北省的招生规模。2017年北京电子科技职业学院河北省招生计划占外省计划的40%（定向培养士官计划除外）。当个别外省计划录取出现空缺时，及时增加到河北省。北京体育职业学院体育运营与管理（冰雪运动服务与推广）统一招生计划除投放北京市16人外，其余30人均安排到河北省。北京经济管理职业学院和北京社会管理职业学院外省招生指标也重点向河北省倾斜。

（2）联合办学

京津两市和河北省分别发挥自身在实习资源和学生数量方面的优势，联合办学。河北能源职业技术学院16级城市轨道交通工程技术专业65名同学到北京交通职业技术学院参加为期半年的专业课学习。河北省邯郸市第二职业中学与天津市第一商业学校开展"2+1"合作办学，即邯郸学生在邯郸第二职业中学学习两年，第三年到天津市第一商业学校学习，参加天津市春季高考。北京金隅科技学校与河北省雄县职业技术教育中心、河北省保定市职业技术教育中心、河北省张家口市职业技术教育中心、河北省涞源县职业技术教育中心、河北省阜平县职业技术教育中心在数控技术应用、建筑工程施工、电子商务、计算机及应用、楼宇智能化设备安装与运行、航空服务等专业开展了"1+2""2+1""1.5+1+0.5""2+0.5+0.5"等形式的联合办学，2018年全年共联合办学9个班次，入校学生人数达218人。河北省尚义县职业技术教育中心与北京市昌平职业学校共同开设冰雪、旅游服务与管理专业。15名河北省尚义县职业技术教育中心学籍学生全程在北京市昌平职业学校就读，除享受河北省中等职业学校学生奖学金、助学金、免学

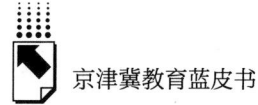

费等政策外,北京市昌平区还按照北京市中等职业教育生均拨款标准给予支持。河北省尚义县职业技术教育中心颁发毕业证书,北京市昌平职业学校负责学生就业安置。

(3)学生短期技能培训

利用专业优势对学生开展3个月以内的技能培训也是常见的形式之一。2017年河北省承德县综合职业技术教育中心86名汽车运用与维修专业学生来到北京市密云区职业学校进行为期6周的实训。2019年天津城市职业学院老年服务专业的36名学生在北京劳动保障职业学院接受为期1个月的培训,培训内容包括老年健康照护(60学时)、老年康复(60学时)和老年心理(40学时)等。

(4)学生技能竞赛

一是学生同台竞赛。自2014年开始,在天津市职业院校技能大赛"护理技能"等赛项中连续举办京津冀院校师生交流切磋赛。参加2018年"冬奥杯"京津冀中等职业学校酒店服务专业技能大赛交流赛的13名京津冀选手中,天津市中华职业中等专业学校、河北省张家口市职业技术教育中心、河北省阜平县职业技术教育中心各有两人。京津冀地区8所中等职业学校派出学生参加北京舞蹈学院附中承办的2019年北京市中等职业学校中国舞表演技术技能比赛暨京津冀邀请赛。二是竞赛辅导。在2018年北京市中等职业学校美发美容技术技能大赛暨京津冀院校交流赛前,北京市实美职业学校派教师前往河北省秦皇岛职业技术学校开展大赛培训,在随后举行的此次大赛中,河北省秦皇岛职业技术学校三位学生均获得了三等奖。北京市密云区职业学校为河北省承德县综合职业技术教育中心培训14名学生,以便其参加河北省职业院校技能大赛。

(5)访学

访学既能开阔学生眼界,又不会产生太高成本。2018年10月30日至11月3日,河北省望都县职业技术教育中心学生来到北京市平谷区职业学校交流访学。汽修、机械、烹饪实训基地的专业体验,参观北京华东乐器有限公司、北京通用航空产业基地、顺义焦庄户地道战遗址和天安门广场等活动拓宽了学生视野。访学这种形式得到了政府的关注和支持。2019年"张家口市沽源县中职学生北京访学活动"成为北京市教育扶贫协作与支援合作项目。

（6）学生文化交流

在北京金隅科技学校2019年元旦联欢晚会上，河北省雄县职业技术教育中心表演了古典舞和吉他弹唱，河北省涞源县职业技术教育中心带来了小合唱。2019年北京市求实职业学校清姿合唱团在河北省唐县职业技术教育中心演出，并与其合唱队交流，由清姿合唱团、男子篮球社团等组成的团队还在唐县职业技术教育中心进行了为期三天的学生训练营活动。

（7）设立奖学金

为了鼓励学生刻苦学习，帮助经济困难学生完成学业，每年北京科技职业学院在河北省河间市职业教育中心、邯郸市永年区职业技术教育中心选择6名学生进行资助和奖励，标准为1000元/生。

2. 师资培训

（1）跟岗研修

2019年5~6月，河北省深州市职业技术教育中心、河北省曲阳县职业技术教育中心、河北省保定市第二职业中学和河北省涞源县职业技术教育中心各1名校级干部在北京市丰台区职业教育中心学校完成了2019年第一批"京津冀一体化"职业教育协同发展中职校长跟岗研修活动。他们通过实地考察、经验介绍、座谈交流、专业研讨、参与工作、听评课等多种方式，亲身感受和学习了北京市丰台区职业教育中心学校的办学治校实践和人才培养过程。河北省阳原县职业技术教育中心3名教师也在北京市电气工程学校跟岗学习。

（2）挂职锻炼

依照北京市西城区教育委员会职业教育与成人教育科安排，北京市外事学校接待河北省阜平县职业技术教育中心干部1人为期1个月和教师1人为期18个月的挂职锻炼，通过具体的工作事务帮助挂职干部教师提升管理、教学能力。北京水利水电学校以北京市水务局接收津冀地区干部挂职锻炼为契机,邀请河北水利电力学院分院院长到校挂职副校长,参加校务会议和座谈交流。河北省阳原县职业技术教育中心副校长和团委书记在北京市电气工程学校挂职锻炼。北京市财会学校派出副校长到河北省张北县职业技术教育中心挂职。

(3) 教师培训

作为河北省石家庄市职业教育师资培养培训基地,2016年3月至2017年3月,天津职业大学对石家庄市教育局所属的中职中专校长、骨干教师近200人进行培训,涉及津冀职业教育合作、职业教育理念、课程改革、校企合作、创新创业教育等内容。天津职业大学还与河北省唐山市教育局开展职业教育师资合作培养,培训中等职业学校校长和骨干教师。北京信息职业技术学院举办河北省职业院校信息化发展校长培训班,来自河北省25所高职院校的校长、副校长、教务主任和信息中心主任参加。北京财贸职业学院举办了河北省乡村幼儿园园长办园能力提升培训。北京市丰台区职业教育中心学校对河北省涞源县职业技术教育中心30名班主任进行为期五天的培训。北京市电气工程学校在河北省阳原县职业技术教育中心建立了特级教师工作室,在河北省唐县职业技术教育中心建立了北京市职教名师工作室。

(4) 教师支教

北京市外事学校派出教师赴河北省阜平县职业技术教育中心和河北省张北县职业技术教育中心分别支教1个月,除开展日常教学、管理外,支教人员还协助对方开展课堂教学指导,开展教科研活动,打造精品课,完成全校示范课、示范引领教学法改革,举办讲座。按照北京市海淀区教育委员会援冀教师(干部)选派工作安排,北京市信息管理学校选出5位优秀教师赴河北省张家口市赤城县职业技术教育中心,开展了为期7周的教育援助工作。5位教师在教学一线承担美术、思政、语文、英语和计算机常规教学工作,并在课余时间分享业务经验。北京市平谷区职业学校派出两位专业骨干教师到河北省望都县职业技术教育中心支教,承担专业课教学工作。

(5) 教学能力比赛

2019年北京金隅科技学校组织了与河北省职业院校的教师教学能力比

赛与交流活动。河北省雄县职业技术教育中心、河北省邯郸市职业技术教育中心、河北省邯郸建筑工程中专学校、河北省涿州职业技术教育中心和北京金隅科技学校共100名教师参赛。河北省雄县职业技术教育中心还有5位教师观摩了比赛。

此外，北京社会管理职业学院将1名业务骨干借调至河北雄安新区管理委员会公共服务局工作，支持河北雄安新区民政事业发展。

3. 教学资源建设

（1）免费开放课程资源

北京劳动保障职业学院会同天津职业大学、河北女子职业技术学院将开发的教育部人力资源管理专业教学资源库建设项目课程资源全部权限免费开放给京津冀职业院校。北京市信息管理学校将开发和积累的大量数字教学资源捐赠出来，与河北省40所中等职业学校共享，还将数字校园网中的重要功能模块提供给河北省邯郸信息工程学校使用，共享了校园门户网站建设经验，提升了对方数字化校园建设水平。北京市房山区第二职业高中将汽车运用与维修专业的教学计划和课程引入河北省肃宁县职业技术教育中心。

（2）免费开放共享型实训基地

在北京市教育委员会安排下，北京市职业院校物流专业共享型实训基地面向京津冀地区开设同类专业的职业院校免费开放。2016年河北省保定市职业技术教育中心34名物流专业学生进入共享型实训基地，在两周时间里进行物流中心作业和运输作业两个项目的实训。

（3）支援实训设备

北京科技职业学院先后支援河北省河间市职业技术教育中心、河北省邯郸市永年区职业技术教育中心建设了高铁模拟仓实训室、电子商务实训室和模拟银行实训室，改善了相关专业的实习实训条件。北京市密云区职业学校向河北省承德县综合职业技术教育中心援助价值31.56万元的汽修专业实训基地设备。

（4）协助引入企业资源

北京市昌平职业学校帮助河北省唐山市第一职业中专规划设计京唐IT

产教中心，利用自身资源优势搭桥引进北京京东世纪贸易有限公司、中盈创信（北京）科技有限公司、北京康邦科技有限公司等知名企业带技术项目和技术人员进驻，建成唐山地区第一家IT产业产教融合的实训基地，实现企业生产与人才培养同步进行。作为北京市丰台区职业教育中心学校的合作企业，某公司向北京市丰台区职业教育中心学校容城分校及河北省容城县职业技术教育中心捐赠了"腾讯智慧校园"平台。

4. 协同组织建设

（1）组建职业教育集团（联盟）

组建了19个职业教育集团（联盟）。2015年以来，京津冀卫生职业教育协同发展联盟、京津冀协同发展口腔职业教育合作共同体、京津冀艺术职业教育协同发展联盟、京津冀养老专业人才培养产教协作会、京保石邯职业教育联盟、"雄安丰容"电子商务联盟、京津冀模具现代职业教育集团、京津冀现代制造业职教集团、京津冀信息安全职业教育产教融合联盟、北京·燕太片区职教扶贫协作区暨职教扶贫集团、京津冀眼视光专业职业教育联盟、京津冀文秘·速录职业教育联盟、京津冀鲁汽车职业教育联盟、京津冀航空服务业产教联盟、京津冀现代商务产教联盟、京津冀智慧物流校企合作联盟、"密宝唐"职教联盟、京津冀现代农业职教联盟成立。京津冀沪交通职业教育集团联盟成立后又逐步扩大为京津冀沪宁晋川交通职业教育集团联盟。

部分职业教育集团吸收异地学校。包括河北省涿州市职业技术教育中心、河北省石家庄市第三职业中专学校在内的河北省6所交通类职业学校加入北京交通职业教育集团。北京电子信息职业教育集团吸纳天津电子信息职业技术学院、邢台职业技术学院、石家庄财经职业学院、保定职业技术学院、天津市电子信息技师学院等近20所京津冀三地职业院校加入。北京市外事服务职业教育集团吸纳天津市中华职业中等专业学校、河北省石家庄市旅游学校、河北省张家口市职业技术教育中心、河北省张家口市崇礼区职业技术教育中心、河北省赤峰建筑工程学校和河北省阜平县职业技术教育中心为成员单位。在"丝路工匠"职业院校国际合作联盟牵头校北京市丰台区职业教育中心学校的推荐下，13所京津冀职业院校成为首批联盟会员单位。

京津冀职业教育集团（联盟）在交流合作、资源共享和优势互补方面发挥了积极的作用。京保石邯职业教育联盟自2017年6月成立至2018年底开展中层及以上领导管理干部互访、教师教学观摩、研讨交流、校际教研活动等14次，参与教师达200余人，联合办学15个班次，入校学生463人。

（2）高职院校"结对子"

2018年，教育部职业教育与成人教育司下发了《关于确定北京市、天津市与河北省部分高职院校"结对子"任务的通知》，协商确定了27所河北省高等职业学校分别与7所北京市和10所天津市高等职业学校开展结对帮扶交流。据此，北京市教育委员会发出了《关于组织北京市与河北省部分高职学院"结对子"的通知》，7所北京市与8所河北省高等职业学校结成对子，积极开展合作。

北京工业职业技术学院与张家口职业技术学院合作开展高职生"2+1"联合培养。张家口职业技术学院建筑工程技术、电气自动化技术、机电一体化技术和汽车检测与维修技术四个专业的30名学生在北京工业职业技术学院学习一年。两校共建智能制造人才培养基地，2019年完成配套设施，进入使用阶段。两校合办了机电一体化技术专业（冬奥场馆设备维护维修方向）和工程测量专业，实施"1+1+1"培养模式，即合作班级的学生第1年和第3年在张家口职业技术学院学习，第2年在北京工业职业技术学院学习，2019年底机电一体化技术专业（冬奥场馆设备维护维修方向）17级合作班的学生已在北京工业职业技术学院学习一年。两校团委联合组织开展了以"体验历史文化、寻访英雄足迹、助力奥运服务、体验企业文化"为主题的暑期实践活动。北京政法职业学院与河北政法职业学院开展教师互访、举办法学专业能力提升专题培训班、合作开发法学教材、合作开展教改研究。

（3）异地成立10余所分校

2016年以来，成立了天津市第一轻工业学校邯郸分校、天津市第一商业学校邯郸实验学校、天津市第一商业学校雄县分校、天津交通职业学院青龙分校、天津市园林学校雄安分校、天津职业大学威县分校、北京市丰台区职业教育中心学校容城分校、北京市丰台区职业教育中心学校石家庄分校、北京市丰台区职业教育中心学校沽源分校、北京市昌平职业学校唐山分校、北京市商业学校青龙分校、北京市工艺美术高级技工学校曹妃甸分校、北京市电气工程学校曹妃甸分校、北京市外事学校阜平分校。北京市丰台区职业教育中心学校成为河北省沽源县职业技术教育中心北京总校。北京市求实职业学校与河北省唐山市迁安市职业技术教育中心互建基地校。河北省涿鹿县职业技术教育中心和北京市延庆区第一职业学校互为分校。

2018年9月,作为承德应用技术职业学院成立后招收的首批学生,237名学生在第一年前往对口支援单位即天津中德应用技术大学学习,后两年再回到承德应用技术职业学院。天津市援建的承德应用技术职业学院填补了河北省承德市当地高等职业教育的空白。2019年,北京财贸职业学院廊坊校区在廊坊燕京职业技术学院挂牌成立。双方签署协同发展合作协议。北京财贸职业学院在人才培养体系建立、专业建设、课程开发、教师团队培养等方面给予支持,双方每年安排2~4名专业带头人、骨干教师或管理干部到对方学校挂职锻炼,安排10~20名学生跨校访学。

5. 智力支持

北京社会管理职业学院受河北雄安新区管理委员会公共服务局委托,开展河北雄安新区社会救助政策体系建设研究。根据对方关于加强社会救助和养老服务领域政策创制的需求,北京社会管理职业学院组织专家组多次深入河北雄安新区基层展开实地调研,起草了雄安新区民政人才能力提升、社会救助综合改革和养老服务等10余项政策、规划、方案等文件,研究拟定了《河北雄安新区社会救助综合改革试验区总体建设方案》《河北雄安新区最低生活保障实施细则(2019年版)》《河北雄安新区养老服务中长期发展规划》,推动了河北雄安新区民政工作、社会救助和养老服务工作的制度化、规范化。北京经济管理职业学院完成天津市西青区精武镇产业规划,认真组织调研,挖掘文化特色和区域优势,形成了6万字的规划报告。北京市丰台区职业教育中心学校参与河北雄安新区人才需求暨容城县职业教育改革发展创新研究课题,完成产教融合背景下京雄职业教育协同发展整体规划研究。

6. 开展社会培训

（1）城乡干部培训

2018年，北京新城职业学校承办了河北省廊坊市大厂回族自治县新一届农村（社区）党支部书记示范培训班，105名支部书记接受了为期三天的培训。2019年，北京社会管理职业学院与河北雄安新区管理委员会公共服务局签署了《关于推动雄安新区社会管理与社会服务人才队伍建设合作备忘录》，对未来三年的培训工作的合作做出具体规划。北京社会管理职业学院按照上述备忘录要求，用自有资金于当年11月举办第一期雄安新区民政干部能力提升专项培训班，培训学员66人。2019年，北京社会管理职业学院还与河北省廊坊市民政局联合举办了两期廊坊市安置干部工作能力提升培训班，参训人员覆盖廊坊市民政局安置科、退役军人管理服务中心全体干部，各县（市、区）民政局主管副局长、安置科全体干部，部分乡镇、街道民政干部，共计88人。

（2）企业在职职工培训

2018年，首钢工学院为天津荣程联合钢铁集团有限公司培训组长280人，共8400多学时，培训科级、工段长170人，共5280学时；通过远程教育平台为首钢股份公司迁安钢铁公司开展了初、中、高级工培训33185学时，为秦皇岛首秦金属材料有限公司开展炼铁、炼钢、轧钢技师、高级技师培训12600学时。2019年，北京市黄庄职业高中三位教师利用双休日应河北省顺平县职业技术教育中心邀请赴顺平为顺平县幼儿园教师进行手工技能培训。北京卫生职业学院开展河北省威县贫困乡镇卫生院护理与医疗技术人员培训项目。北京经济管理职业学院受京津冀三地国有资产监督管理委员会的委托，承办了京津冀协同发展专题培训班，培训了京津冀三地市（省）属国有一级企业分管投融资管理工作的负责同志及相关工作人员，还利用学院固安校区的地理位置优势和师资优势，为河北省固安工业园区和北京新机场临空经济区开展电子商务技能和外贸从业人员资格证培训40多人次。

（3）新型职业农民培训

河北省承德市丰宁满族自治县职业技术教育中心遴选出100名新型职业

农民学员，组成提升班赴怀柔参加由北京市怀柔区职业学校组织的养殖、民俗旅游接待等方面的技能培训。

7. 科研和教研合作

（1）联合成立研究性组织

北京教育科学研究院职业教育与成人教育研究所、天津市教育科学研究院职业教育与成人教育研究所、河北省职业技术教育研究所联合成立了京津冀职业教育协同发展研究中心，协同开展职业教育科学研究。2016~2019年累计编制20期京津冀职业教育协同发展简报，并印送教育部和京津冀省级教育行政部门、职业院校等。2018年，京津冀职业教育教学协同发展联盟和京津冀会计职业教育协同发展中心成立。天津职业大学与北京曹妃甸职教城投资有限公司、曹妃甸职业技术学院建设联合职业技术研究院。

（2）联合开发教学资源

北京电子科技职业学院艺术设计学院依托国家级民族文化传承与创新专业教学资源库项目，与北京市珐琅厂有限责任公司、廊坊京锐釉料有限责任公司、唐山工业职业技术学院等合作，升级改进北京景泰蓝、北京花丝镶嵌、天津泥人张等传统金属与泥塑教学资源，开发北京哈氏风筝、唐山皮影等民间美术项目教学资源，研发新产品，实现专业人才培养与非物质文化遗产传承对接，促进职业教育与文化创意产业双向互动，提升民族文化创新应用人才培养质量。

8. 交流研讨

（1）京津冀协同发展工作研讨

2014年以来，教育部、京津冀三地教育行政部门、职业教育科研和教研机构、职业院校、行业协会、企业等，共同举办了数十场研讨会、对话会、论坛、推进会、合作协商会、座谈会、产教对接会等，交流情况，表达需求，研讨方案。

（2）教育教学经验和成果交流

2017年，北京劳动保障职业学院安排4名城市轨道交通机电技术专业教师赴河北轨道运输职业技术学院听课、学习、交流；北京现代服务业职教集团、北京市职业技术教育学会会计专业委员会、北京市商业学校联合京津冀中等职业学校、行业企业、社会团体举办了"京津冀中职学校会计文化节",设置了诚信宣誓、技能比赛、教师论坛、诚信演讲、文艺演出、文化传承、倡议书等多项内容。2018年,河北省雄县职业技术教育中心选派7名美术专任教师到北京市实美职业学校听课观摩,两校师生还一起到石板岩写生教研。京津冀职业院校思政课程教育成果交流展示活动、京津冀高职高专数学教学研讨会和特色高水平会计专业建设研讨会分别在天津市红星职业中专学校、北京电子科技职业学院和北京财贸职业学院举行。2019年,由天津城市建设管理职业技术学院、天津市高职院校思政课协同创新中心、北京高校思想政治理论课高精尖创新中心和北京青年政治学院分中心承办的高校思想政治理论课"青椒论坛"在天津举办;北京青年政治学院服务保障国庆活动宣讲团赴天津宣讲,天津现代职业技术学院、天津中德应用技术大学等四所职业院校的500名师生参加了宣讲会。

(四)组织性和自发性并存

出于不同的动机,京津冀职业院校在协同发展方面存在一定的自组织行动。与此同时,教育行政部门也在安排和组织相关合作,推动实践,这种组织性主要表现在四个方面。

一是教育行政部门统筹安排职业教育合作。教育部职业教育与成人教育司召开京津冀对口帮扶河北省青龙县和威县职业教育与继续教育对接会,出台《京津冀对口帮扶河北省青龙县和威县职业教育与继续教育实施方案(2018-2020年)》,依此北京市商业学校青龙分校和天津职业大学威县分校成立;出台《关于确定北京市、天津市与河北省部分高职院校"结对子"任务的通知》,结对子27组,协作专业约50个。北京市教育委员会联合天津市教育委员会、河北省教育厅两次联合举办京津冀职业院校校长"领导力内涵建设"高级研修班。北京市教育委员会与河北省教育厅、天津市教育委员会与河北省教育厅、天津市教育委员会与石家庄市教育局、北京市朝阳区教育委员会与唐山市教育局和承德市教育局分别签署职业教育合作协议。邯郸市教育局领导及部分中等职业学校校长赴天津市洽谈联合办学，邯郸市九所中等职业学校分别与天津市第一轻工业学校和天津市仪表无线电工业学校签约。

二是市校对接。2014～2016年，天津职业大学相继与唐山市教育局和石家庄市教育局签署合作协议，培训了两地教育局所属的中等职业学校校长和骨干教师近350人。北京财贸职业学院与保定市教育局开展"一校一地"整体合作，共同推进农村电商、农村会计、物流技术领域的国家精准扶贫项目，并在其涿州校区成立京冀创新教育学院，开展健康服务、文化创意、学前教育、互联网创新专业合作。

三是教育行政部门以授意或协调等形式推动职业院校或研究机构组织交流研讨活动。2014～2016年天津市教育委员会先后举办了以"京津冀协同发展和现代职业教育"为主题的装备制造业、现代服务业等8场产教对接会。2015年，在北京市教育委员会的授意和协调下，京津冀三地职业教育研究所联合北京交通、电子信息、商贸职业教育集团，连续组织召开了京津冀交通、电子信息、财经职业教育协同发展研讨会，85所京津冀职业院校共249人与会。

四是在府际产业合作关系牵引下，职业院校开展校际合作。2016年，北京市昌平区与河北省巨鹿县签订对口合作战略协议，并在巨鹿县建立昌平产业园巨鹿分园用来接收昌平转移产业。北京市昌平职业学校遂与巨鹿县形成对口帮扶项目，2017年承接并实施了为期十天的巨鹿县旅游局领导力内涵提升培训班，不仅使当地旅游局29名管理干部了解到全域旅游的先进概念、行业管理方法和服务标准，而且结合巨鹿县城乡实际情况改变了他们对当地旅游业的认识和看法，间接地促进了当地红杏旅游节的成功举办。

（五）专业协同育人和教育精准扶贫功能共同发挥

1. 专业协同育人

以专业为纽带，京津冀协同培育技能人才。以北京市与河北省之间的实践为例，每年双方合作涉及的专业都超过20个，2019年超过30个专业

（方向），包括计算机应用技术、法律文秘、建筑工程技术、客户信息服务、电气自动化技术、电气自动化设备安装与维修（智能制造）、焊接加工、机电一体化技术、工程测量、休闲体育服务（冰雪运动）、计算机平面设计、生物制药、汽车检测与维修、汽车运用与维修、新能源汽车维修技术、平面媒体印制技术、数字媒体技术、城市轨道交通工程技术、电子商务、计算机网络技术、学前教育、影像与影视技术、数控技术应用、建筑工程施工、软件测试与服务、楼宇智能化设备安装与运行、航空服务、旅游服务与管理、西餐、中餐烹饪与营养膳食、美容美发、物流服务与管理、园林技术、老年服务与管理、制冷、护理、机械、音乐、美术。此外，思政、语文、英语等交流合作也有涉及。其中，2016～2019年都涉及的专业有11个，即楼宇智能化设备安装与运行、汽车运用与维修、数控技术、轨道交通、电子商务、学前教育、烹饪、航空服务、老年服务与管理、旅游服务与管理、客户信息服务。

共建专业是协同育人的主要方式和载体。北京市劲松职业高中新设立休闲体育专业，与河北省张家口市职业技术教育中心共建，在学生培养等领域展开合作。北京信息职业技术学院协助河北省张家口市怀来县职业技术教育中心共同制订了计算机网络技术、机电一体化技术、会计专业"3+2"中高职衔接人才培养方案。北京市外事学校安排专业技术人员赴河北省张家口市崇礼区职业技术教育中心，为其建设导游实训教室提供技术支持。

2. 教育精准扶贫

通过建立精准扶贫对口帮扶关系，京津两地职业教育帮助河北省贫困学生和贫困人员掌握专业技能，就业脱贫，为2020年2月底河北省实现现有贫困县全部脱贫摘帽做出了贡献。

河北省保定市教育局联合北京市教育委员会启动京保教育精准扶贫攻坚行动，建立职业教育帮扶体系，重点以建档立卡学生为精准帮扶对象，与北京中高职联合开展"2.5+0.5""3+2"人才培养和保定深度贫困县农村电商技能培训。北京财贸职业学院与保定市教育局根据《京保教育精准扶贫攻坚行动计划》和《京冀中东部教育对口支援合作协议》开展相关活动。

首钢技师学院到对口帮扶地区河北省张家口市和保定市定向招收贫困家庭学生，并实施"六免一助"政策，免除学生经济压力。学院领导、辅导员、班主任还与招收的10名建档立卡户学生结成帮扶对子，通过主题活动等多种形式激励学生树立信心，克服困难，担当责任。张家口教育局领导表示："以前扶贫都是送点东西、推广技术、解决点资金，没有从根本上解决扶贫问题，首钢技师学院的教育扶贫从根本上解决了问题，做到了职教一人、就业一人、脱贫一户。"通过参加在北京市密云区职业学校举行的京冀合作校学生实习就业专场招聘会，来自河北省承德县综合职业技术教育中心的74名汽修专业被北京首汽（集团）股份有限公司等企业录用，实现100%就业，其中有17名来自建档立卡的贫困户，学生上岗就意味着"一人就业、全家脱贫"。河北省邢台市巨鹿县46位农民在北京市昌平职业学校接受6个月的厨师技能培训合格后，进入合作企业就业，还有学员自主创业成为手下拥有几十名员工的老板。北京市丰台区职业教育中心学校以河北省威县、涞源县为主，开展建档立卡学生技能培训等攻坚扶贫项目。北京市怀柔区职业学校（农广校）与河北省丰宁满族自治县、滦平县开展新型职业农民素质提升培训班，受训人数达300人次，提升了新型职业农民人才农产品经营销售技巧，助力区域农产品经济增效。北京市房山区第二职业高中承办了北京市房山区人力资源和社会保障局委托的扶贫攻坚任务，服务河北省保定市曲阳县贫困人员进行汽车修理方面的培训和就业安置工作。

（六）教育行政上的积极性和配套政策的困境并存

虽然国家和京津冀三地教育行政部门积极地推动职业教育协同发展，但从实践来看，北京市和河北省职业教育共享资源、优势互补还面临着一些财政性教育经费、学生常住、国有资产管理方面的制度障碍，难以出台统一和有力的政策。比如，虽然北京市某区可以按照北京市职业教育生均拨款标准支持联合办学合作方河北省职业院校，但北京市全市层面未出台类似政策，其他一些学校无法获得专项经费支持，已经开展的相关工作难以为继。再比如，北京市某区京津冀职业教育合作专项经费只能用于交通、食宿，不能用于教师劳务、聘请专家、购买合作专业原材料，学生学习和实训不能超过3个月，学校闲置的仪器设备不能转用到河北省，教学资源实现共享有限，合作深度和效果受到较大限制。由于遇到诸如以上的政策困境，京津冀职业院校合作的热情和力度受到了一定的抑制，京津冀职业教育协同发展进入了"高原期"。

二 面向2035的京津冀职业教育协同发展战略思考

（一）确定目标，增加共识，保持耐心

确定清晰的协同发展目标是首要任务。京津冀职业教育协同发展的目标应当包含三层内容：第一层，京津冀职业教育有效满足京津冀区域内产业和城乡社会发展对技能人才的需求，形成与京津冀现代经济体系相适应的现代职业教育体系；第二层，京津冀职业教育有效满足京津冀区域内居民的学习需求，每个职业院校校区（教学点）都转变成智能化、社区化的职业学习体验中心；第三层，在10～30年内形成一种较为均衡——发展综合指数接近和错位发展的区域职业教育发展格局[①]。这种目标的设立是服务京津冀协同发展的需要，也是实现京津冀教育现代化2035的需要。

增加合作共识、保持耐心和定力是实现京津冀职业教育协同发展目标的基础。这种共识应当包含但不限于以下内容：京津冀职业教育必须合作，否则单打独斗适应不了京津冀产业协同发展、城市群建设和乡村振兴的需要；京津冀职业教育协同发展应当保持耐心和定力，进程虽然没有清晰的时间表，但较长一段时期内不太可能停止；京津冀职业教育协同发展空间有限性和广阔性并存，这意味着虽然初期实践受到政策、体制、需求的制约而表现得不如企业和职业教育从业者的期望，容易碰到"天花板"，但从长期来看实践还具有很大的探索空间。如果无法破除人力、经费、行政管理在区域之

---

① 侯兴蜀：《京津冀职业教育协同发展政策研究》，《中国职业技术教育》2016年第36期。

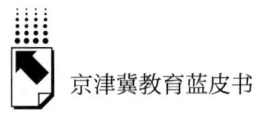

间的"墙",这种空间只能停留在理论层面;推进京津冀职业教育协同发展,法律调整和行政干预是必要的,资金使用、项目安排、政策激励、环境营造在较长一段时期内都是需要的,与此同时,学校和集团(联盟)发挥自身的积极性、主动性和带动性也是重要的。

(二)把握方向,抓住重点,鼓励先进

从长期来看,京津冀职业教育协同发展要实现三个方向上的转变:一是从"院校先行、政府跟进"到"政府、院校并行";二是从"以京冀、津冀合作为主"到"京津冀互有合作、优势互补";三是从"够不着、跟不上"产业转移和升级到"够得着、跟得上、想在前"。

近期内建议重点落实《京津冀协同发展规划纲要》提出的"推动京津冀职业教育统筹发展,优化学校、专业布局,推进对口合作、集团化办学等,加快建设与产业发展相适应的现代职业教育体系"和《首都教育现代化2035》提出的"推动建设京津冀职业教育对接产业服务平台……开展技术技能人才联合培养,重点加强养老、护理、城市服务等方面的人才培养力度。搭建职业教育统筹协作平台……发挥职教集团(联盟)作用"任务。

通过资金、项目、评价等政策鼓励和支持北京金隅科技学校、北京市丰台区职业教育中心学校、北京财贸职业学院、天津第一商业学校、天津职业大学、京津冀沪宁晋川交通职业教育集团联盟、河北省保定市职业技术教育中心、河北省雄县职业技术教育中心等一批勇于探索的学校和集团(联盟),在京津冀职业教育协同发展方面先行先试,未来将发挥更大的带动作用,为京津冀协同发展积累经验、贡献价值。

参考文献

熊争艳、曹国厂:《从十大亮点看2019年京津冀协同发展》,新华网,http://www.xinhuanet.com/2019-07/19/c_1124776351.htm,2019年7月19日。

京津冀职业教育协同发展研究中心：京津冀职业教育协同发展简报，第1~20期。

北京市教育委员会职业教育与成人教育处：北京市中职学校已开展京津冀职业教育合作情况汇总，2016。

侯兴蜀：《2016年北京市推进京津冀职业教育协同发展报告》，2017。

侯兴蜀：《2017年北京市推进京津冀职业教育协同发展报告》，2018。

侯兴蜀：《2018年北京市推进京津冀职业教育协同发展报告》，2019。

侯兴蜀：《2019年北京市推进京津冀职业教育协同发展报告》，2019。

闫志利、李欣旖、侯小雨：《京津冀职业教育一体化研究》，中国社会科学出版社，2018。

地区篇
Regional Reports

B.8
面向2035的首都教育现代化空间境遇与时代超越

高兵 苑大勇 李旭*

摘 要： 人类空间的拓展对教育的社会功能提出新要求，即在改善人口质量，提高民族素质的基础功能之上承担促进文化传播、经济发展的功能。社会主义现代化的空间历史发展使个体在社会化和个性化成长中得到更好的发展。首都的教育在紧扣新时代我国社会主要矛盾转化、落实中国特色社会主义战略布局的内在要求上更为敏感，教育现代化模式更强调融合性、教育现代化价值更强调人本性、教育现代化内容更强调

---

* 高兵，北京教育科学研究院教育发展研究中心副主任，副研究员，主要研究领域为教育政策和区域教育规划；苑大勇，北京外国语大学副院长，副教授，主要研究领域为国际与比较教育、职业教育与终身教育；李旭，博士，供职于北京教育科学研究院，主要研究领域为教育政策和比较教育。

优质性、教育现代化对象更强调全纳性、教育现代化布局更强调开放性。面向2035，首都教育地理空间将实现从"孤岛"向"连片"转型，教育平台空间将实现从"现实"向"现实+虚拟"转型，教育资源空间将实现从"单一"向"多元"转型，教育内容空间强调"生态文明"与"终身学习"双效并重。

关键词： 首都　教育现代化　教育空间　现代化2035

党的十九大报告指出，到2035年基本实现社会主义现代化。对于"现代化"，理论上有四种界定：一是经济和技术落后国家追赶世界先进水平的历史过程；二是经济落后国家实现工业化的进程；三是自工业革命以来人类社会的深刻变迁；四是人类心理状态和生活方式的变化过程。可见，"现代化"既可用来表示一个成为现代的过程，又可表示现代先进水平的特征，并几乎可以用在人类生活的各个领域[①]。随着社会主义现代化进程的深入推进，我国首都的现代化水平基本达到或超越了世界先进国家的平均水平，与此同时，首都空间发展矛盾越来越突出，空间发展战略逐渐发挥先导作用。教育现代化是与工业化、城市化、世俗化等一系列的社会现代化进程密切相关的教育变迁，首都的教育现代化应更注重通过资源配置实现与经济、社会、人口、科技的协调从而实现区域高效、公平、可持续发展。

一　教育现代化进程中的空间理论与社会功能实现

城市治理实质就是一种空间资源的生产与分配，政府正是通过对各种形

[①] 中国现代化战略研究课题组、中国科学院中国现代化研究中心：《中国现代化报告2003——现代化理论、进程与展望》，北京大学出版社，2003。

式空间的"生产"与"再生产"来重构国家与社会的关系①。马克思、恩格斯在阐述唯物史观的过程中,分析了空间自然性和社会性的辩证关系,揭示了不同空间观念及其对教育的影响。新时代全球化、城镇化、网络化正在加速构建人类命运共同体,教育的发展理念也随之做出调整。

(一)空间的多元拓展对教育的社会功能提出新要求

马克思主义认为城市空间不仅仅是一个地理范畴的概念,也是一个社会生产关系的载体。人类在从事生产实践活动的过程中创造了历史,并拓展了生存空间,空间是人类从事生产实践活动的基本维度。随着生产力的发展和资本的扩张,人类交往活动范围不断扩大,人类实践空间被无限放大,人类的主动性更为突出。这一系列变化带来了全新的世界格局,世界从单一中心变为多中心,从城市和乡村的二元格局变为城乡一体化发展。教育的社会功能从重视基础教育、培养产业发展需要的人才,扩展为从出生到死亡的终身学习;从关注教育打基础、补短板的要素现代化,扩展为教育整体协调推进的体系现代化;从教育系统内部的单向开放,扩展为教育与社会其他系统之间的双向开放;从教育的单一标准化供给,扩展为优质多元化供给。

人类实践空间的不断拓展带动了教育社会功能的变革。人类在采摘与渔猎时期,是以言传身教发展生存技能的教育 1.0 时代;在农牧和养殖文明时期,是通过师傅带徒弟教授为人做事的教育 2.0 时代;当人类进入机器工业文明时代,教育就进入了 3.0 时代,教育组织除公办、民办学校外,还有各种教育辅导机构,教学方式除了面对面教学外也出现了广播、视频等多种方式,教育除了教人生存技能、掌握知识外还承担了文化的继承与传播作用②。在信息技术迅速发展的今天,人类的实践空间从自然空间拓展到数字空间、虚拟空间,教育的组织形式更加丰富灵活,人类可以通过互联网实现时时、处处的学习,教育也更加关注个体身心健康与全面发展。特别是后疫

---

① 王海荣:《空间理论视阈下当代中国城市治理研究》,吉林大学博士学位论文,2019。
② 刘灌源:《教育4.0时代,教育技术的新变革》,《中国信息技术教育》2015 年第 16 期。

情时代,"线上+线下""课内+课外"教育空间的无缝切换将成为常态。

人类发展空间的不断变化对教育的社会功能提出了不同需求,逐渐丰富了教育现代化的理念与内涵。党的十九大报告提出,到21世纪中叶,把我国建成富强民主文明和谐美丽的社会主义现代化强国。为了展现大国责任担当,教育要在改善人口质量,提高民族素质的基础功能之上承担促进文化传播、经济发展的功能,以构建人类命运共同体的价值观,传播中国精神,提供中国方案。

(二)空间的时序发展使现代化的教育理念和内涵持续深化

随着人的交往空间和自由空间的扩大,人的精神和心理就会逐渐优化,随之而来的就是人由片面发展逐渐向全面发展演进,最终实现社会生产能力和个人全面发展的完美结合。马克思主义认为社会主义发展的必然过程是现代化,空间发展的现代性基于两方面,一是人类在对科学本质不断追求的过程中逐步形成思想观念的现代性,表现为对人性自由的追求;二是基于人类对于社会发展过程的不断了解,产生了解放和发展生产力的向往。由此,伴随着世界历史的发展和中华民族的崛起,中国开启了社会主义现代化的探索。1964年第三届全国人民代表大会上,首次提出,在20世纪内,把中国建设成为一个具有现代农业、现代工业、现代国防和现代科学技术的社会主义强国,实现四个现代化目标的"两步走"设想。1979年邓小平提出可量化的"中国式的四个现代化",即小康社会"三步走"战略。党的十九大提出了以人民为中心的社会主义现代化强国"两步走"。社会主义现代化的空间历史发展促成了教育的个体功能发生转变,使个体在社会化和个性化成长中得到更好的发展(见表1)。《中国教育现代化2035》提出的八大基本理念——更加注重以德为先,更加注重全面发展,更加注重面向人人,更加注重终身学习,更加注重因材施教,更加注重知行合一,更加注重融合发展,更加注重共建共享——无一不是从人本角度出发探讨教育的基本规律,体现国际教育理念、中国教育精神和未来教育趋势。

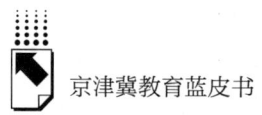

表 1 现代化的空间发展与教育理念、内涵深化

项目	社会主义建设初期	社会主义改革开放时代	社会主义新时代
时间	1949~1977年	1978~2011年	2012年至今
空间发展的预期影响	实现四个现代化目标的"两步走"设想。建立一个独立的、比较完整的工业体系和国民经济体系,使中国工业大体接近世界先进水平。力争在20世纪末,使中国工业走在世界前列,全面实现农业、工业、国防和科学技术的现代化	小康社会"三步走"战略。从1981年到1990年,国民生产总值翻一番,解决人民温饱问题;从1991年到20世纪末,国民生产总值再翻一番,人民生活水平达到小康水平;到21世纪中叶,人均国民生产总值达到中等发达国家水平,人民生活比较富裕,基本实现现代化	社会主义现代化强国"两步走"。到2035年基本实现社会主义现代化,到2050年建成富强民主文明和谐美丽的社会主义现代化强国
空间理论的人与社会关系	社会着力奠定物质、人力、科技、制度基础,人在有限的范围和空间形成依赖式发展	经济、政治、文化和可持续发展形成普遍的社会体系,人与自然之间的物质变换需要多样发展	发展人类命运共同体,社会财富成为从属于个人自由、个性发展的基础
教育价值取向	强调集体主义,高度重视意识形态建设	强调教育促进社会进步,发展观与人本思想并重	以人为本,关注个体的教育获得感、幸福感

(三) 空间冲突促进教育现代化多中心发展模式探索

新马克思主义空间理论认为,现代资本主义将空间异化为商品,利用对空间的占有、扩张、改造等方式生产更多的价值。然而,空间的占有、扩张和改造造成空间组织趋同、生产要素配置失衡、生活地点分离、公共服务投入不足,在更大规模上引发超积累和空间正义危机,城市在"摊大饼"式的发展中引发了城市病。我国改革开放以来,社会生产力在塑造城市空间环境中发挥着日益重要的作用,城市发展取得巨大进步的同时也显现出不平衡不充分的问题,特别是首都经济高速成长、人口高度密集、资源高强度运转,有限的空间资源和无限的人口膨胀引起的社会冲突日益增多。时至今日,我国空间成本的急速上涨已经给整个经济社会体系的正常运行带来了巨大压力。随着我国城市飞速发展,城市居民的物质精神生活得到了极大满足。但是,由于基本公共服务体系的建设速度还不能满足城市空间多元拓展

的速度，导致教育等基本公共服务资源的供给质量不平衡、供给数量不充足的问题并存，中心城区优质教育资源供给缺口大，山区、乡村学校发展空心化，呈现城乡、区域、人群之间的教育不平衡现象。

以京津冀城市群为例，北京"首都病"问题突出，已经成为我国东部地区人与自然关系最为紧张、资源环境超载矛盾最为严重、生态联防联治要求最为迫切的区域，河北省与京津两市发展水平差距较大，公共服务水平落差明显。党的十九大报告提出"以城市群为主体构建大中小城市和小城镇协调发展的城镇格局"，发展空间组织紧凑、经济联系紧密的城市群。这种空间去中心或者多中心的发展模式成为解决我国城市发展空间冲突的重要途径，对于推动我国区域协调和教育发展具有重要作用。

二　首都教育现代化的主要特征与空间挑战

首都的教育在紧扣新时代我国社会主要矛盾转化、落实中国特色社会主义战略布局的内在要求上更为敏感，在适应我国经济由高速增长阶段转向高质量发展阶段，深化供给侧改革和全面均衡发展的需要上更为迫切。到2035年，我国首都发展将达到新的量级并发挥更大的辐射和影响力，因此，探索社会主义新时代首都的突出特征有基础性意义。本报告以京津冀协同发展背景下的北京为例，探讨首都教育现代化的问题和主要特征。当前，城市发展价值观逐渐聚焦到以人为本和可持续发展上，建设以人为本的幸福宜居城市应当成为我国城市空间治理的核心价值取向，京津冀三地未来一体化理想化状态是多中心的完美融合，坚持"一核两翼"发展，城市分工各有侧重，但共同具备人文关怀、空间品质和较高的公共服务水平。相应地，教育作为公共服务的重要一环，应当密切配合城市空间发展规划，列入城市可持续发展的考核标准中，满足人民群众对优质多元教育的需求。

（一）首都教育现代化的主要特征

教育现代化作为一个综合、开放、动态的概念，同社会现代化一样，必须与工业化、城市化、世俗化等一系列的社会进程联系起来加以考虑。首都的教育现代化除了具有普适特征外，在某些特征上尤为突出，为后发城市的发展提供了借鉴。

1. 教育现代化模式更强调融合性

大城市往往是一个区域的经济中心，发达的教育往往是大城市的必备要素。大城市的教育与社会发展表现出了越来越紧密的融合关系。教育现代化模式则主要表现为跨空间的教育融合，跨领域的教育融合和跨学段的教育融合。以北京"四个中心"城市功能定位为例，教育以人才保障、服务保障、思想保障为着力点，成为政治中心的基本保障；以文化传承、文化传播、文化创新为着力点，成为文化中心的核心要素；以外事服务、外籍人员子女就学、搭建国际教育交流合作平台、培养外事人才为着力点，成为国际交往中心的重要载体；以创新人才培养、驱动知识技术创新、成果转化、协同创新为着力点，成为科技创新中心的有力支撑。在实践探索中，北京充分调动社会各界资源实现教育均衡、创新发展，例如开展社会大课堂、游学和学农项目，用高校社会资源力量助力小学体美教育新发展，职业教育和高等教育贯通培养等。首都教育坚持内外融合发展理念，充分发挥和挖掘首都教育对于首都北京核心功能发展的正向影响作用。

2. 教育现代化价值更强调人本性

社会主义现代化教育方针一直都强调教育为社会主义现代化建设服务、为人民服务，既要发挥教育的社会功能，也要发挥教育的个体功能。党的十九大将"培养德智体美劳全面发展的社会主义建设者和接班人"作为人才培养目标，努力办好人民满意的教育。城市不断进步实现了各级各类教育的大众普及后，人们越来越关注个人教育发展需求，此时的教育价值逐渐重视以人为本，关注百姓需求。首都教育现代化在践行党的教育方针上要走在前面，贯彻落实习近平总书记的教育民生思想，把立德树人的根本任务摆在更加突出的地位，把"以学生为本"作为教育改革的基本原则，在"培养什么样的人""怎样培养人""为谁培养人"的问题上给出首都的教科书级示范。

3. 教育现代化内容更强调优质性

教育现代化意味着教育在促进整个社会进步、经济发展和人的全面发展等方面发挥作用，同时教育现代化要求教育必须是高质量的，能为经济、文化发展提供有效的支撑，并让全体人民共享教育现代化成果。中国特色社会主义进入新时代，我国社会主要矛盾已经转化为人民日益增长的美好生活需要和不平衡不充分的发展之间的矛盾。教育领域则表现为人民对优质、多样、便利教育的需求与教育供给不充分的矛盾。在教育公平与教育质量这对矛盾关系中，城市市民"上好学"的愿望更加强烈，"上好学"就包含着不求人、少花钱以享有优质教育的意愿，或者说教育公平本身就是教育质量的题中应有之意①。首都人口在收入水平、受教育程度等方面普遍较高，权利权益意识强，教育诉求高且多，特别是首都作为集合了多种资源要素的庞大复杂系统本身就持续处于矛盾关系的调适之中。因此，对优质教育的需求就更为突出和迫切，提供更多优质教育资源将成为首都教育的常态。

4. 教育现代化对象更强调全纳性

当知识和人力资源越来越成为提高综合国力和国际竞争力的决定性因素时，教育将发挥前所未有的基础性作用。城市化发展的本质是让人类享受城市文明和便捷的生活方式，以人为本的价值观越来越受到重视，教育的社会服务不仅满足人民群众"上好学"的需求，也开始关注特殊群体、弱势群体享有平等服务的需求；不仅关注人民群众的学习需求，也关注人民群众的身心健康。在知识经济和信息化时代，一方面，首都要把丰富的人口资源转化为丰富的人力资源；另一方面，也要为各类社会成员提供多层次、多样化的教育服务，逐步建立有利于终身学习的教育制度。首都在维护人的受教育权利、创造宜居宜学环境方面具有率先示范作用，有条件实现终身学习理念下的全覆盖。因此，首都教育现代化的全纳既指全面覆盖各类受教育群体，

---

① 杨旭、李剑萍：《2035年大城市教育发展的规律性特征与结构性矛盾》，《天津市教科院学报》2018年第6期。

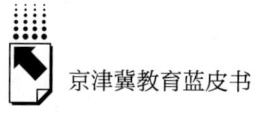

也指贯穿教育服务对象的一生。

5. 教育现代化布局更强调开放性

教育现代化不仅局限于本区域和本民族，还要在全球化视域下关注人类共同发展与命运。首都教育在扎根中国大地办教育的基础上，要在继承传播中华优秀传统文化、吸纳外来先进因素上探索新路子，要在开放的理念中发掘破解自身发展瓶颈的路子。教育现代化的布局更加注重平衡的区域和城乡发展格局，注重优化城市教育需求密度，注重优化教育资源布局，注重优化教育样态形态，集中力量解决好区域教育发展定位问题。在京津冀区域协调发展战略背景下，疏解非首都功能要求三地教育要有不同的定位和分工，在大区域布局中推动不同层次教育的协调发展，使教育资源的区域分布更加合理。

（二）首都推进教育现代化的空间挑战

1. 教育资源配置与城市人口素质和空间分布节奏不同步

这是教育发展中的老问题，即原来有，现在持续存在，未来发展仍然不容乐观。首都教育资源城乡不均、差距大，"城区饱满，郊区不足"现象突出，城乡教育资源品质差距明显。远郊生源向中心城镇及城区集聚趋势明显，生源配比不平衡现象突出。以北京为例，北京的社会结构较为复杂，既有大量的高官、高收入人群、高级知识分子，又有规模庞大的来京务工人口，百姓的教育需求多样。在基础教育阶段，优质教育资源在中心城区的占比达到70%以上，导致"学区房"热度居高不下，人口疏解效果不明显。

同时，"全面二孩"政策实施后学龄人口总量快速增长，教育发展速度难以匹配，基础教育学位供给整体出现缺口，尤其是2021~2023年将成为北京市学前教育和小学阶段入学的高峰期。然而，随着北京政治发展要求和产业空间布局调整，城市人口分布呈现新变化，部分山区和农村学校教育资源过剩，这说明教育资源配置不均衡、不合理现象仍然存在。

实施素质教育局面尚未全面形成，科学的育人观、人才观、用人观还未根本树立，学生综合素养仍需进一步培养。特别是新冠肺炎疫情暴发以来，充分暴露了学校和教师新型教育理念不足、教育改革创新意识不强等内在深刻问题。创新型人才培养能力和社会服务能力还不适应国家和首都实施创新驱动发展战略、建设创新型国家和创新型城市的需要。

2. 教育服务区域协同发展的能力有待进一步增强

这是教育改革发展的现实问题,即原来问题不明显或不存在改革条件,现在弊端凸显或改革时机成熟,不抓紧变革未来势必严重制约发展的问题。教育协同发展既是实施国家区域发展战略的重要内容,也是加快战略实施的重要基础和支撑。以京津冀区域协同发展为例,近年来京津冀教育互动交流频繁,但教育内涵的协同发展还需进一步探讨。京津冀区域教育协同发展的目标与标准尚不清晰,缺乏协同发展的长效利益协同机制。比如,雄安新区、廊坊北三县都提出联动发展,统一规划,牵扯着河北地区现有学校教育改革提升,以及与北京优质教育资源对接的整体系统性的工作,也涉及关键节点城市未来基础教育体系的建构。然而,未来三地的课程教材、教学管理、人才队伍建设、升学考试改革都不在统一规划中,教育的协同发展仅仅停留在对未来发展的一般性描述中,尚未触及深层次改革。由于校际基础条件、经费投入和民众文化素养的差距悬殊,教育交流合作难以支撑。

即便是同一城市,由于基础教育不同行政隶属关系也会出现教育领域配套政策的系统性、协同性不高的问题。比如,北京义务教育优质资源在各区间差距显著,跨区集团化办学、名校办分校实施效果有待检测,各区资源均衡化任重道远。办学体制改革面临管理体制、人事制度等方面的束缚,教育部门与其他部门职能交叉重叠,导致教育领域缺乏相关改革权限,政策难以有效落实。

3. 高素质专业化教师队伍建设和信息化资源建设还有待夯实

这是教育改革发展的实质问题,即过去不存在,现在不突出,但未来可能凸显的问题。教师是立教之本,师资队伍素质是制约教育质量提升的一个核心因素。虽然首都基础教育教师文化程度和知识层面普遍较高,但教师规模和育人能力发展还不充分,中小学教师数量短缺和专业素质亟待提升问题并存。首都作为人口集聚地区,学龄人口规模也相对较大,对教师的需求呈增长趋势。与主要发达国家相比,北京中小学校对教师专业标准要求不高,教师学历与能力总体处于中等偏下水平,新教师供不应求,师资需求缺口巨大,优秀人才从事教师职业仍然很少等成为师资队伍建设面临的难题。

大数据时代公办教育信息资源的开发和利用不足,用于教育教学和支持教育决策的数据资源不够,信息共享与资源整合通道不畅通,数字资源推进教育均衡、公平,提高教育质量仍有很大空间。特别是新冠肺炎疫情期间"停课不停学"对教师的数字资源和信息技术能力提出了更高要求,暴露的一系列问题,凸显出信息化教育资源储备不足与人民群众对教育多元、便利、公平需求的落差。未来首都如何落实教师教学的各项支持政策,推进线上教学效果评估、全面了解学生学习特点和需求以提供精准服务依然面临着严峻的考验。

三 面向2035现代化教育空间的实现路径

现代化教育的价值核心是教育公平和优质,我国在现代化追赶初期以扩大教育供给量为主,在现代化水平上与世界城市实现并跑甚至领跑后,教育现代化则要在空间发展上追求更大的优质和公平,首都始终要在拓展教育优质资源,在更大范围更深层次实现教育公平上率先示范,在空间中探索深度融合发展。

(一)教育地理空间将实现从"孤岛"向"连片"转型

首都的教育质量较高,但是普遍存在"孤岛现象",教育的文化辐射和传播作用有限,对周边区域的受教育者产生虹吸效应。面向2035,教育现代化必须打破首都的孤岛现象,围绕共同的教育主题探索各具特色地方教育资源,实现区域内节点城市的连片发展,跨地区协同创新融合。仍以北京为例,为缓解北京"大城市病",推动京津冀协同发展,一方面要向周边城市疏解教育资源,另一方面要推动京津冀三地教育公共服务实现共建共享。在办学体制机制上,要在建立基础教育协同发展共同体、促进学校共建、资源共享、研训协同、师生交流等方面开展深入合作,助推三地在推进教育改革和发展方面研究解决共性问题、相互学习借鉴、共同发展提高。在课程教学探索上,将区域文化传承、地方特色等融入教育教学中,探索跨城乡学校的融合,在基础教育研学旅游上互通有无,将未来学校、美丽乡村学校、特色学校资源联合起来,共建研学体验综合实践基地,为受教育者提供优秀公共教育产品和服务,让教育在城市化进程中发挥更大的作用。

(二)教育平台空间将实现从"现实"向"现实+虚拟"转型

在后疫情时代对信息化教育的迫切需求使教育转型发展成为可能。首都具备完善的信息化发展环境,中小学校互联网接入率已达100%,多媒体教室普及率达100%,信息化硬件水平和市民信息化素养都有很好的基础,在探索"线下+线上"教育融合发展方面具有得天独厚的条件。未来重点在于构建"双线教学混融共生"的新时代教学新体系,课程内容、教学方案、教师素养、师生关系都将发生巨大转变[①]。未来首都教育要以"互联网+优质教育资源"的思维,整合碎片化的数字教育资源库,及时更新充实优质的数字教育资源内容,不断扩大数字教育资源覆盖面和使用范围,利用数字资源推动基础教育优质均衡发展。利用虚拟现实、人工智能等新兴信息技术,提供一对一学习辅导,构建不同形态、灵活、高效的虚拟学习共同体,使因材施教成为可能。加快建设教育管理云平台,形成覆盖各级各类教育机构、所有学习者和教育、学习全过程的教育管理和监测体系。北京市海淀区正在学校开展人工智能教学试点,利用丰富的课程资源平台、师生学习交流平台和管理评价平台提高学习效能,实现教与学的个性化定制。

(三)教育资源空间将实现从"单一"向"多元"转型

这个世界不是按学科划分的,而是由"挑战"组织起来的。因此,未

---

① 李政涛:《基础教育的后疫情时代,是"双线混融教学"的新时代》,《中国教育学刊》2020年第5期。

来的基础教育需增加教学内容的跨学科融合，侧重于学生生活经验的实际获得。首都中小学已经开启了项目式教学的探索，很可能成为未来教育的新范式。项目的教育资源可能涉及文史、科技、教育、行政、IT、旅游、金融等多个学科，教学资源开发的主体将依赖多行业跨部门融合，比如将涉及各地政府、各级各类学校、企事业单位、研究机构、社会团体等。让受教育者在知识构成、技能训练、合作能力和创新能力的发展上得到全面提升。比如北京市朝阳区教师团队设计的"呼吸保护我能行创新实践"，上海市静安区推出的"学习生活设计"等项目都是基于教育资源的多元融合开展的探索实验。首都在教育教学中将各种单一学科组合到一起的学习项目，可以最大限度满足学生个性化学习需求，其成功经验可启发农村和中小城市对教育资源融合的思考，形成城乡教育要素平等交换和教育资源均衡配置的新格局。

（四）教育内容空间强调"生态文明"与"终身学习"双效并重

党的十八大把生态文明建设纳入中国特色社会主义事业"五位一体"总体布局之中，生态文明建设已经远远超越了生态环境保护的范畴，构建适应生态文明时代的教育体系，是未来必须面对的重大理论与实践。特别是公共卫生突发事件在全球蔓延之时，人口密集的大城市应更加重视健康教育、生命教育、生活教育、生态教育。与此同时，社会生活方式、社会心理与文化的变化使终身学习的价值极大凸显，信息化技术的全面覆盖为终身学习的实现提供了极大保障。在重大危机前，教师队伍的整体表现使教师群体的终身学习需求更加凸显。因此，首都在构建教育体系时需着力搭建时时、处处、人人可学的人才成长立交桥，在落实立德树人根本任务上强调培养大德大爱、使命担当、勇立潮头之人，在弘扬优秀传统文化时强调人与社会的协同发展，首都在生态文明和终身学习方面的教育实践探索，不仅在中国发挥着领头羊的作用，也将为世界教育理论与实践创新提供"中国版教科书"。

B.9 首都生态文明教育的学校质量模型构建与实证研究

——基于螺旋动力学理论的视角

王巧玲 沈欣忆*

摘 要： 本报告从螺旋动力学理论视角提出了生态文明教育的学校质量观并构建了首都生态文明教育的学校质量模型。研究认为，学生生态文明素养目标系统是学校生态文明教育质量的内核，学校生态文明价值模因驱动系统是学校生态文明教育的根本动力，学校-社会适应系统是学校生态文明教育与社会发展同步的具体体现。同时，通过专家访谈与实地调研，对学校质量模型的实证研究表明，"学生的个性发展和幸福"是首都生态文明教育的价值导向；参与绿色社会建设能力、团队协作能力等关键素养表现良好；"促进区域可持续发展目标（SDGs）实现"是提高学校课程教学社会适应的巨大力量，学校和社会合作伙伴关系对学生生态文明素养呈正向显著影响。

关键词： 生态文明教育 可持续发展目标（SDGs） 学校质量测评

---

* 王巧玲，北京教育科学研究院终身学习与可持续发展教育研究所副所长、副研究员，主要研究领域为终身学习与可持续发展教育；沈欣忆，博士，北京教育科学研究院终身学习与可持续发展教育研究所助理研究员，主要研究领域为终身学习、在线学习、学习型社会。

一 引言

面对严重的生态危机,党的十八大报告提出要"大力推进生态文明建设"和加强"绿色学校建设",2019年10月国家发展改革委关于印发《绿色生活创建行动总体方案》的通知(发改环资〔2019〕1696号)中也对"建设绿色学校"做出整体部署。纵观世界发展趋势,以实施联合国《2030年可持续发展议程》为契机,可持续发展成为各国社会经济发展的主旋律,可持续发展教育逐渐成为全球教育改革与创新的主题词,"为了可持续发展目标(SDGs)的可持续发展教育(ESD)"也成为全球可持续发展教育的最新导向。由此,面向生态文明与全球可持续发展目标做出更前瞻性与系统性的设计,是当前学校发展的新境界与新方向。

北京的生态文明建设关乎国家和首都形象,北京市委、市政府要求"率先实践生态文明、努力建设美丽北京",首都生态文明建设已确立为全市上下努力奋斗的目标之一。首都生态文明教育在生态文明建设过程中具有基础性作用,构建生态文明时代学校质量模型,有助于为落实联合国可持续发展目标提供北京教育智慧。

当前在国内外关于生态文明教育的学校质量测评研究与实践成果中,以联合国教科文组织(UNESCO)推动的可持续学校、欧洲环境教育基金会(FEEE)推动的生态学校、中国联合国教科文组织全国委员会推动的可持续发展教育学校、原环保部与教育部联合推动的最具影响力绿色学校的质量指标体系最具代表性,其测评体系可分为两种流派。第一种是"可持续"流派。以联合国教科文组织的可持续学校指标为代表,将学校教育促进区域社会、环境与经济可持续发展作为核心指标,主要包括:正规课程中体现可持续发展教育的目的和原则、支持社会可持续性的政策和程序、支持生态可持续性的政策和程序、支持经济可持续性政策和程序、支持文化可持续政策和程序。第二种是"全系统融合"教育流派。将可持续发展教育全方位融入现有学校教育管理、课程教学、专题教育、校园环境等作为核心指标。

当前，生态文明教育学校质量测评研究与实践遇到了三个困境：其一，在"全系统融合"导向下学校生态文明教育在诸多要素上均匀用力，使得难以发现决定性的因素与特点，呈现表面化与形式化特征，缺乏深刻性；其二，学校测评指标陈旧，缺乏在生态文明时代与SDGs的最新发展趋势下对学校质量的再审视，以及在人类学、文化学、心理学、社会学等研究视角上的创新；其三，学校生态文明教育的动力机制单一，缺乏学校教育对社会发展的服务能力与适应能力等的关注。现有研究文献无法帮助破解"学校教育同质化与个性化发展需求"这一现实矛盾。

二 理论框架

心理学家格雷夫斯最早提出了存在层次理论，他的两位学生Beck和Cowan发展了该理论，提出了"螺旋动力学"，以人类思维为主体，增加了"价值模因"（vMEMEs）概念，并探讨了价值观、领导力与社会变革的关系。

螺旋动力学理论认为，决定人类行为的不是人的类型或个性特征，而是潜藏在人类"内在系统"的价值模因与思维方式。而且人们的价值模因在"生物-心理-社会-精神"的不同层次中前进，是从关注"我"到关注"我们"的螺旋上升过程，格雷夫斯通过30年的潜心研究确定了八个人类发展的主要价值模因及颜色发展层级（见图1）。

该模型不仅适用于描述个体的演化，也适用于描述制度、国家乃至人类的演化。在通常情况下，人们和社会的整体都处于一个发展水平，甚至在这个水平上达到了"自我实现"。在这个价值模因系统中，当人们在生存（米色）、安全和保障（紫色）、原始力量和即时满足（红色）、生活目标（蓝色）、成功策略（橙色）、社区意识（绿色）、替代形式（黄色）、全球连接（绿松石色）不同层级间向上移动时，价值观在螺旋形上升，从"为生存而活"到"为智慧而活"。

螺旋动力学理论下的生态文明教育的学校质量观体现为：第一，学生生态文明素养目标系统是学校生态文明教育质量的内核。它类似于陀螺的轴

STRATIFIED LEVELS OF HUMAN DEVELOPMENT AND THEIR CHARACTERISTICS

vMEMES	COLOR	THEME	THINKING	VALUE SYSTEMS	LIFESTYLE
Level 8	Turquoise	WholeView	Holistic	Harmony, holism, spirituality	Lives for Wisdom
Level 7	Yellow	FlexFlow	Integrative	Natural processes, mutual realities	Lives for Mutuality
Level 6	Green	HumanBond	Sociocentric	Egalitarlan, caring for others, being authentic, creating community	Lives for Harmony
Level 5	Orange	StriveDrive	Strategic	Success, materialism, image, status consumerism, achievement	Lives for Gain
Level 4	Blue	TruthForce	Absolutistic	Authority, purpose, meaning, morality, rules, "one-right-way"	Lives for Later
Level 3	Red	PowerGods	Egocentric	Power, glory, glitz, gratification, exploitation, no boundaries	Lives for Now
Level 2	Purple	KinSpirits	Tribalistic	Traditions, rites, rituals, taboos, tribes, "our people"	Lives for Group
Level 1	Beige	SurvivalSense	Instinctive	Staying alive, physiological needs, safety, protection	Lives for Survival

图1 人类发展的价值体系与层级水平

心，折射出学生的"生命样态"，体现了学校生态文明教育的功能与价值。第二，学校生态文明价值模因驱动系统是学生生态文明教育的根本动力。它类似于陀螺的旋转动力，成为驱动学校生态文明教育的内在动力。第三，学校－社会适应系统是学校生态文明教育与社会发展同步的具体体现。它类似于陀螺的惯性盘，将学校置于人类发展的广阔社会背景下，通过学校课程教学与首都城市发展战略的关联性、学生的社会参与等，使其与时代精神与发展同步，沿着人类发展的螺旋线不断上升。

本研究基于螺旋动力学理论解释学校质量测评的决定性因素，探讨学校生态文明教育的价值模因，并将其拆解为学生生态文明素养目标系统、学校生态文明价值模因驱动系统、学校－社会适应系统三个关键变量，并解释了这三个变量之间的逻辑关系，构建了具有首都特色的生态文明教育学校质量模型，并对其进行了应用与检验。

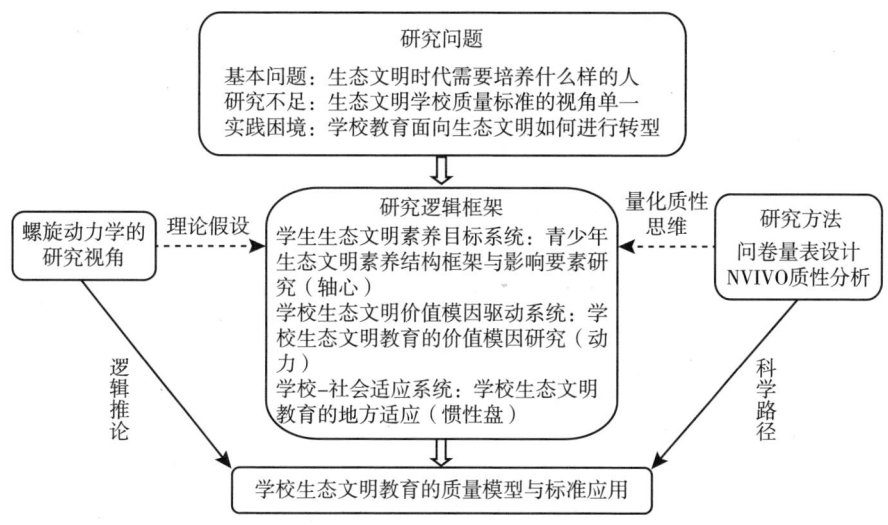

图 2　生态文明教育学校质量模型构建的研究逻辑

三　研究对象与研究重点

本研究的研究对象主要是北京市具有一定可持续发展教育基础的中小学校，这些学校所在的城区基本开展了全区范围内的可持续发展教育实验学校建设实践，学校管理者和教师对于可持续发展教育有一定程度的认知。调查研究与访谈的对象为中小学的管理者、教师及学生。本研究重点和难点包括以下几点。

第一，学生生态文明素养目标系统的结构框架与影响要素研究，需挖掘青少年生态文明素养的成功模因，构建具有中国特色的青少年生态文明素养结构框架，探讨其对核心素养培育的贡献与作用。

第二，首都生态文明教育的学校生态文明价值模因驱动系统研究，需阐释学校生态文明教育的文化模因与价值驱动及形成机制。

第三，首都生态文明教育的学校–社会适应系统研究，需分析学校课程教学的社会适应性、学校社会合作机制等，以及提升学校教育对地区可持续发展的适应能力。

第四,首都生态文明教育的学校质量模型构建与标准应用,需研制具有诊断和改进功能的学校质量模型与测评量表,以便更为清晰地看到学校质量改进的测评维度、不同指标之间的关系,引导学校面向生态文明进行整体转型与质量改进。

四 研究方法与过程

(一)文献研究中初步构建指标体系

本报告对国内外可持续发展教育的测评指标进行了系统梳理。对照了UNESCO的可持续学校测评指标的国际标准,借鉴了其他国家的相关实践,以及国内可持续发展教育学校、绿色学校等质量指标发现,首都生态文明教育的学校质量模型构建中创新性突破有如下几点。

第一,在现有的指标体系研究中,尚未涉及育人指标的清晰界定与可行性的测评方法。本研究着力突破这一难点,通过调研中国可持续发展教育实验学校育人目标的关键模因,构建了生态文明素养的结构框架,同时分析了其与学生发展核心素养的关联,将生态文明教育作为落实核心素养的特色路径,帮助学校破解落实核心素养的现实难题。

第二,国际标准以可持续发展内涵为一级指标,从社会、环境与经济可持续发展的视角衡量学校对促进可持续发展目标实践的实际贡献;而国内测评指标体系,将学校的管理、课程教学、专题教育、校园环境等组成要素视角,衡量可持续发展目标的融入程度。结合在国内实施的可行性,本研究综合了二者的优势,从螺旋动力学理论出发,将评估指标聚焦于学生生态文明素养目标系统、学校生态文明价值(管理团队、教师团队)模因驱动系统、学校-社会适应系统(含家长价值模因),构建了生态文明教育学校质量测评的具体指标。

第三,寻求不同模因变量的逻辑关系,初步构建生态文明教育的学校的质量模型框架。学生生态文明素养目标系统、学校生态文明价值模因驱动系统、学校-社会适应系统这三个变量的逻辑关系非常类似于"陀螺原理",

学生生态文明素养目标系统如同陀螺结构的"轴心",是学校生态文明教育的内核;学校生态文明价值模因驱动系统如同陀螺的"动力",驱动陀螺旋转;学校-社会适应系统如同陀螺的"惯性盘",盘子大小取决于学校生态文明教育的社会适应力,这三个系统共同构成生态文明教育的学校质量模型,其平衡状态,即为学校生态文明教育良性运转的样态,它可面向生态文明的学校教育转型提供操作路径。

1. 学生生态文明素养目标系统

学生生态文明素养主要体现在价值观、知识、思维、能力与习惯方面。本研究从"个体-空间"二维视角对其进行了操作性定义,其素养的关键能力包括自我认知能力、可持续学习力、社会参与能力、问题解决能力四个二级指标。自我认知能力主要包括自我身心平衡、自我规划与选择、自我评估与激励。可持续学习力主要包括信息甄选能力、团队协作能力、系统思维能力、未来思维能力、批判思维能力、空间思维能力。社会参与能力主要包括技术运用与创新能力、文化认同与创新能力、成果社会服务能力;问题解决能力主要包括SDGs本土识别力、跨文化理解力、提出问题解决方案等三级指标。

2. 学校生态文明价值模因驱动系统

学校生态文明价值模因集中体现在办学理念、管理团队(教师团队)、学校规划及校园环境中。办学理念和学校规划主要考察学校的教育哲学与价值导向;文化表征考察学校外显的环境特征,如校风校训、文化设施、校园环境等;行为表征考察学校师生的行为习惯与行为规范。

3. 学校-社会适应系统

学校教育的目的在于推动教育向生态文明的整体转型,提倡学校课程与教学要引导学生提高对社会问题的敏感度,提高学生的社会参与能力。

(二)生态文明教育学校质量模型框架的专家论证

为了完善生态文明教育的学校质量模型框架,2016年6月,本研究特征求了近二十位专家对学校质量模型框架的意见,其中有来自北京中医药大学、北京科技大学、中国建筑设计研究院的专家4名,分别代表社会(健

表1 生态文明教育的学校质量模型框架

一级指标	二级指标	三级指标
学生生态文明素养目标系统	自我认知能力	自我身心平衡
		自我规划与选择
		自我评估与激励
	可持续学习力	信息甄选能力
		团队协作能力
		系统思维能力
		未来思维能力
		批判思维能力
		空间思维能力
	社会参与能力	技术运用与创新能力
		文化认同与创新能力
		成果社会服务能力
	问题解决能力	SDGs本土识别力
		跨文化理解力
		提出问题解决方案
学校生态文明价值模因驱动系统	学校精神文化	生态文明思想在学校办学思想、校训、校风等方面的体现
	学校制度文化	生态文明教育的学校发展规划、年度工作计划
	校园环境文化	校园内建筑、设施、设备等体现生态文明教育理念
	师生行为文化	师生健康、低碳、消费文化传承等行为表现
学校-社会适应系统	课程的社会适应	资源与环境、生态环境、生态经济、生态安全、生态文化
	教学的社会适应	

康)、环境、经济(新能源)、文化可持续发展领域专家;来自北京科技学会方面的科技领域专家1名;来自教育领域的可持续发展教育、综合实践活动领域专家与研究人员10名;来自北京市教委的官员1名;学校的校长和科研主任2名。

调查采取开放式的专家研讨方式进行,主要围绕如下问题展开:①您认为生态文明教育学校质量模型构建的基本思路是什么?②您认为建立可持续发展教育学校质量标准的主要目的是什么?③您认为生态文明教育的学校质量模型应包括哪些方面?④您对框架中的维度和主要指标有何意见?现场调研结论如下。

1. 专家对生态文明教育学校质量模型构建思路的认识

①用生态文明的内涵补充可持续发展理论，体现中国特色。基于生态文明的理念，明确工业文明转型的必然趋势和方向，避免用工业文明思维指导生态文明建设。②学校定位要明确重在可持续发展理念的人才培养模式的构建上。③理论上要有突破和创新，建立由点、线、面、体的线性思维过渡到具有多维空间思维能力的培育体系，培育生态文明需要的复合型人才，而非工业文明的专业化人才。

2. 专家对生态文明教育学校质量模型预期目标的认识

通过研讨，专家们达成共识，要将"四个有利于"作为衡量生态文明教育学校质量的重要标尺。第一，有利于为各类学校树立新的优质教育标杆。指标的制定应该有利于提升学校办学标准，要从教育现代化的视角引领学校向可持续发展境界迈进。第二，有利于提升学生知识与能力水平，这是学生发展核心素养的基础。第三，有利于提升师生的可持续生活方式。第四，有利于提升师生参与绿色社会建设的能力水平，促进现代学习者积极参与绿色社会建设。

3. 专家对生态文明教育学校质量模型具体指标的认识

专家在对生态文明教育学校质量模型具体指标讨论的基础上，提出如下几点主要建议。第一，核心指标。以培育具有生态文明理念和可持续发展能力的人才为目标，促进学生素质和创新能力提升及教师自身素质和传授能力的提升。如倡导建立健康生活方式，摒弃以摧残身心健康为代价的"黑色升学率"，学校应该建立一种以学生健康为前提的"绿色升学率"，健康的人、分数又好才是我们培养的目标。这种健康的人不应该仅仅是身体的健康，还应该有心理的健康，达到生理、心理、社会的完满状态。从中医文化视角建立健康生活方式。中国的传统文化讲究整体观念，就是人、自然、社会的协调统一，人不但要注重自然环境，还要注重社会环境，这种中医天人合一的理念，实际上从现代医学发展来说是最绿色、最环保的。第二，关键指标。建立培育人才的环境体系，注重教与学的方法与路径等。如与当前新的课程计划相结合，将生态文明教育与学科教学、开放性科学实验活动、社会综合实践活动、创客教育行动等加入指标中。增加"可持续发展教育学科指导意见"的研发。确立可持续发展与学科教学、可持续发展与主题教育活动、可持续发展与项目学习、可持续发展与开放性科学实践活动和社会实践活动等可持续发展指标与学校创客教育的关联。第三,硬件指标。建设以生态文明为导向的校园环境,因地制宜地选择具有生态文明建设特色的节点,确定检验方法和标准。如在新能源指标中增加风能利用、风力发电、垃圾处理、分类设施、地热能、潮汐能等内容。

4. 专家对生态文明教育学校质量模型的改进建议

专家对生态文明教育学校质量模型框架的改进意见主要体现在三个属性上:第一,本土属性。对照国际标准,研究中国生态文明政策的相关要求,更多体现中国特色。第二,关联属性。要考虑生态文明教育学校质量模型与原有的优质学校、示范性高中等的关系。要与教育深综改紧密结合,与主流学科教学、开放性实验室、STEM 课程、问题驱动教学法(PBL)、创客教育等实践紧密结合。第三,可测属性。确立硬指标,如对学生上学乘私家车等做出具体要求,实现可持续发展教育学校质量模型指标的可测化。

五 研究结论与建议

为了对生态文明教育学校质量模型进行验证,按照研究的质量测评指标体系,本研究于 2016 年对北京市东城区、石景山区、通州区三地 49 所可持续发展教育实验学校的 797 名教师进行了问卷调研,2017 年 6 月又征集了中国可持续发展教育实验学校的 200 个学校案例。

(一)"学生的个性发展和幸福"是首都生态文明教育的价值导向

参与调研的学校的办学理念及内涵涉及以人为本、服务学生/家长/社会、幸福教育、"养正"教育、可持续发展、文化熏陶、开放/自主/合作、尊重/爱、简约/人文、和谐/生态、仁爱/勤奋/实践/创新、个性化教育11个方面，其中以人为本、幸福教育、个性化教育出现的频率位列前三。这表明学校在办学中越来越重视以学生为本，以学生的个性化发展和学生的幸福为办学的主要价值诉求（见图3）。

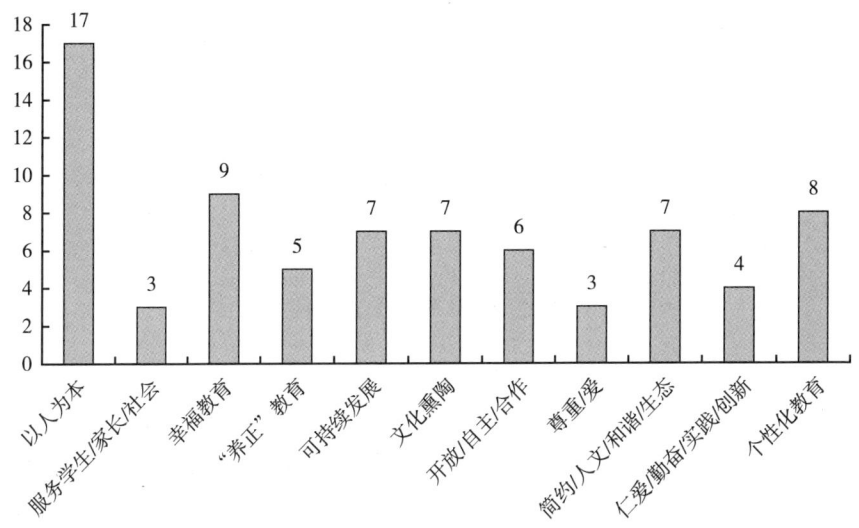

图3 学校办学理念的内涵

（二）参与绿色社会建设能力、团队协作能力等关键素养表现良好

如表2所示，在生态公民能力指数方面，从可持续学习能力角度来看，调查结果显示：学生团队协作能力得分最高，均值为4.12，而批判性思维能力和表达能力欠佳，均值分别为3.90和3.80（见表2）。

表2 生态公民能力指数维度得分

项目	N	均值	标准差
信息素养能力	4170	3.94	0.99
表达能力	4170	3.80	0.94
批判性思维能力	4170	3.90	0.93
团队协作能力	4170	4.12	0.88
参与绿色社会建设能力	4170	3.97	0.91

从社会参与能力角度来看,调查结果显示:学生团队协作能力得分最高,均值为4.12,其次是参与绿色社会建设能力,均值为3.97。中国可持续发展教育实验学校的学生正在从"学会应试"向"学会改变世界"转变,做有责任感的公民的意识和实践能力逐步提升。

(三)"促进区域可持续发展目标(SDGs)实现"是提高学校课程教学社会适应的巨大力量

在学习可持续发展2030议题方面,有关社会、环境、经济与文化可持续发展的内容均已成为重要学习方向(见表3)。

表3 学校可持续发展教育的内容统计

单位:%

项目	N	均值	标准差	从未涉及	极少涉及	偶尔涉及	较多涉及	经常涉及
有关社会可持续发展的内容	304	3.94	0.93	1.3	5.3	22.7	39.8	30.9
有关经济可持续发展的内容	304	4.05	0.92	1.0	4.6	20.4	36.8	37.2
有关环境可持续发展的内容	304	4.04	0.90	0.7	4.6	20.7	38.2	35.9
有关文化可持续发展的内容	304	4.05	0.91	1.3	3.0	22.0	36.8	36.8
有关人(个体)可持续发展的内容	304	4.16	0.86	1.0	3.0	15.1	40.8	40.1

如图4所示,教师在工作中采用ESD倡导的教育教学方式方面,受访教师表示采用(较多采用+经常采用)的比例最高的为:我在教学中采用问答启发式教学的方式(88.1%);学科和跨学科实施可持续发展教育的教学要点与方式已经为大多数教师所熟知。受访教师表示较少采用(极少采用+从未采用)比例最高的为:我在教学中为学生编写与指导使用《学习探究作业本》(或活页)(17.9%)。可见,发现式学习、基于问题学习、基于系统思考式学习、跨学科学习等促进可持续发展的新型教学和学习形式大量出现,学校教育正在向着可持续发展的方向迈进。

在利用专题教育活动的形式实施可持续发展教育的情况方面,如图5所示,受访教师表示采用形式(较多采用+经常采用)比例最高

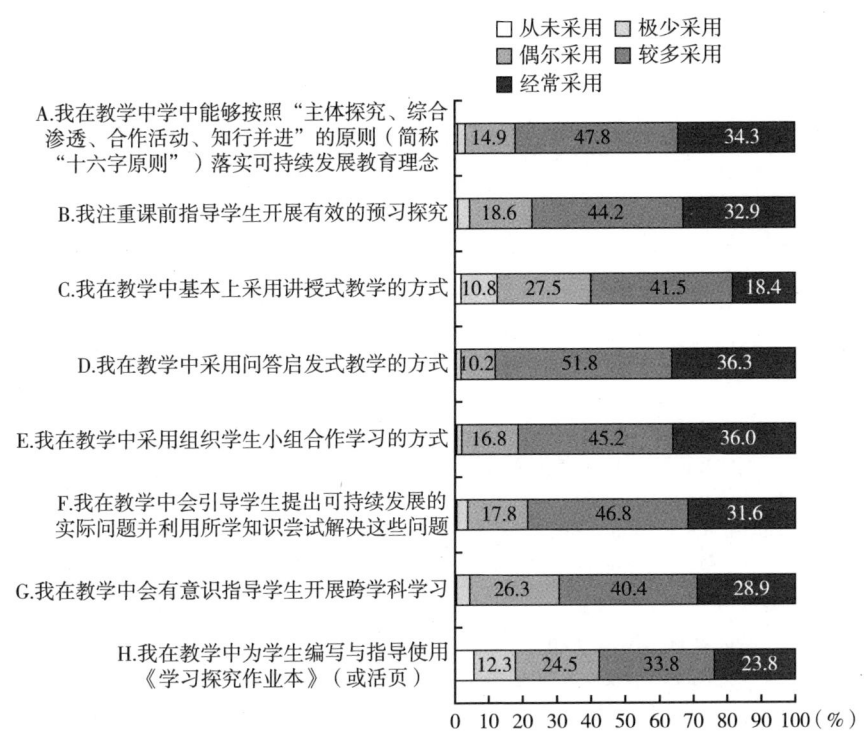

图 4 教师采用 ESD 倡导的教育教学方式情况

的为：学校利用世界环境日、世界遗产日等节日组织 ESD "环境-资源""社会-文化"专题的主题队日、团日活动（73.1%）；受访教师表示较少采用形式（极少采用+从未采用）比例最高的为：我指导学生进行 ESD "环境-资源" "社会-文化"专题的科技创新活动（11.2%）。

（四）学校和社会合作伙伴关系对学生生态文明素养呈正向显著影响

在调查问卷设计中，关于对学校的支持与保障主要包括：社会机构合作支持（博物馆、高校、文化遗产、NGO、企业等）、专业支持（培训、专家

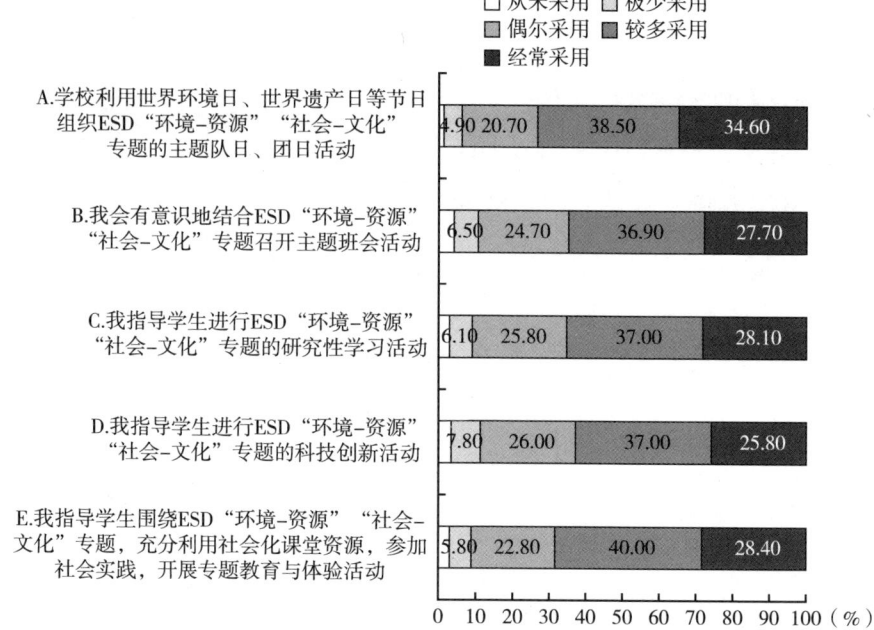

图5 学校利用专题教育活动的形式实施ESD的情况

指导、政策支持、资金支持)等。可见,跨界合作和专家专业指导,在学生生态文明素养培育中发挥着巨大作用。

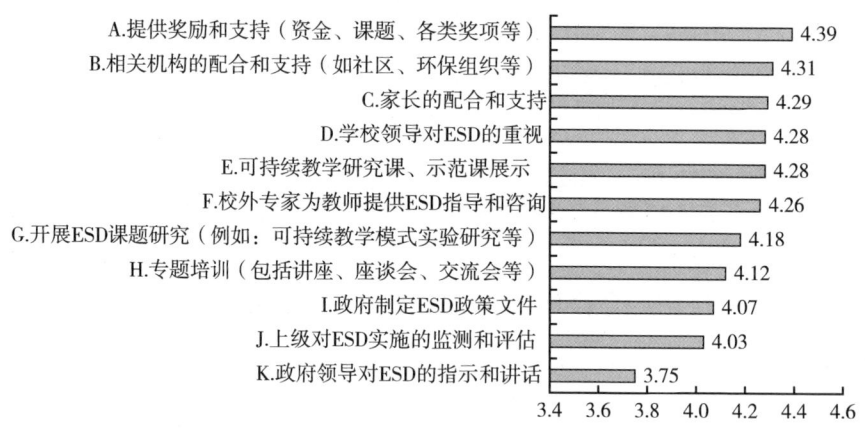

图6 利益相关者对开展ESD工作的重要性

使用顺向进入回归法①,对影响学生价值认同和习惯养成的措施进行分析,结果如下,学校的支持与保障措施能够正向显著预测学生的价值观和习惯养成(t=3.11,p=0.003)(见图7)。

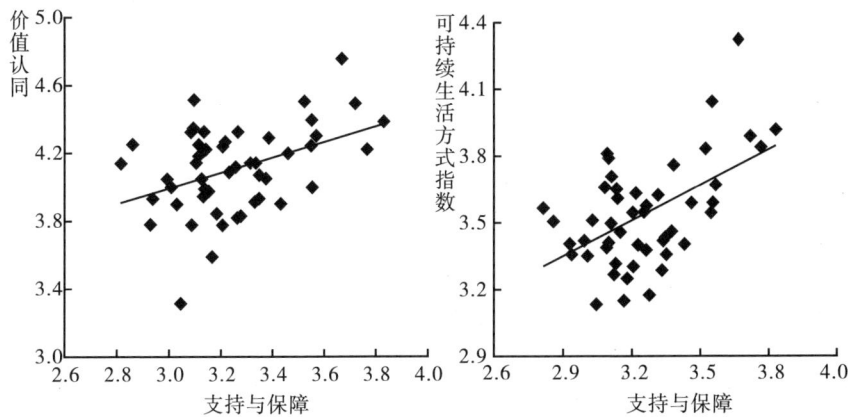

图7 学校支持与保障对学生可持续生活方式和价值认同影响

参考文献

顾明远、滕珺:《〈中国教育现代化2035〉与全球可持续发展教育目标实现》,《比较教育研究》2019年第5期。

胡金木:《生态文明教育的价值愿景及目标建构》,《中国教育学刊》2019年第4期。

黄忠敬、吴洁、唐立宁:《中国离2030年可持续发展教育目标还有多远——基于义务教育课程标准的分析》,《教育研究》2019年第2期。

李春玲:《可持续发展教育的全球进展及中国经验》,《西北师大学报》(社会科学版)2018年第2期。

柳思思:《欧洲生态学校:理论、政策与实践创新》,《比较教育研究》2019年第7期。

沈欣忆、王巧玲、吴健伟:《首都绿色学校建设成效分析与发展路径探究》,《中国

---

① 预测变量的选用顺序,具有最大预测力且达到统计显著水平的自变量首先被选用,然后依序纳入方程式中,直到所有达到显著水平的预测变量均被纳入回归方程式。

电化教育》2019年第8期。

史根东：《推动中国可持续发展教育，培养新时代需要的人才》，《可持续发展经济导刊》2019年第Z2期。

王巧玲：《德国可持续发展教育的政策导向与实践特色》，《世界教育信息》2017年第9期。

王巧玲：《生态文明教育的国际新动向——联合国教科文组织全球可持续发展教育行动计划成员国对话会议解读（2018～2019）》，《环境教育》2019年第12期。

王咸娟：《可持续发展教育：2015年后全球教育发展关键词》，《中国德育》2015年第17期。

吴洁、黄忠敬、唐立宁：《中国离2030年可持续发展教育目标还有多远？——基于法律与政策文本的分析》，《中国教育政策评论》2018年。

谢燕妮：《芬兰中小学可持续发展教育研究》，《世界教育信息》2017年第5期。

徐洁：《论生态人格的内涵及其培育》，《当代教育科学》2020年第1期。

岳伟、徐洁：《培育生态人格——生态文明建设的教育使命》，《教育研究与实验》2015年第1期。

张婧：《瑞典中小学可持续发展教育的实施路径及其对我国开展生态文明教育的启示》，《世界教育信息》2019年第17期。

B.10
面向2035的天津基础教育发展定位与趋势

肖庆顺*

摘　要： 天津通过构建公平普惠、优质均衡、特色鲜明、创新发展的基础教育体系，高质量普及学前教育，高水平均衡发展义务教育，优质特色发展普通高中教育，积极发展特殊教育，全面提升基础教育阶段教师素质，促进了基础教育现代化的发展，为率先实现教育现代化奠定了坚实的基础。面向2035，天津基础教育发展面临着新的形势和挑战，研究建议应将加快教育资源建设、促进基本公共教育服务均等化、提高育人质量、建设高素质的专业化教师队伍、完善教育经费投入机制等五方面列入重点工作。

关键词： 教育现代化2035　天津基础教育　优质均衡

党的十九大做出了优先发展教育事业、加快教育现代化、建设教育强国的重大部署。2019年2月，中共中央、国务院印发了《中国教育现代化2035》，对国家中长期教育现代化发展进行了宏观部署。这是我国第一个以教育现代化为主题的中长期战略规划，是落实党的十九大"优先发展教育事业"战略部署的重要举措。天津市在2019年3月26日召开全市教育大

---

* 肖庆顺，天津市教育科学研究院基础教育研究所副研究员，博士，主要研究领域为课程与教学论、教育政策与教育规划。

会，深入贯彻落实全国教育大会和教育现代化文件精神，印发了《天津教育现代化2035》《加快推进天津教育现代化实施方案（2018－2022年）》等系列配套文件，对面向2035的天津教育现代化进行了全面部署。在国家的战略部署和天津市的部署中，京津冀教育协同发展都是重要的组成部分。《中国教育现代化2035》提出，未来将构建适应区域和产业发展需要的教育布局，建立更加有效的区域教育协调发展新机制。要根据不同区域发展定位和特点，合理配置教育资源，推动区域性院校集群建设，提高教育对区域发展的支撑和服务能力。中共中央办公厅、国务院办公厅发布的《加快推进教育现代化实施方案（2018－2022年）》提出推进教育现代化区域创新试验，贯彻落实国家区域协调发展战略，完善部省教育战略合作制度，优化区域教育政策支持体系，以河北雄安新区、粤港澳大湾区、长三角、海南自由贸易试验区为重点，创新体制机制，着力先行先试，探索新时代区域教育改革发展的新模式，推动形成区域教育发展新格局。《首都教育现代化2035》中提出未来15年将着力疏解非首都功能，促进京津冀教育协同发展，主要在疏解部分功能提升首都教育品质和整体提升区域教育协同发展水平两方面做文章。《天津教育现代化2035》也把促进京津冀教育协同发展作为一项重要的战略任务，提出创新协同发展机制，优化公共配套服务，着力打造京津冀教育共同体，为服务国家重大发展战略、建设世界级城市群提供智力支持和人才保障。重点在优化教育布局结构、推进京津冀教育一体化、完善协同发展机制三个方面开展工作。《加快推进天津教育现代化实施方案（2018－2022年）》提出实施京津冀教育协同发展行动计划，深化京津冀教育合作共建、深化"通武廊"基础教育合作、实施支持雄安新区教育发展项目。

基础教育是京津冀教育协同发展的重要内容，天津的基础教育具有自身的比较优势，在多年的发展中形成了地方特色，面向2035教育现代化，在京津冀教育协同发展中更应该发挥重要的作用。本报告面向教育现代化2035的战略要求，探索天津如何在发挥自身比较优势、保持地方特色的基础上，优化教育资源布局、完善服务功能、强化体系建设和治理能力，切实提高教育服务水平与能力，实现区域教育协同发展。

一 面向2035天津基础教育发展的基础与现状

天津位于北纬38°34′～40°15′，东经116°43′～118°4′，土地总面积11916.85平方公里，地处海河流域下游，东临渤海，北依燕山，西靠首都北京，是海河五大支流南运河、子牙河、大清河、永定河、北运河的汇合处和入海口，素有"九河下梢""河海要冲"之称。天津距离北京120公里，是拱卫京畿的要地和门户。截至2019年末，全市常住人口1561.83万人，城镇化率为83.48%，户籍人口1108.18万人。多年来特别是党的十八大以来，天津坚持优先发展教育事业，坚持"办好每一所学校，教好每一个学生"的核心理念，深化基础教育综合改革，着力促进教育公平、提高教育质量，破解基础教育发展的不平衡不充分问题，通过构建公平普惠、优质均衡、特色鲜明、创新发展的基础教育体系，高质量普及学前教育，高水平均衡发展义务教育，优质特色发展普通高中教育，积极发展特殊教育，全面提升基础教育阶段教师素质，促进了基础教育现代化的发展，为率先实现教育现代化奠定了坚实的基础。

（一）学前教育高质量普及，公共服务体系更加完善

天津市在学前教育方面围绕高质量普及、普惠，扎实推进《天津市学前教育五年发展计划（2016～2020年）》。通过增加学前教育资源供给，扩大教育资源。2016～2018年新建改扩建、改造幼儿园378所，实施《大力发展学前教育两年行动方案（2019-2020年）》，完成小区配套幼儿园专项治理，2019年新增幼儿园学位6万余个[①]。截至2018年底，全市各类型幼儿园由2015年的1868所增加到2223所，其中公办幼儿园910所，民办幼儿园1313所，民办园中普惠性幼儿园141所。在园幼儿由25.3万人增加到26.29万人，其中公办幼儿园14.15万人，民办幼儿园

---
① 数据根据2017～2020年《天津市政府工作报告》教育部分内容整理。

12.14万人，其中普惠性民办幼儿园2.38万人，公办园和普惠性民办幼儿园在园幼儿数占到在园幼儿总数的62.88%[①]。天津市不断完善各类幼儿园设置标准，大力支持社会力量兴办幼儿园，加大经费支持力度，在每个学位5600元的标准给予一次性补助基础上，按照示范园4400元、一级园4000元、二级园3600元、三级园3200元、四级园2800元的生均年补助标准给予普惠性民办园补助，加强民办托幼点管理。落实乡镇中心园生均公用经费，机关企事业单位办和村办幼儿园生均公用经费拨款标准为每年不低于1200元。提高保教质量，贯彻落实《3-6岁儿童学习与发展指南》，实施科学的保育教育，完善幼小衔接机制，开展幼儿园"小学化"专项治理，防止和纠正幼儿园"小学化"倾向。完善市、区、幼儿园三级安全监控系统，确保幼儿园安全。

（二）义务教育高水平均衡发展

自2008年以来，天津市持续实施三轮义务教育学校现代化标准建设，促进了义务教育高水平均衡发展。2016年实施《天津市义务教育学校现代化建设标准（2016-2020年）》，截至2019年，全市共有1100余所学校完成达标验收[②]。2020年启动实施义务教育优质均衡三年行动，全力推进区域义务教育优质均衡发展国家评估认定。推行义务教育免试就近入学，义务教育公办民办学校同步招生，推进中考改革。统筹推进区域内城乡义务教育一体化发展，加快在城乡义务教育学校建设标准、教师编制标准、生均公用经费基准定额标准、基本装备配置标准上实行统一。加强乡村小规模学校和乡镇寄宿制学校建设。推进区域内、区域之间、校际优质资源辐射引领，促进优质均衡发展，启动学区化办学改革试点工作，实现了大班额零增长。天津市通过加强控辍保学，关心关爱留守儿童，提高义务教育巩固水平，2018年全市小学由2015年的849所增长到879所，在校生由602144人增长到

[①] 根据《2015~2016学年初天津市教育事业统计信息快报》、天津市教育委员会《天津市教育事业统计资料（2018年）》数据进行整理。

[②] 数据根据2017~2020年《天津市政府工作报告》教育部分内容整理。

673188人。普通初中由2015年的329所增加到347所,在校生由261474人增加到280205人①。

(三)普通高中优质特色发展

天津市积极推进普通高中现代化建设,在实施《天津市普通高中现代化建设工程标准(2012—2015年)》的基础上,启动实施普通高中学校现代化建设工程(2016-2020年),以内涵建设和特色发展为重点,促进育人方式改革,提升普通高中的办学水平和教育质量。实施普通高中普及攻坚计划,高水平普及高中阶段教育,促进普通高中优质特色多样化发展。2018年全市普通高中由2015年的180所增长到189所,生源逐年减少,在校生由165561人减少到159889人②,高中阶段毛入学率达到98.38%。天津市加强特色高中建设,完成了全市50所普通高中特色学校建设评估验收,初步形成了创新人才培养、五育融合、文化育人、主体教育、普职融通五大类型,普通高中多样化特色办学的格局初步实现。在特色高中建设的基础上,2020年启动实施品牌高中建设,努力建设一批具有中国典范、国际视野、品质卓越的品牌高中。同时,天津市开展普通高中新高考改革试点,深化普通高中课程教学改革,落实普通高中课程方案和各学科课程标准(2017年版),开展集中培训和跟进式培训,建设54个普通高中学科特色课程基地,完善高中课程体系,推行走班制教学,持续开展学生发展指导和综合素质评价。

(四)特殊教育发展水平不断提升

推进《天津市第二期特殊教育提升计划(2017~2020年)实施方案》,加强特殊教育资源建设,开展特殊教育仪器设备提升项目,提高特殊教育学校办学条件和水平;加强普通学校特殊教育资源教室建设,2018年建成45

---

① 资料来源于《2015~2016学年初天津市教育事业统计信息快报》、天津市教育委员会《天津市教育事业统计资料(2018年)》。
② 资料来源于《2015~2016学年初天津市教育事业统计信息快报》、天津市教育委员会《天津市教育事业统计资料(2018年)》。

间特殊教育资源教室，随班就读的普通学校设有特殊教育资源角，天津市北辰区、东丽区成为国家特殊教育改革实验区。2015~2018年特殊教育学校保持20所没有变化，在校生由2015年的3279人增加到2018年的4491人①。实施残疾儿童随班就读，推进融合教育，对重度残疾儿童少年实行送教上门服务。加强特殊教育教师培训，提升专业化水平，2018年在全国率先启动实施特殊教育教师培元关爱计划，提高特殊教育教师心理健康水平，加强特殊教育教师建设力度。提高特殊教育学校经费保障水平，义务教育阶段特殊教育学校生均公用经费拨款由每生每年不低于6000元，调整到2018年的10000元。深化特殊教育课程改革，落实盲、聋和培智三类特殊教育学校课程标准（2016版），根据学生实际情况开展差异化教学和个性化教学，为学生更好地适应和融入社会奠定基础。

（五）加大教育投入力度，优化支出结构

教育投入是实现教育现代化的重要保障。天津市加大教育财政投入力度，推进教育经费持续稳定增长。落实教育优先发展战略，坚持财政资金优先保障教育投入，坚持公共资源优先满足教育和人力资源开发需要。依法确保财政一般公共预算教育经费支出逐年只增不减，确保按在校学生人数平均的一般公共预算教育经费支出逐年只增不减，合理划分教育领域财政事权和支出责任。根据2015年、2018年《全国教育经费执行情况统计》，天津市一般公共预算教育经费占一般公共预算支出比例由2015年的14.36%提高到2018年的14.44%，一般公共预算教育经费与财政经常性收入增长幅度由2015年的-20.72%增长到2018年的3.29%。同时，天津市优化使用结构，自2016年秋季学期起，将民办中小学义务教育阶段学生纳入"两免一补"政策范围。在学前教育阶段，按照示范园4400元、一级园4000元、二级园3600元、三级园3200元、四级园2800元的生均年补助标准给予普惠性

---

① 资料来源于《2015~2016学年初天津市教育事业统计信息快报》、天津市教育委员会《天津市教育事业统计资料（2018年）》。

民办园补助,机关企事业单位办和村办幼儿园生均公用经费拨款标准为每年不低于1200元。此外,天津市加大乡村小规模学校和乡镇寄宿制学校的经费支持,对小规模学校按200人/年拨付公用经费,对乡镇寄宿制学校按寄宿生年生均200元标准增加公用经费。义务教育阶段特殊教育学校生均公用经费拨款调整到2018年的每生每年不低于10000元。加强教育经费的使用、监管,提高经费使用效益,严格经费支出管理,出台《天津市教育经费执行情况监测办法》《学前教育资源建设项目和资金管理办法》等相关规定。

(六)教师队伍素质显著提升

天津市全面深化新时代教师队伍建设改革。一是加强师德师风建设,完善师德建设长效机制,提升教师的思想政治素质和职业道德水平。制定《天津市中小学教师教育教学行为规范》《天津市中小学教师师德考核负面清单》《天津市中小学教师师德师风考核指标体系》,贯彻落实新时代中小学、幼儿园教师职业行为十项准则及违反职业道德行为处理办法。二是加强教师培训,全面实施"追求卓越"幼儿师资培训项目、中小学"未来教育家奠基工程""农村骨干教师培养工程""优秀教学校长培养工程"等培训项目。幼儿园专任教师由2015年的1.48万人增加到2018年的1.96万人,其中公办幼儿园1.08万人,民办幼儿园0.88万人,专科及以上学历占85.43%,高级职称比例为20.22%。2015~2018年,天津市小学专任教师由40202人增加到44785人,专科及以上学历占97.57%,高级教师占65.11%。普通初中专任教师由2015年的26345人增加到2018年的27469人,本科及以上学历占96.94%,高级教师占22.79%。普通高中专任教师由2015年的16162人增加到2018年的16606人,本科及以上学历占96.94%,高级教师占22.79%。特殊教育学校由2015年的601人增加到2018年的634人,受过特教专业培训的占74.92%,本科及以上学历占83.28%,高级职称占69.09%[①]。三是开展中小学教师资格

---

① 根据《2015~2016学年初天津市教育事业统计信息快报》、天津市教育委员会《天津市教育事业统计资料(2018年)》数据进行整理。

考试改革试点，2016年开始中小学教师资格定期注册制度试点工作。四是提升教师地位。开展中小学正高级职称教师评审，2016~2019年共有188名中小学教师获得正高级职称。支持乡村教师发展，推动义务教育阶段校长、教师交流常态化。

（七）教育治理体系不断完善

天津市教育改革开放全面深化，《教育综合改革方案（2016~2020年）》《天津市深化考试招生制度改革实施方案》《关于深化教育体制机制改革的意见》《关于学前教育深化改革规范发展的实施意见》有序推出，学前教育条例、校园安全条例、预防和治理校园欺凌若干规定等地方教育法规颁布实施。

（八）京津冀教育协同发展持续推进

京津冀协同发展是重要的国家战略，教育协同发展是其重要组成部分。京津冀三省市建立了京津冀教育协同发展联席会议制度，定期组织三地教育行政管理部门共商教育协同发展重大问题，共同制定相关政策措施。在滨海新区、武清区、静海区、宁河区、宝坻区、蓟州区6个区分别规划2平方公里的预留用地，用于承接首都教育资源转移。推进京津冀基础教育学科教研成果与经验共享，三地之间的中小学、教研机构开展了多种形式的教育教学交流活动，深化"通武廊"区域教育合作，完善"通武廊"基础教育一体化发展模式，打造基础教育协同发展共同体。支持雄安新区基础教育发展，天津第一中学在雄安建设校区。

二 面向2035天津基础教育发展面临的形势与挑战

天津经过多年的发展初步形成了公平普惠、优质均衡、特色鲜明、创新发展的基础教育体系，为面向2035年的基础教育发展奠定了良好的基础。当今世界正处于大发展大变革大调整时期，世界多极化、经济全球化、社会信息化和文化多样性深入发展，中国特色社会主义进入新时代。到2035年我国将在全面建成小康社会的基础上,基本实现社会主义现代化。天津基础教育发展要积极适应新形势新任务的发展变化,适应世情、国情和市情变化,在率先实现基础教育现代化的基础上,实现高水平高质量的基础教育现代化。

(一)面向2035天津基础教育发展面临的形势

1. 天津市城市发展定位对基础教育发展的要求

教育与城市的发展密不可分,二者互相支撑、互相服务。中央明确了天津市"一基地三区"(全国先进制造研发基地、国际航运核心区域、金融创新示范区、改革开放先行区)的城市战略定位,为实现这一定位,天津正在加快推进五个现代化(创新发展、开放包容、生态宜居、民主法治、文明幸福)建设,全面建成高质量小康社会、建设社会主义现代化大都市。在现代化天津和社会主义现代化大都市建设中,人的现代化是现代化的核心,教育要适应城市发展战略定位,在促进人的全面发展和社会的全面进步中,实现城市与教育的共同发展、融合发展。基础教育在促进人的现代化中具有基础性的作用,要服务于城市的发展定位,着眼于学生的核心素养,构建全面培养的教育体系,为城市的发展提供支撑,促进人的全面发展和城市共同发展。

2. 京津冀协同发展、"一带一路"倡议等国家战略的需要

天津面临着京津冀协同发展、自由贸易试验区建设、国家自主创新示范区建设、"一带一路"建设、滨海新区开发开放五大国家战略叠加的发展机遇,教育协同发展是京津冀协同发展的重要组成部分,基础教育协同发展又是教育协同发展的重要内容。五大国家战略的实施为天津基础教育发展带来了新的机遇,来自不同国家和地区的各层次人才特别是高端人才集聚,基础教育要融入这些发展战略,做好前瞻性预测,优化基础教育学校的布局结构,扩大教育资源,满足来津各类人才对子女教育的多样化需求,同时积极扩大对外交流合作,提升基础教育的质量和品质。

3. 天津经济社会发展新变化对教育的新需求

当前新一轮产业革命正在兴起,新时代的天津经济社会发展呈现新的变

化。天津处于经济高度发达地区，未来将继续保持中高速增长，坚持新发展理念，建设现代经济体系，深化供给侧结构性改革，推动新旧动能转换，加快发展战略性，发展新兴产业促进产业转型升级和高质量发展，提升经济的创新力和竞争力，需要创新型人才提供有力的支撑，需要基础教育加强创新型人才的培养。天津新型城镇化进程不断加快，城镇化率由2015年的82.64%提高到2019年的83.48%，面向2035天津将深入实施新型城镇化和乡村振兴战略，需要发展优质均衡的基础教育，通过深化教育综合改革，促进基本公共教育服务均等化，实现基础教育特别是义务教育城乡一体化均衡发展。

4.学龄人口变化对基础教育资源配置的新要求

学龄人口的变化与城乡基础教育资源配置需求有着密切的联系，教育资源需要根据学龄人口的数量、结构的变化进行合理的配置。伴随着"全面二孩"政策实施和出生高峰期的到来，以及居住证制度下随迁子女的不断增加，"海河英才"等人才引进计划的实施[①]，天津市的学龄人口持续增长并逐步往学前、小学后传递，特别是初中、高中学龄人口急剧增加，迫切需要超前谋划，加强学校建设，调整布局结构，优化资源配置，这种资源配置涉及学校布局、教师队伍建设、教育经费等各个方面。

5."互联网＋"、人工智能等新一轮科技革命对基础教育产生深刻影响

当前，新一轮科技革命和产业革命正在孕育兴起，以绿色、智能、泛在为特征的群体性重大技术变革方兴未艾，大数据、云计算、人工智能等新一代技术广泛运用到教育领域，教育正发生着巨大变革。特别是人工智能等信息技术给基础教育带来革命性变化。天津基础教育要主动适应科技发展的新要求，适应信息化发展带来的知识获取方式和传授方式、教与学关系的变化，推进育人方式的变革，以信息化引领基础教育现代化。

6.人民群众对美好生活的向往和对基础教育的新需求

进入新时代，伴随着我国社会主要矛盾的变化，人民群众对教育的需求

---

① 天津市2018年5月在第二届世界智能大会上宣布实施"海河英才计划"，2018～2019年累计引进各类人才24.8万人，平均年龄32岁。

更加多样化,从"有学上"到"上好学",到迫切需要更高质量、更加公平和更具个性的教育,天津基础教育要顺应人民群众的多样化、个性化和优质公平教育的需求,提供更加优质公平的教育服务。

7. 基础教育改革发展的要求

天津基础教育经过多年的发展,正在进入新的发展阶段。落实立德树人根本任务,更加需要注重内涵发展,追求优质公平普惠多样化的教育,破解基础教育发展中的不平衡不充分问题。未来的天津基础教育需要构建服务全民终身学习的教育体系,围绕公平高质量发展主题,通过学区制、集团化办学等多种形式扩大优质教育资源辐射范围,探索基础教育体制机制改革,注重家庭、学校社会协同育人,建立完善治理体系,提升基础教育的治理能力,构建德智体美劳全面发展的培养体系。

(二)面向2035天津基础教育发展面临的挑战

面对新形势新任务,天津的基础教育发展仍然存在不平衡不充分问题,还不完全适应经济社会发展和人民群众对教育的新要求新期待,素质教育尚未得到充分发展;教育资源特别是学前教育资源存在较大缺口,基本公共教育服务均等化水平有待提升;教师的育德育人能力需要加强,专业化水平仍需提高;学校活力不足,体制机制创新不够,教育品质需要进一步提升;基础教育的治理体系还不完善,治理能力有待提升。本报告以教育投入和教师队伍为例分析天津基础教育发展中的不平衡不充分问题。

平衡就是系统各要素在量变过程中的一种协调、有序关系,是一种相对和谐的内在调节机制,要求各要素都处于系统要求的合适范围,不要因为个别或某些要素的过多过少而引发系统失衡,导致系统性问题;充分既指资源供给的质量上充足,又指质量供给对需求者意愿的满足程度,无论量的不足还是质的不高,都将难以满足需求者意愿,而质量供给的满足度又具有相对性和时代性。教育的不平衡发展体现在数量、质量、结构与效益的不平衡,各级各类教育发展的不协调,教育发展在区域、城乡、人群之间及校际的差距等方面;教育的不充分发展主要表现为教育质量和教育方式还不能很好满足国家社会与人民群众的需求①。天津市基础教育发展不平衡不充分问题,从一些关键性指标也能够反映出来,这些指标既是问题的表现,也是需要加以着力解决的关键性问题。

1. 教育经费投入差异

教育经费投入是发展教育事业的重要物质基础,是公共财政保障的重点。根据《市教委 市财政局 市统计局关于2018年天津市教育经费执行情况统计公告》进行分析可以发现,2018年天津市在教育经费投入上各区之间差异较大。2018年一般公共预算教育经费占一般公共预算支出比例最高的河北区(27.84%)比最低的西青区(8.40%)高19.44个百分点;一般公共预算教育经费比上年增长比例最高的宝坻区(19.49%)比最低的和平区(-13.96%)高33.45个百分点。

2018年各级教育生均一般公共预算公用经费,幼儿园最高的是滨海新区14288.63元,最低为河北区2080.38元;普通小学最高的是和平区8039.14元,最低为静海区1987.81元;普通初中最高的是宁河区11073.18元,最低为静海区2086.61元;普通高中最高的是红桥区20087.44元,最低为武清区3404.61元。教育经费的差距直接影响到各个区的基础教育发展,有的区在实现两个只增不减上还需要增加投入(见表1)。

表1 2018年天津市一般公共预算教育经费和各级教育生均一般公共预算公用经费情况

项目	一般公共预算教育经费			生均一般公共预算公用经费(元)			
地区	一般公共预算教育经费(亿元)	一般公共预算教育经费占一般公共预算支出比例(%)	一般公共预算教育经费比上年增长(%)	幼儿园	普通小学	普通初中	普通高中
天津市	448.04	14.44	3.09	5874.40	3996.50	6539.07	9180.46
和平区	15.81	26.41	-13.96	5395.41	8039.14	7437.34	8214.22
河东区	15.78	24.19	0.57	2815.36	3715.91	7102.58	6984.88

① 韩民:《新时代教育的新使命新挑战》,《终身教育研究》2017年第6期。

续表

项目	一般公共预算教育经费			生均一般公共预算公用经费(元)			
地区	一般公共预算教育经费（亿元）	一般公共预算教育经费占一般公共预算支出比例（%）	一般公共预算教育经费比上年增长（%）	幼儿园	普通小学	普通初中	普通高中
河西区	18.81	18.97	5.88	5975.17	4175.60	10147.52	9576.42
南开区	15.50	24.34	0.12	3597.98	3265.93	9107.17	8008.62
河北区	15.70	27.84	1.52	2080.38	3785.35	9049.02	6273.23
红桥区	10.84	23.83	9.63	3232.70	3011.97	9532.85	20087.44
东丽区	14.13	16.31	1.94	8686.94	2736.62	5028.26	4540.10
西青区	13.79	8.40	6.03	13129.25	3605.96	4109.04	6892.91
津南区	12.15	15.00	-7.77	8800.91	3290.10	7187.82	6473.87
北辰区	15.05	18.76	1.52	6079.43	4022.84	8545.00	6848.25
武清区	25.68	14.48	-3.12	2579.68	2618.52	3592.91	3404.61
宝坻区	26.63	23.07	19.49	8029.83	2910.54	2873.66	4893.55
滨海新区	71.85	11.04	12.91	14288.63	7684.97	10222.49	19048.33
宁河区	13.64	22.94	9.05	4032.04	3800.47	11073.18	6149.65
静海区	17.91	15.92	0.25	3423.03	1987.81	2086.61	11314.20
蓟州区	22.62	25.19	5.25	7773.98	2304.93	5474.81	7620.47

资料来源：天津市教委网站，《市教委 市财政局 市统计局关于2018年天津市教育经费执行情况统计公告》。

2. 教师队伍建设方面

一是生师比情况。教师队伍是学校发展的重要保障，生师比是在校生和学校专任教师的比例，主要反映教师的数量是否满足学生发展的需求。我们根据天津市教委整理汇编的《天津市教育事业统计资料（2018年）》，对2018年天津市基础教育阶段的生师比进行了计算，2018年幼儿园全市生师比为13.39，普通小学全市生师比为15.03，普通中学全市生师比为9.99。从基础教育阶段生师比城乡差异来看，镇区和乡村的幼儿园生师比远远高于城区，且镇区和乡村的标准远高于教育部15的标准，说明镇区和乡村幼儿园专任教师严重紧缺，最紧缺是镇区幼儿园。而小学的生师比则是城区高于镇区、镇区高于乡村，说明城区小学教师最为紧缺，镇区其次。普通中学的生师比则是镇区高于乡村、乡村高于城区，师资最为紧缺的还是镇区，而乡村次之（见表2、表3）。

表2 2018年天津市基础教育师资分布

单位：所，人

学段	地区	学校数	在校生数	校均规模	专任教师	生师比
幼儿园	城区	1385	195856	141	16065	12.19
	镇区	280	30249	108	1593	18.99
	乡村	558	36802	66	1977	18.62
小学	城区	439	494198	1126	29845	16.56
	镇区	140	80053	572	4943	16.20
	乡村	300	98937	330	7088	13.96
普通中学	城区	337	327586	972	35638	9.19
	镇区	130	82426	634	8127	10.14
	乡村	69	30082	436	3219	9.35

资料来源：根据天津市教育委员会《天津市教育事业统计资料（2018年）》整理。

天津市各区之间的基础教育师资也存在不平衡问题，武清区、蓟州区和宁河区的幼儿园生师比比较高，和其他区差距较大，幼儿园教师相对比较缺乏。普通小学阶段津南区、南开区教师相对比较缺乏，普通中学阶段教师津南区、西青区相对比较缺乏。总起来看，市内六区的师资状况好于郊区县，教师相对充足（见表3）。

表3 2018年天津市各区基础教育阶段生师比

区县	幼儿园	普通小学	普通中学
全市合计	13.39	15.03	9.99
和平区	9.95	13.69	7.91
河东区	8.55	15.17	8.60
河西区	10.99	16.54	10.24
南开区	10.78	18.05	9.08
河北区	10.42	13.48	8.00
红桥区	10.70	11.30	6.68
东丽区	13.27	13.03	9.35
西青区	11.80	14.55	11.93
津南区	15.93	20.50	14.17
北辰区	14.35	16.49	11.08

续表

区县	幼儿园	普通小学	普通中学
武清区	18.33	15.56	10.63
宝坻区	13.02	13.03	10.21
滨海新区	12.41	14.20	9.92
宁河区	18.27	13.84	9.52
静海区	14.11	14.87	11.76
蓟州区	18.81	16.83	10.50

资料来源：根据天津市教育委员会《天津市教育事业统计资料（2018年）》整理。

二是教师的学历、职称情况。教师的学历和职称反映教师的质量水平。按照城乡划分，幼儿园阶段园长、专任教师中学历为本科及以上比例由高到低分别为城区（55.98%）、乡村（28.53%）和镇区（25.81%），城区远远高于乡村和镇区；在职称方面，高级教师比例由高到低分别为城区（23.23%）、乡村（20.06%）和镇区（12.77%），城区幼儿园园长和专任教师的学历、职称比较高，乡村其次，镇区最低，乡村和镇区幼儿园教师的学历职称亟待提高（见表4）。

表4 2018年天津市幼儿园园长、专任教师学历、职称情况

单位：%

项目	本科及以上学历比例	高级教师比例
城区	55.98	23.23
园长	54.79	36.66
专任教师	56.11	21.75
镇区	25.81	12.77
园长	45.88	35.29
专任教师	22.60	9.17
乡村	28.53	20.06
园长	42.05	38.01
专任教师	26.00	16.69

资料来源：根据天津市教育委员会《天津市教育事业统计资料（2018年）》整理。

中小学教师的学历职称通过不同课程进行统计。从不同课程专任教师学历来看，普通小学专任教师本科及以上学历比例最高的是英语（90.82%），最低的是劳动与技术（55.72%）；普通初中专任教师本科及以上学历比例最高的是艺术（100.00%），其次是英语（98.67%），比例最低的是劳动与技术（81.09%），除劳动与技术、科学外本科及以上学历的比例均超过90%；普通高中不同课程之间教师本科及以上学历在比例上差别不大。总起来看，小学阶段不同课程教师本科及以上学历比例差距较大，中学特别是普通高中不存在明显差距（见表5）。

表5 2018年天津市中小学分课程专任教师本科及以上学历情况

单位：%

课程	普通小学	普通初中	普通高中
品德与生活（社会）、思想品德	64.04	96.08	99.59
语文	83.38	98.62	99.51
数学	82.53	98.43	99.52
英语	90.82	98.67	99.56
体育（体育与健康）	77.67	96.97	98.77
物理	—	97.76	99.51
化学	—	98.53	99.75
生物	—	95.69	99.92
历史与社会	—	92.16	—
地理	—	94.91	100.00
历史	—	96.13	99.58
科学	63.97	85.58	—
艺术	63.49	100.00	100.00
音乐	83.66	96.07	98.36
美术	83.54	97.68	99.36
综合实践活动	75.25	91.18	100.00
信息技术	85.27	97.48	99.76
劳动与技术	55.72	81.09	—
通用技术	—	—	99.03

注：无数据表示该学段不开设这门课程。
资料来源：根据天津市教育委员会《天津市教育事业统计资料（2018年）》整理。

三 国际社会和国内发达地区基础教育发展的比较与借鉴

基础教育是国际社会关注的重点教育问题,包括联合国教科文组织在内的很多国际组织都就 2030 年的基础教育进行了设想和预测,为世界各国的基础教育发展提供了参考和建议,国内其他省市在基础教育发展中探索出了很多有效的经验,在本区域的教育现代化 2035 中也对未来的基础教育进行了规划。我们对国际社会和发达地区基础教育发展的建议和经验进行借鉴,以促进天津基础教育的发展。

(一)国际社会关于基础教育发展的行动框架

教育发展是国际社会关注的重要问题,特别是联合国教科文组织、经合组织、世界银行等国际组织,联合国教科文组织是最为典型的代表,在教育发展方面发布了一系列新的框架或者宣言。联合国教科文组织是负责教育、科学、文化和传播等领域的联合国专门机构,1983 年提出了全民教育理念,成为推进各国教育发展的重要目标。1990 年在泰国宗滴恩召开的世界全民教育大会上通过了《世界全民教育宣言》。2000 年 4 月,联合国教科文组织在达喀尔召开世界教育论坛,通过了《达喀尔行动纲领》,进一步明确了全民教育的目标。2015 年 5 月,联合国教科文组织在韩国仁川举行世界教育论坛,通过的《仁川宣言》把"2030 年教育:迈向全纳、公平、有质量的教育和全民终身学习"作为总目标,提出了 2030 年发展全纳、公平、有质量的教育,在全民教育理念基础上向前迈进了一大步。特别是提出了将确保提供 12 年免费、公平、有质量的初等教育和中等教育,其中至少包含 9 年义务教育且能产生相关学习成果。鼓励提供至少 1 年有质量的免费义务学前教育,让所有的孩子都有机会获得有质量的儿童早期发展、看护和教育①。公平有质量的 12 年免费的中小学教育和学前 1 年免费教

---

① 周红霞:《2030 年教育:迈向全纳、公平、有质量的教育和全民终身学习》,《世界教育信息》2015 年第 14 期。

育,这也是我国基础教育努力实现的重要目标。2015年9月,联合国发展峰会通过《变革我们的世界:2030年可持续发展议程》,确定了17个可持续发展目标,其中的目标4是"确保包容和公平的优质教育,让全民终身享有学习机会"。2015年11月,联合国教科文组织第38届大会发布了《教育2030行动框架》,框架把"确保全纳、公平、有质量的教育,增进全民终身学习机会"确定为总目标,提出了全球教育发展的七大目标①。《仁川宣言》和《教育2030行动框架》为2030年的全球教育发展指明了方向。全球教育发展的七大目标包含了多项基础教育的发展目标。目标4.1:到2030年,确保所有儿童都完成免费、公平和有质量的中小学教育,取得相关和有效的学习成果;目标4.2:到2030年,确保所有儿童都能获得有质量的早期儿童发展、保育和学前教育,为接受初等教育做好准备;目标4.5:到2030年,消除教育中的性别差异,确保残障人士、原住民、弱势儿童等弱势群体平等获得各级教育和职业培训②。

联合国教科文组织的《反思教育:向"全球共同利益"的理念转变?》报告将21世纪的教育和知识视为共同利益,把维护和增强个人在其他人和自然面前的尊严、能力和福祉作为教育的根本宗旨,强调人文主义教育观、确保增强教育的包容性,重申教师在知识社会和信息时代的重要性③。从联合国教科文组织关于基础教育的这些目标来看,具有高度的一致性和连续性,公平优质成为基础教育未来发展的基本理念,对世界各国的基础教育发展都具有重要的指导作用,天津市的基础教育在面向2035年的发展中,也要充分借鉴这些思想。

(二)我国发达地区基础教育发展的规划借鉴

我国作为负责任的大国积极落实2030年可持续发展议程,出台了专门

---

① 国家教育发展研究中心专题组:《迈向全纳、公平、有质量的教育和全民终身学习——〈教育2030行动框架〉之总体目标和策略方法》,《世界教育信息》2016年第1期。
② 熊建辉、臧日霞、杜晓敏:《迈向全纳、公平、有质量的教育和全民终身学习——〈教育2030行动框架〉之具体目标和指示性策略》,《世界教育信息》2016年第2期。
③ 联合国教科文组织:《反思教育:向"全球共同利益"的理念转变?》,教育科学出版社,2017。

的方案,制定了《中国教育现代化2035》,这既是中国政府为加快推进教育现代化、建设教育强国的战略举措,同时也是中国政府作为一个负责任的大国积极主动兑现全球可持续发展教育目标(Sustainable Development Goal for Education)的重要举措①。在主要发展目标中提出了培养德智体美劳全面发展的社会主义建设者和接班人,普及有质量的学前教育、实现优质均衡的义务教育、全面普及高中阶段教育、残疾儿童享有适合的教育,在落实国际社会基础教育发展的同时体现了创新。各省市也都相继出台了"教育现代化2035",对2035年基础教育的发展目标进行了规划。《首都教育现代化2035》提出:到2035年全面普及高质量的学前教育、高标准实现优质均衡的义务教育、提供高质量多样化的高中阶段教育、残疾儿童少年都享有适宜的教育。《上海教育现代化2035》提出:普及普惠、优质安全的科学育儿和学前教育体系全面建成。基础教育在全面实现优质均衡发展的基础上,使学生接受更高质量的教育、实现全面而有个性发展,整体水平保持全国领先并保持国际影响力。特殊儿童都能接受适合自身特点、有利自身发展、更高质量的教育。《江苏教育现代化2035》则提出发展公平优质的基础教育,促进学前教育普惠健康发展,创建学前教育改革发展示范区;促进义务教育优质均衡发展,提高城乡一体化发展水平;促进普通高中教育特色多样发展,推进高品质示范性高中建设,深化课程改革与内涵项目建设。北京、上海、江苏经济社会发展水平比较高,教育发展基础比较好,基础教育发展目标都在贯彻落实国家教育现代化的基础上,结合本区域提出了更高标准的要求。

(三)与北京、上海、江苏、浙江基础教育发展的比较

天津的基础教育发展与发达省市相比,既有优势,也存在着明显的不足,对比先进,能够更加明确天津基础教育的发展目标和路径。

1. 教育经费投入比较

教育经费投入与一个地方的财政状况有关,是对教育重视程度的重要反

---

① 顾明远、滕珺:《〈中国教育现代化2035〉与全球可持续发展教育目标实现》,《比较教育研究》2019年第5期。

映。从2018年一般公共预算教育经费增长情况来看,天津的一般公共预算教育经费占一般公共预算支出比例高于北京、上海,低于江苏、浙江;一般公共预算教育经费比上年增长比例和江苏相同,均为3.09%,但低于其他三省市,有较大的差距。天津国内生产总值总量比较小,但一般公共预算教育经费支出比例并不低,但比上年增长要低,还需要继续增加教育经费投入,提高增长率(见表6)。

表6 五省市2018年一般公共预算教育经费情况

地区	一般公共预算教育经费(亿元)	一般公共预算教育经费占一般公共预算支出比例(%)	一般公共预算教育经费本年比上年增长(%)
北京市	1020.72	13.66	6.80
天津市	448.04	14.44	3.09
上海市	889.96	10.66	6.50
江苏省	2040.47	17.50	3.09
浙江省	1567.41	18.16	10.92

资料来源:教育部网站《2018年全国教育经费执行情况统计》。

从生均一般公共预算教育事业费支出增长来看,天津幼儿园、普通小学、普通初中和普通高中的生均费用远远低于北京、上海,但高于江苏、浙江。天津幼儿园比北京低17330.48元,比上海低2042.01元;普通小学比北京低12283.71元,比上海低2795.37元;普通初中比北京低27785.79元,比上海低1302.43元;普通高中比北京低30296.1元,比上海低3449.05元。天津各个学段支出增长率在五省市中均排在第四位。虽然生均一般公共预算教育事业费支出总体水平比较高,但和北京、上海相比存在较大的差距,特别是和北京的差距比较大。从生均一般公共预算公用经费支出增长来看,也大体上呈现类似的状况,幼儿园、普通小学、普通初中和普通高中的生均一般公共预算公用经费远远低于北京、上海,特别是普通初中差距最大,但高于江苏、浙江。但从增长率来看,有所不同,除幼儿园外,增长率其他学段均高于北京,在所有学段均高于上海。普通初中阶段的增长率在五省市中最高（见表7）。

从教育经费增长情况来看，虽然天津在五省市中排名并不低，但和北京、上海差距较大。北京、上海的基础教育在很多方面都有优势和特色，未来天津需要主要和北京、上海相比较，加大教育经费投入，支撑基础教育的优质均衡发展，以缩小和北京、上海的教育经费投入差距。

2. 教师队伍建设情况比较

高素质的教师队伍是基础教育发展的根本保障，本报告主要从生师比、教师的学历和职称进行比较。

表7　五省市2018年生均一般公共预算教育经费情况比较

单位：元，%

项目	地区	幼儿园		普通小学		普通初中		普通高中	
		2018年	增长率	2018年	增长率	2018年	增长率	2018年	增长率
生均一般公共预算教育事业费支出增长	全　国	6896.28	11.52	10566.29	3.60	15199.11	3.81	14955.66	8.62
	北京市	36841.48	15.08	31375.64	4.53	59768.35	3.70	66083.69	7.61
	天津市	19511.00	7.25	19091.93	2.18	31982.56	3.34	35787.59	3.65
	上海市	21553.01	2.73	21887.30	5.86	33284.99	8.87	39236.64	0.69
	江苏省	6366.91	18.26	12363.92	-5.49	21525.14	-3.75	25450.90	6.48
	浙江省	11536.58	11.06	15108.74	8.41	22125.88	7.59	26376.78	10.06
生均一般公共预算公用经费支出增长	全　国	2431.70	9.22	2794.58	2.29	3907.82	3.04	3646.99	7.40
	北京市	15488.29	17.70	11092.22	2.18	21603.57	1.51	22721.41	4.82
	天津市	5874.40	1.75	3996.50	9.51	6539.07	30.40	9180.46	13.65
	上海市	6971.30	1.09	6396.11	-1.21	11329.81	20.24	11030.73	-2.62
	江苏省	2013.75	19.91	2649.55	-8.53	4198.40	-3.10	4991.66	14.79
	浙江省	4103.53	14.47	3360.54	14.33	4966.16	18.69	5651.57	11.31

资料来源：教育部网站《2018年全国教育经费执行情况统计》。

一是生师比。生师比反映了教师的数量是否充足，生师比越高教师越缺乏，反之亦然。从2018年的数据来看，天津与其他四省市生师比的比较，天津在幼儿园、普通小学、普通初中、普通高中、特殊教育的所有学段生师比均高于北京，低于江苏和浙江，幼儿园和普通初中的生师比低于上海，其他学段高于上海，但差别并不大。天津的基础教育教师队伍和北京相比有差距，和上海总体相当，在幼儿园和普通初中生师比好于上海，其他学段上海更有优势（见表8）。

表8 五省市2018年基础教育生师比

地区	幼儿园	普通小学	普通初中	普通高中	特殊教育
全　国	18.04	16.97	12.79	13.10	11.35
北京市	11.59	13.65	7.83	7.44	6.63
天津市	13.39	15.03	10.20	9.63	7.08
上海市	13.81	14.09	10.55	8.62	5.78
江苏省	16.91	17.73	11.83	10.26	8.83
浙江省	14.92	17.14	12.66	10.93	7.54

资料来源：根据教育部网站《2018年全国教育统计数据》整理。

二是教师的学历和职称情况。生师比是教师数量的反映，学历和职称是教师素质的反映。从教师具有本科及以上学历的比例看，天津的幼儿园教师低于上海24.61个百分点，但高于其他省市，和江苏相差无几；小学本科及以上学历教师低于其他省市，特别是和北京有明显差距，相差11.96个百分点；普通初中教师比例仅高于浙江，和江苏相当；普通高中虽然和其他省市差别不大，但仍然居于最后一位；特殊教育教师学历仅高于浙江，比北京差了11.85个百分点。这就说明天津的基础教育学段教师学历在学前教育方面有明显优势，但在其他学段还有一定的差距，特别是和北京、上海差距较大。

在高级教师比例上，天津具有明显优势，除幼儿园比上海低5.93个百分点，普通高中阶段略低于北京和江苏，在小学、普通初中和特殊教育教师高级教师职称上均高于其他省市，排名第一，小学高于北京14.3个百分点。

总体来看天津基础教育的师资在本科及以上学历水平上和北京、上海存在明显差距，在高级教师职称上具有明显优势。提高中小学教师的学历水平是教师队伍建设的重要任务（见表9）。

表9　五省市2018年专任教师本科及以上学历、高级职称情况

单位：%

地区	幼儿园		普通小学		普通初中		普通高中		特殊教育	
	本科及以上学历比例	高级教师比例	本科及以上学历比例	高级教师比例	本科及以上学历比例	高级教师比例	本科及以上学历比例	高级教师比例	本科及以上学历比例	高级教师比例
全国	24.16	6.99	59.12	48.65	86.22	19.31	98.41	27.67	70.30	56.39
北京市	46.84	13.76	92.95	50.81	99.18	26.75	99.88	39.93	95.13	59.73
天津市	50.52	18.64	80.99	65.11	96.94	33.71	99.52	38.34	83.28	69.09
上海市	75.13	24.57	83.77	47.16	99.04	11.81	99.93	30.46	90.98	58.32
江苏省	50.15	9.41	83.81	55.43	96.95	25.92	99.75	39.32	83.98	64.67
浙江省	42.39	10.50	81.03	54.32	96.33	24.37	99.61	34.25	81.69	52.80

资料来源：根据教育部网站《2018年全国教育统计数据》整理。

3. 基础教育国家级教学成果奖的比较

基础教育国家级教学成果奖是反映我国基础教育教学改革与实践探索的重要成果，是学校人才培养工作和教育教学改革成果的重要体现，也在一定程度上反映了区域的基础教育质量和水平。本报告对五省市2014年、2018年两年的基础教育教学国家级成果奖进行比较。两届基础教育教学国家级成果奖，天津只有1项一等奖，31项二等奖，和其他四省市差距非常大，第二届的差距进一步扩大。这就说明天津的基础教育质量和其他省市还有明显差距，特别是和京沪差距，未来天津基础教育不仅要进一步提高质量，还要善于总结提升教育教学成果，才能缩小差距（见表10）。

表10　五省市基础教育国家级教学成果奖比较

地区	第一届(2014年)			第二届(2018年)		
	特等奖	一等奖	二等奖	特等奖	一等奖	二等奖
全国	2	48	367	2	50	400
北京市	1	8	31	0	12	28
天津市	0	1	21	0	0	10

续表

地区	第一届(2014年)			第二届(2018年)		
	特等奖	一等奖	二等奖	特等奖	一等奖	二等奖
上海市	0	15	21	1	11	30
江苏省	1	12	43	0	12	46
浙江省	0	3	36	0	2	26

资料来源：根据《基教类2014年国家级教学成果奖获奖项目名单》《2018年国家级教学成果奖获奖项目名单》整理。

四 面向2035天津基础教育发展目标

在对天津的基础教育发展进行全面系统总结，深刻分析2035年天津基础教育发展面临的形势和挑战，并对国际社会和其他发达省市进行比较借鉴的基础上，结合《天津教育现代化2035》对基础教育的规划，本报告提出2035天津基础教育发展目标与政策建议。

（一）2035天津基础教育发展总体目标

要对2035年天津基础教育发展目标做出科学的规划，除了前文所述的发展基础，还需要对我国的教育发展改革有深刻的把握。党的十九大提出"努力让每个孩子都能享有公平而有质量的教育"，促进教育公平和提高教育质量成为教育的主题，这也是破解教育发展不平衡不充分问题，办好人民满意的教育，满足人民群众对美好教育新期待的重要举措，体现了以人民为中心的发展理念。国际社会也把全纳、公平、质量作为基础教育发展的重要理念。全国教育大会以凝聚人心、完善人格、开发人力、培育人才、造福人民为工作目标，坚持五育并举，培养德智体美劳全面发展的社会主义建设者和接班人。教育现代化首先是人的现代化，教育中人的地位和作用更加凸显。《天津市中长期教育改革和发展规划纲要（2010－2020年）》提出"办好每一所学校，教好每一个学生"，更多地着眼于办学和教的角度，在2035

年的基础教育发展中，需要更加着眼于学生的发展，强调为每个学生的全面发展提供适合的教育。《天津教育现代化2035》提出，到2035年，教育总体发展水平位居全国前列，成为质量一流、公平普惠、优势突出、人民满意的现代化教育强市，为到21世纪中叶建设成为具有强劲实力、独特魅力和重要国际影响力的社会主义现代化强市奠定坚实基础。党的十九届四中全会提出构建服务全民终身学习的教育体系，更加注重教育治理体系和治理能力建设。基于以上分析，我们提出2035年天津基础教育发展的总体目标：全面建成公平普惠、优质均衡、特色鲜明、品质卓越、优势突出的基础教育体系，打造天津特点、中国特色、世界先进水平的基础教育，实现高质量的基础教育现代化。

（二）具体发展目标

1. 学前教育实现高质量全面普及

目前，天津市的学前教育已经实现高质量普及，但近几年随着学前学龄人口的增加，学前教育资源仍然存在较大的缺口，基本公共教育服务均等化水平有待提升，特别是对幼儿园保教质量的提升。2019年7月，天津发布的《关于学前教育深化改革规范发展的实施意见》提出：到2035年，全面普及学前三年教育，建成覆盖城乡、布局合理的学前教育公共服务体系，形成完善的学前教育管理体制、办园体制和政策保障体系，为幼儿提供更加充裕、更加普惠、更加优质的学前教育，更好地满足人民群众对幼有所育的美好期盼，为培养德智体美劳全面发展的社会主义建设者和接班人奠定坚实基础。《天津教育现代化2035》提出，学前教育资源更加丰富，保教质量显著提升，有效保证适龄幼儿都能接受高质量的学前教育，养成良好行为习惯，健康快乐成长。这两者的目标是一致的，要在高质量普及的基础上实现高质量全面普及，提升公办园和普惠性民办幼儿园在园幼儿的比例，全面提高保教质量，使学前教育更加优质、普及普惠，实现学前启蒙教育。

2. 义务教育实现优质均衡发展

天津市在2015年通过全国义务教育发展基本均衡县的验收，优质均衡

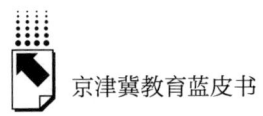

发展就成为义务教育发展的重要任务。天津在全国属于基础教育比较发达的区域，在此基础上需要有更高的标准要求，努力实现高标准的全面优质均衡。但目前还存在很大的差距，各区之间、城乡之间在一些方面还存在较大的差距。所以在义务教育的具体目标上要让教育资源配置更加合理，全市城乡义务教育学校建设标准、生均公用经费基准定额、基本装备配置标准、教师编制标准实现"四统一"，教育质量达到更高水平。

3. 普通高中实现高品质多样化特色发展

天津市在"十二五"期间实施特色高中建设项目，建设50所特色高中学校，2018年全部验收完成，初步形成了多样化特色办学的格局，目前正在实施品牌高中建设。但天津的普通高中办学活力还没有得到充分释放，与北京、上海、江苏、浙江相比，有高原无高峰，很有特色、在国内外很有影响力的普通高中学校不多。今后，普通高中应注重多样化特色发展，办学特色更加突出，学生自主发展、生涯规划能力显著增强，有效满足学生个性化、差异化发展需求。

4. 特殊教育体系更加完备

特殊教育不仅涉及基础教育阶段，还涉及学龄前和基础教育之外的阶段，形成完备的特殊教育体系非常重要。特殊教育更能体现全纳、公平、质量的理念，更要适合残疾儿童的需求。特殊教育2035年的发展目标是：全面推行融合教育，形成布局合理、学段衔接、普职融通、医教结合的特殊教育体系，让残疾儿童少年都能得到适合的教育，获得自我发展的能力。

五 天津基础教育发展的重点任务政策建议

（一）加快教育资源建设，优化教育资源供给

实现2035年天津基础教育发展目标，需要加快教育资源建设，优化教育资源供给。教育资源供给包括资源总量的扩大和结构的优化，是基础教育

发展的基本保障,是影响教育发展的重要因素。学前教育要坚持公益性,坚持"政府主导、社会参与、公办民办并举",扩大学前教育资源供给,构建以公办幼儿园和普惠性民办幼儿园为主体、公办民办并举的多元化学前教育公共服务体系。通过新建、改扩建公办幼儿园、新建小区配套幼儿园、发展普惠性民办幼儿园等多种方式扩大学前教育资源。义务教育阶段也要依据学龄人口发展,预留足够的义务教育学校用地,满足学生就近入学需求。特别是在城镇,学龄人口增长较快,大规模学校和大班额在城镇学校比较突出,更要预留教育用地。普通高中要根据新课程改革试验和新高考改革的要求,制定适应新高考的普通高中学校建设标准,扩大专用教室、实验室等资源,满足学生选课走班及个性化发展的需要。

(二)促进基本公共教育服务均等化

基本公共服务均等化是公平普惠、优质均衡、特色鲜明、品质卓越、优势突出的基础教育体系的基本要求,也是基础教育现代化的重要支撑。主要包括促进城乡义务教育一体化优质均衡发展,对特殊群体进行精准帮扶,消除区域、城乡和校际差距,保障各类人群平等享有高质量的基本公共教育服务。城乡义务教育一体化第一要优化城乡义务教育资源配置,实现标准统一,即城乡义务教育学校建设标准、生均公用经费基准定额、基本装备配置标准、教师编制标准实现"四统一",从2018年的教育经费统计数据来看,天津市各区之间的生均公用经费和教师编制标准尚未统一,还存在区域差距,需要在财政拨款、学校建设、师资配置等方面向农村学校倾斜。第二是完善义务教育优质均衡发展机制。通过采取学区化办学、集团化办学等举措发挥优质教育资源的示范、辐射和带动作用。鼓励和支持高等院校、教育教学研究机构、社会组织等,通过协作共建附属学校等多种方式,发展义务教育学校培育特色。健全城乡对口帮扶和一体化办学机制,推动中心城区优质教育资源向新城镇和农村地区辐射。推行义务教育学校教师"区管校聘",完善区内义务教育学校教师、校长交流轮岗长效机制,引导骨干教师和优秀校长向农村学校流动。第三是加强城镇学校建设,扩大城镇教育资源,保障随迁子女平等享受基本教育公共服务。第四是实施融合教育，为特殊教育儿童提供适宜的教育。对家庭困难儿童进行精准帮扶。

（三）提高育人质量，形成世界先进水平的基础教育

在公平普惠、优质均衡、特色鲜明、品质卓越、优势突出的基础教育体系建设中，品质卓越是对教育质量的要求，只有品质卓越的基础教育才能体现出突出的优势，达到世界先进水平。两届基础教育国家级教学成果奖获奖项目上，天津与其他省市存在很大的差距，虽然获奖与否受到很多因素的影响，但只有高质量的教育才能产生高质量的成果，从而也说明天津在基础教育发展中还存在短板。面向2035年的天津基础教育发展，应把品质卓越作为重要的目标。在学前教育上要注重提高保教质量，从幼儿的身心发展特点出发，以游戏为基本活动，实施科学的保育教育，促进幼儿的健康快乐成长。义务教育阶段着眼于更加优质均衡，通过深化教育教学改革提高教育质量，特别是要坚持五育并举，通过优化教学方式、完善教学管理和作业考试辅导、促进信息技术与教育融合等途径提升课堂教学质量。在高中阶段注重学生的全面有个性的成长，同时，为特殊教育提供更加适宜的教育。

（四）建设高素质的专业化教师队伍

高素质专业化教师队伍是教育发展的关键。面向2035的天津基础教育在教师队伍上要更加强调专业化。首先要补充教师数量，根据区域、城乡之间的不同需求采取差异化的补充，更多地向镇区和乡村倾斜。幼儿园要更加关注镇区和乡村教师的补充，普通小学更加关注城区和镇区，普通高中关注镇区。从具体的区来看，武清区、蓟州区和宁河区的幼儿园需要加大幼儿园教师的补充力度，津南区、南开区要关注小学阶段的教师补充，津南区、西青区需要加大普通中学的补充。从学历和职称来看，需要通过引进或者进修等方式提高镇区和乡村教师的学历水平。普通小学需要提高品德与生活（社会）、思想品德，科学，艺术，劳动与技术课程的教师学历，普通初中需要提

高历史与社会、科学和劳动与技术教师的学历。在学前教育高级教师应向镇区倾斜。

(五) 完善教育经费投入机制

教育经费是基础教育现代化的基本保障,要加大教育经费的投入力度,提高投入水平,确保财政一般公共预算教育经费支出逐年只增不减,确保按在校学生人数平均的一般公共预算教育经费支出逐年只增不减,目前有的区在一般公共预算教育经费支出上没有实现只增不减。生均一般公共预算公用经费不同的区之间差距较大,要通过合理划分教育领域财政事权和支出责任,对教育经费较少的区给予支持。要根据生均培养成本和经济社会发展水平,建立学费标准动态调整机制,不断提高生均一般公共预算公用经费的标准。在经费支出结构上要关注普惠性民办幼儿园、义务教育优质均衡发展等重点,通过教育经费对这些重点任务予以支持。

B.11
面向2035的河北教育发展定位与趋势

马振行 闫春江 李 静*

摘 要： 新中国成立特别是改革开放以来，河北省各级党委、政府高度重视教育，全社会关心与支持教育，广大教育工作者不懈努力，全省各级各类教育健康、协调、快速发展，教育现代化建设扎实推进。进入新时代，河北省步入全面实现教育现代化的关键阶段，全省教育改革发展面临前所未有的新机遇、新需求、新挑战。要实现2035年教育现代化的奋斗目标，还需要加强以下几个方面的工作：让办学方向和育人导向更加坚定，各类教育更高质量发展，终身学习体系更加完善，教育信息化手段更加完备，京津冀教育协同发展更加融合，国际交流合作更加开放。

关键词： 教育 现代化 河北

教育是培养人才、开发人力资源、促进人的全面发展的根本途径，在经济社会发展中处于基础性、全局性、先导性战略地位。强省必先强教，实现现代化必先实现教育现代化。

新中国成立特别是改革开放以来，河北省各级党委、政府高度重视教

---

* 马振行，河北省教育科学研究所所长，主要研究领域为教育管理、教育宏观发展等；闫春江，河北省教育科学研究所教研员，主要研究领域为教育发展、教育信息化、中小学德育；李静，河北省教育科学研究所助理研究员，主要研究领域为教育理论、教育发展等。

育,全社会关心与支持教育,广大教育工作者不懈努力,全省各级各类教育健康、协调、快速发展,教育现代化建设扎实推进。党的十八大以来,在以习近平同志为核心的党中央坚强领导下,河北省委、省政府全面贯彻党的教育方针,坚持教育优先发展,深入推进教育领域综合改革,持续加大教育投入,教育发展迈上了新台阶。

一 河北教育发展取得新成就

(一)学前教育普及普惠优质安全发展

坚持公益性普惠性原则,大力扩充普惠性学前教育资源,利用农村中小学布局调整的富余资源和其他富余公共资源,大力发展公办性质幼儿园;开展城镇小区配套幼儿园专项治理,提出四个确保,即"确保依标规划到位""确保园舍建设到位""确保如期移交""确保规范使用",确定了治理工作的时间表、路线图。扩大专科及以上学前教育专业人才培养,全面提升幼儿园教职工队伍结构和业务素质。加强幼儿园"小学化"治理,纠正幼儿园"小学化"倾向等各种错误行为,提高幼儿园保教质量。截至2019年,河北省共有幼儿园1.66万所,在园幼儿239.04万人,幼儿园教职工22.26万人,其中,专任教师13.51万人,专科及以上学历7.75万人(占比75.68%),中级及以上职称1.79万人。幼儿园占地5.45万亩,生均15.2平方米;校舍建筑面积1631.02万平方米,生均6.82平方米。学前教育毛入园率达到87.39%,高出全国平均水平5.29个百分点(见图1)。

(二)义务教育优质均衡发展

实施义务教育学校标准化建设工程,将乡村小规模学校和乡镇寄宿制学校建设纳入省政府20项"民心工程",全面改善贫困地区义务教育薄弱学校基本办学条件,使农村孩子就近上得了学、上得好学。仅2019年,河北省就新建、改扩建校舍50万平方米。探索和推广"集团化""联合校""兼并校""学区

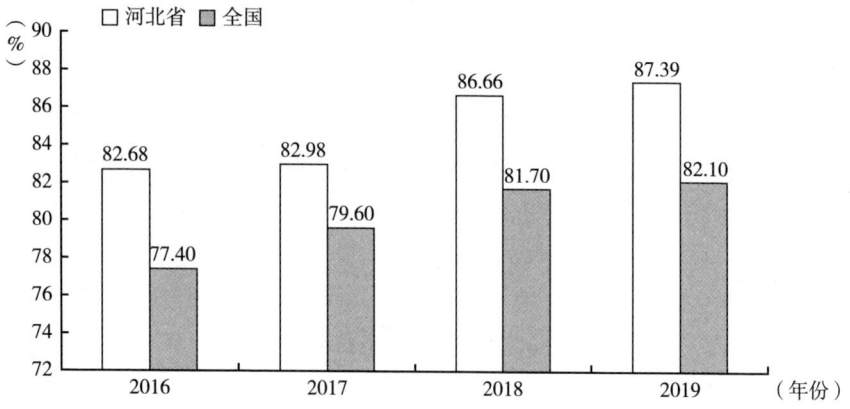

图1 学前教育毛入园率

制"等多种方式,促进义务教育优质资源共享、均衡发展。完善控辍保学联控联保机制、监测机制和考核问责机制,建立义务教育控辍保学"七长"(县长、局长、乡长、"村长"、校长、家长、师长)责任制。截至2019年,全省共有义务教育学校14009所,在校生976万人。其中,小学11604所、在校生679万人;初中2405所、在校生297万人。义务教育阶段专任教师60.59万人,比上年增加2.58万人,其中小学专任教师39.53万人,比上年增加1.50万人;初中专任教师21.06万人,比上年增加1.08万人。九年义务教育巩固率达到97.60%。全省168个县(市、区)全部通过了全国义务教育发展基本均衡县的督导检查和认定,提前一年完成义务教育基本均衡发展目标(见图2)。

(三)普通高中优质特色发展

实施高中阶段教育普及攻坚计划,扩大普通高中教育资源投入,满足初中毕业生接受良好高中阶段教育的需求。创建一批外语、艺术、体育等特色高中,推动普通高中多样化发展。建立生均公用经费拨款标准和学费标准动态调整机制,完善普通高中学生综合素质评价实施办法,适应普通高中学校选课走班教学需要。截至2019年,河北省高中阶段教育共有学校1280所,其中普通高中679所,比上年增加24所。高中阶段在校学生218.66万人,比上年增加12.74

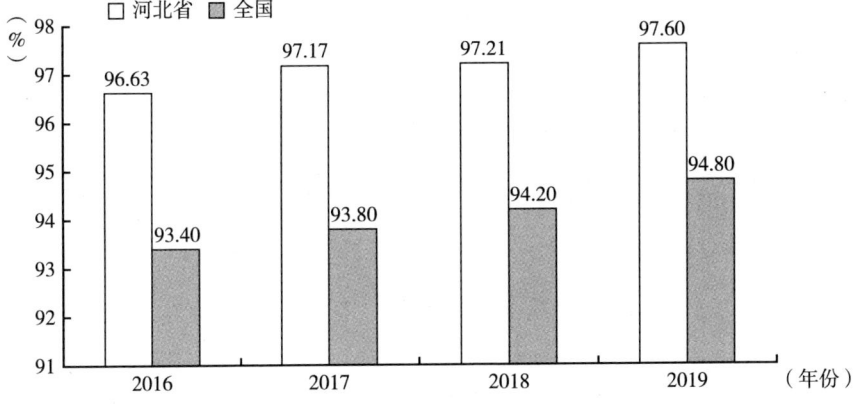

图2 九年义务教育巩固率

万人,其中普通高中在校生141.20万人,比上年增加7.71万人。高中阶段专任教师共有16.78万人,比上年增加2.13万人,其中普通高中专任教师10.71万人,比上年增加0.72万人。2019年全省高中阶段毛入学率达到93.15%(见图3)。

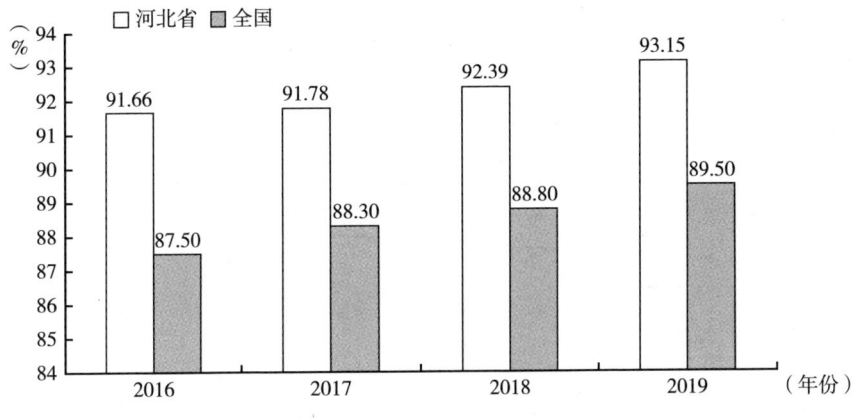

图3 高中阶段毛入学率

(四)推进职业教育高质量发展

深化产教融合、校企合作,着眼服务支撑河北省10个战略性新兴产业和12个重点产业发展需求,新建重组了28家省级职业教育集团,牵头成立了 4 个全国性、17 个区域性职教联盟。按照"面向市场、服务发展、促进就业、对接科技发展、提升核心竞争力"的指导思想,对全省职业院校专业建设进行整体规划,从对接服务雄安新区建设和北京冬奥会筹办、对接供给侧改革、对接区域产业功能定位、对接产业发展需求和对接职业教育质量发展等五个维度,启动实施了全省职业院校专业结构优化调整工作。2019年,全省高职院校在能源与材料、装备制造、交通运输、电子信息、医药卫生、公共管理与服务等专业大类招生规模较上一年度增幅分别为39.43%、26.41%、26%、28.89%、38.1%、117.16%,在校生增幅分别为20.66%、15.46%、13.77%、22.53%、10.36%、69.13%(见图4)。实施"一带一路"教育行动,加强与德国、瑞士等国家高端职业教育学校与培训机构合作交流,河北省6所高职院校与德国、澳大利亚、新加坡等职业教育先进国家开展了合作办学。截至2019年,全省中职学校在校生89.49万人,教职工59021人;高职院校在校生64.99万人,教职工33148人。2018年以来,全省职业院校培养输送毕业生88.82万人,毕业生就业率稳定在90%以上。

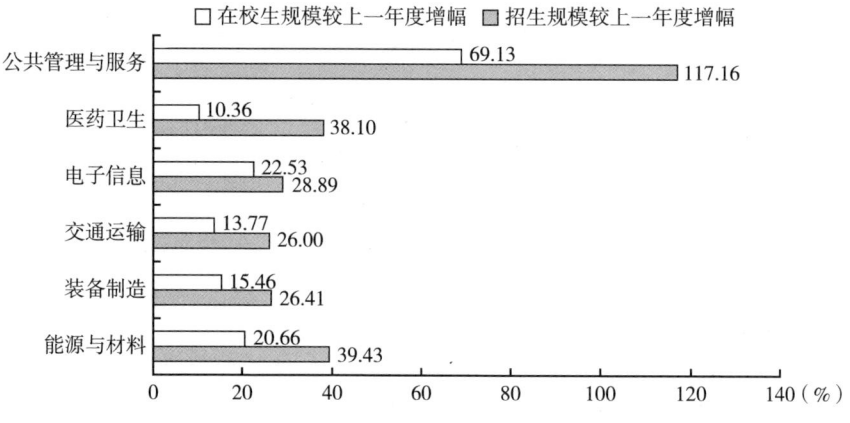

图 4　2019 年河北省高职院校专业调整情况

(五)推进高等教育内涵式高质量发展

结合河北省高等教育发展实际,实施省级"双一流"建设,2016~

2020年，河北省政府每年安排5亿元专项资金，支持12所高校54个学科进行重点建设。全省8所高校17个学科进入ESI全球排名前百分之一，8所高校36个专业通过工程教育专业认证，进入了全球工程教育的"第一方阵"。着眼国家发展战略、河北经济社会发展需求及产业转型升级要求，主动适应人才市场需求，建立健全学科专业动态调整机制，不断优化学科专业结构。优先发展大数据与互联网、新一代信息技术、高端装备制造、人工智能、生物医药、新能源、新材料和先进环保等战略性新兴产业相关学科专业，大力发展金融、科技、信息、商务服务等高端生产性服务业和学前教育、家政服务、社区护理、健康养老等消费性服务业相关学科专业，加快体育与健康、产品设计、工业设计、工艺美术、艺术设计学等专业人才培养，2018～2019年新增本专科专业点603个，撤销306个，本专科专业总数达到5345个。截至2019年，全省共有普通高等学校122所（含中央部委属高校4所），居全国第7位，其中本科高校61所（含中央部委属高校4所），高职专科学校61所。普通本专科在校生147.28万人（本科82.29万人，专科64.99万人），居全国第7位。每十万人均高等教育在校生2592人（见图5），高等教育毛入学率51.29%（见图6）。

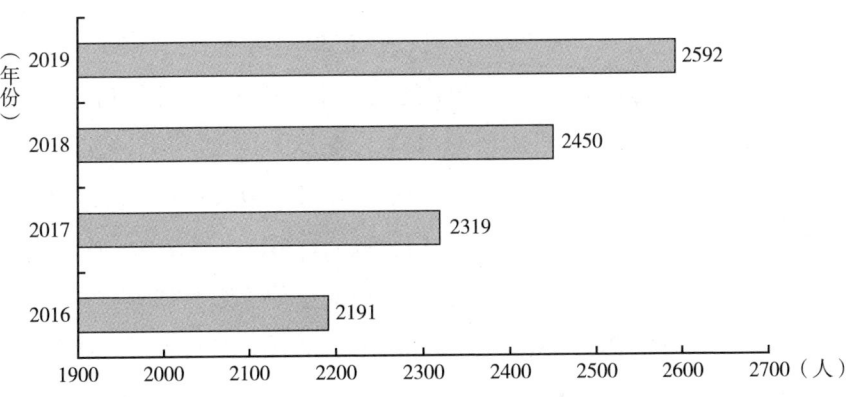

图5 河北省每十万人均高等教育在校生人数

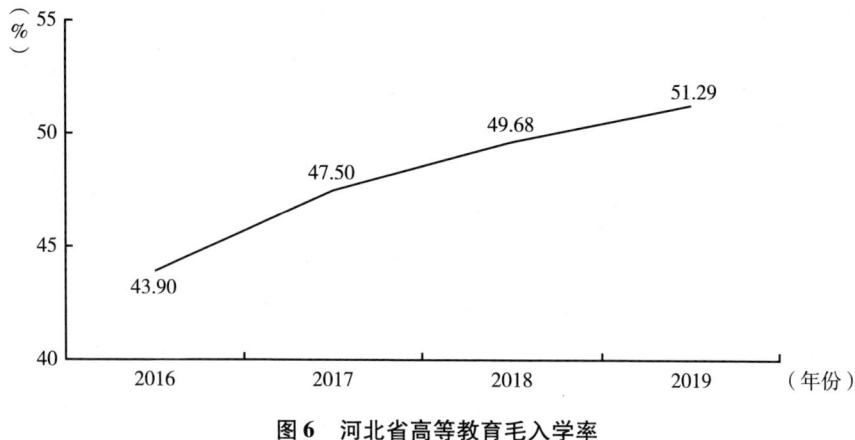

图6 河北省高等教育毛入学率

二 河北教育发展面临的新形势

进入新时代，河北省步入全面实现教育现代化的关键阶段，全省教育改革发展面临前所未有的新机遇、新需求、新挑战。

到2035年，河北省将基本形成人口均衡发展的态势，人口素质显著提高，人口与经济社会、资源环境的关系更加协调。其中，人口总量将在2017年7519.52万人的基础上，在2020年达到7700万人，在2035年增至7910万人；人均预期寿命将在2017年76.37岁的基础上，在2020年达到77岁，在2035年达到80岁；劳动年龄人口平均受教育年限将在2017年10.4年的基础上，在2020年达到11.1年，在2035年达到12.4年；60岁及以上老年人口比重将在2017年17.7%的基础上，在2020年升至19.1%，在2035年升至27.3%；常住人口城镇化率将在2017年55.01%的基础上，在2020年达到58%左右，在2035年达到70%左右（见表1）。

到2035年，河北省现代农业产业体系、生产体系、经营体系将全面建立，农业农村基本实现现代化。其中，农业结构得到根本性改善，农村一二三产业将深度融合；农村劳动力就业质量将显著提高，城乡收入差距明显缩小；农村生态环境根本好转，美丽宜居乡村基本实现；城乡融合发展体制机制更加完善，城乡

表1 河北省人口预期发展趋势

领域	主要指标	2017年	2020年	2035年
人口总量	全省总人口（万人）	7519.52	7700	7910
	总和生育率	1.7	1.8	1.8
人口素质	人均预期寿命（岁）	76.37	77	80
	劳动年龄人口平均受教育年限（年）	10.4	11.1	12.4
人口结构	0~14岁人口比重（%）	18.9	19.0	14.1
	60岁及以上人口比重（%）	17.7	19.1	27.3
	65岁及以上人口比重（%）	11.4	13.3	21.3
人口分布	常住人口城镇化率（%）	55.01	58预估	70预估

基础设施、基本公共服务均等化基本实现；农民精神文化生活更加丰富，乡风文明达到新高度；乡村治理体系更加完善、治理能力显著提升（见表2）。

表2 河北省乡村振兴战略规划主要指标发展趋势

单位：%

领域	主要指标	2017年	2020年	2035年
产业兴旺	农业科技进步贡献率	57	60	>62
	农作物耕种收综合机械化率	77.2	80	>81
	农业标准化生产覆盖率	50	70	>72
生态宜居	重要江河湖泊水功能区水质达标率	63	75	>80
	地下水压采率	—	>85	>90
	生活垃圾无害化处理的村占比	60	90	>90
乡风文明	农村义务教育学校专任教师本科及以上学历比例		65	>70
	村综合文化服务中心覆盖率		70	>80
治理有效	建有综合服务站的村占比	—	50	>90
	集体经济收入超过5万元的村占比	30	50	>60
生活富裕	农村居民恩格尔系数	26.7	26	<25.8

到2035年，在京津冀协同发展背景下，全省现代化工业体系基本建成。新型工业体系以实体经济为主体，顺应新一轮科技革命和产业变革，不断深化供给侧结构性改革，加快新旧动能接续转换，以高质量发展为根本遵循，以创新、融合、绿色、开放等理念为基本支撑，区域布局更加优化、错位发展特征明显、高端高新内涵驱动、产业链条稳健延伸。

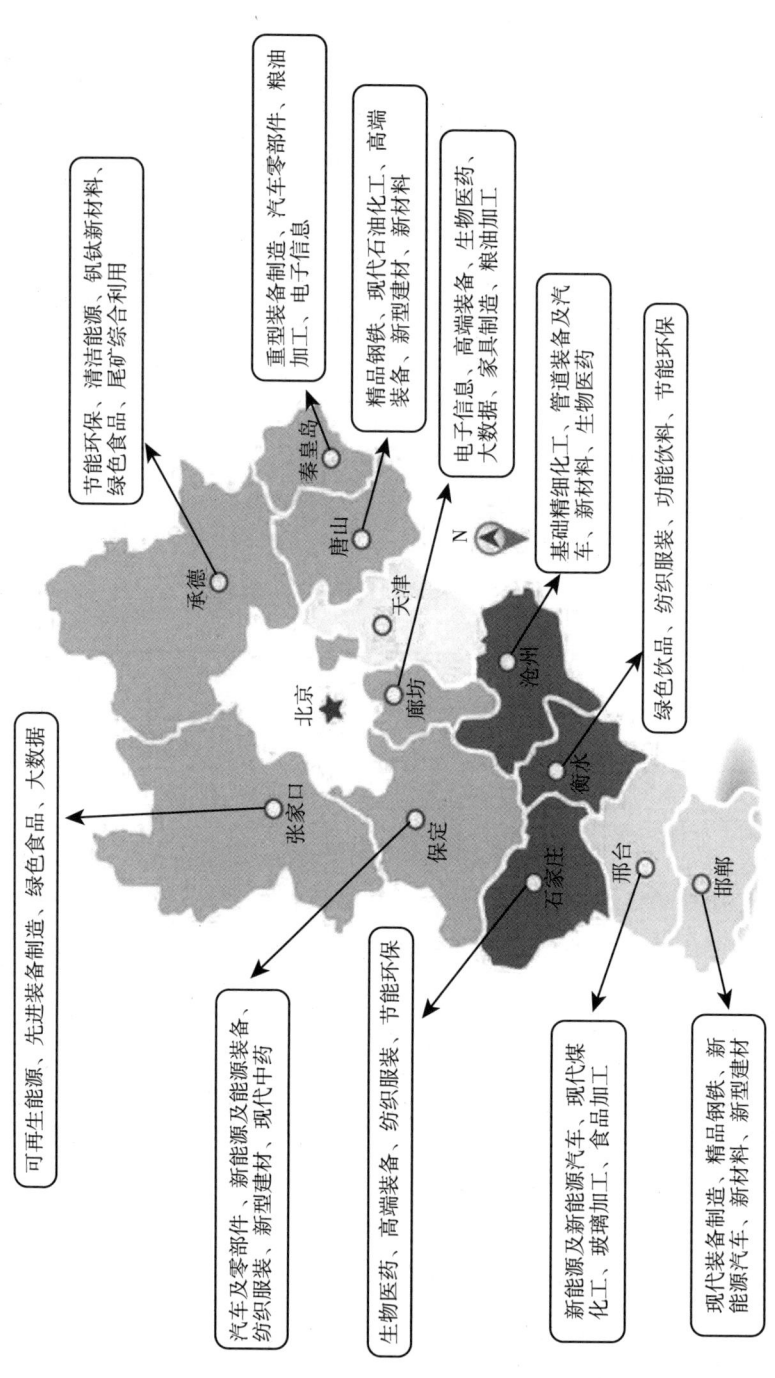

图 7 河北省各地市产业发展重点

到2035年,雄安新区将基本建成绿色低碳、信息智能、宜居宜业、具有较强竞争力和影响力、人与自然和谐共生的高水平社会主义现代化城市。作为北京非首都功能疏解集中承载地,加强对北京的高校、医疗机构、企业总部、金融机构、事业单位等的有序承接。同时,雄安新区在推动高质量发展的指标体系、政策体系、标准体系、统计体系、绩效评价和考核体系等方面取得的有效突破,可成为全国的经验示范(见表3)。

表3 河北省雄安新区规划主要指标

分项	主要指标	2035年
创新智能	全社会研究与试验发展经费支出占地区生产总值比重(%)	6
	基础研究经费占研究与试验发展经费比重(%)	18
	数字经济占城市地区生产总值比重(%)	≥80
	大数据在城市精细化治理和应急管理中的贡献率(%)	≥90
	基础设施智慧化水平(%)	≥90
绿色生态	蓝绿空间占比(%)	≥70
	森林覆盖率(%)	40
	耕地保护面积占新区总面积比例(%)	18
	起步区城市绿化覆盖率(%)	≥50
幸福宜居	15分钟社区生活圈覆盖率(%)	100
	人均公共文化服务设施建筑面积(平方米)	0.8
	千人医疗卫生机构床位数(张)	7.0
	起步区绿色交通出行比例(%)	≥90

到2035年,河北省将构建以科技创新为核心,多领域互动、多要素联动的综合创新生态体系,建立以企业为主体、市场为导向、产学研深度融合的技术创新体系,统筹企业创新、产业创新、区域创新、协同创新四大重点,构建创新能力、创新人才、创新环境三大支撑,吸引国内外创新资源加速向河北省集聚,城市创新创业能力和产业国际竞争力将明显增强。

这些战略的实施,需要有坚强的人才后盾,意味着教育的责任更加重大、任务更加艰巨,倒逼河北省必须加快教育现代化步伐,在教育公平和教育质量提升上迈出更大步伐,提高培养创新性人才、产出创新性成果的能力，为经济社会持续健康发展提供有力支撑，完善教育体系、深化综合改革，提高个性化、多样化、高质量教育服务供给能力，着力办好人民满意的教育。

面对新形势和新要求，要清醒地看到，河北省教育的主要矛盾已经转化为人民群众日益增长的对更好教育的需求与教育发展不平衡不充分之间的矛盾。具体表现在：现代化的教育理念尚未普遍树立，区域、城乡之间及校际教育资源不平衡依然存在，终身学习体系不够健全，支撑创新发展的服务能力亟待提升，教师队伍整体素质需要进一步提高，教育投入机制还不健全，投入结构和效益有待优化，教育服务经济社会发展意识和能力有待加强，教育领域综合改革任务依然艰巨。

三 面向2035河北教育发展新方向

（一）办学方向和育人导向更加坚定

做好新时代河北省教育工作，必须始终坚持以习近平新时代中国特色社会主义思想为统领，将习近平新时代中国特色社会主义思想贯穿教育工作各领域全过程。以道德与法制、语文、历史三科为重点，将习近平新时代中国特色社会主义思想融入中小学教育，实现"三进"工作全覆盖，使之系统权威进教材，深入生动进课堂，刻骨铭心进头脑。深入实施高等学校思想政治工作质量提升工程，加强马克思主义学院建设，培养一支素质优良的政工队伍，切实增强思想政治工作的针对性和实效性。把立德树人的成效作为检验学校一切工作的根本标准，全面落实立德树人根本任务，将立德树人融入思想道德教育、文化知识教育、社会实践教育各环节，贯穿基础教育、职业教育、高等教育各领域。深入挖掘河北省深厚的红色文化资源，实施燕赵红色文化弘扬工程，深入开展以"西柏坡精神"为代表的革命文化教育。加强体育教育、劳动教育、艺术教育、宪法教育、团结教育、国家安全和国防教育，教育引导学生培养综合能力和创新思维，增强学生综合素质。

（二）推动各类教育更高质量发展

学前教育是国民教育的重要组成部分，是重要的社会公益事业。办好学前教育，政府要主动承担起主体责任，突出公益、普惠属性，综合考虑城镇化进程、"全面二孩"政策和现有基础条件，提前谋划、超前布局，大力发展公办园，积极鼓励支持社会力量举办非营利性幼儿园，扩大学前教育资源供给。鼓励有条件的地方将学前教育纳入义务教育范畴，通过政府购买服务等方式为广大群众提供免费优质的学前教育。依据时代发展需要和国家基本办学标准，完善河北省义务教育阶段学校现代化办学标准，建立健全办学标准动态调整机制，建立学校教学设施设备标准化配备和定期更新机制。健全城乡一体化的学校布局、资源配置、学校管理、教育教学、督导评估等机制，保障城乡孩子享受同样质量的教育。根据国家统一部署安排，加快推进义务教育优质均衡，加强省级政府教育资源调配职责，加大贫困边远地区资源倾斜扶持力度，全面提升落后地区义务教育整体水平。新建、改扩建一批高中阶段学校，满足全面普及高中阶段教育学位需求，逐步形成布局合理、规模适度、学位充裕的高中供给新格局。深入推进普通高中课程改革，全面实施综合素质评价，注重学生核心素养提升。加快职业院校办学体制机制改革，吸引社会力量积极参与，激发学校办学活力。提升职业教育办学水平，实施中等职业学校标准化建设工程、质量提升工程和高等职业教育创新发展行动计划、高水平高等职业院校和专业（群）建设计划，推进职业教育做优做强做特。依据河北省在全国和京津冀发展中的功能定位，推进高等学校特色发展、错位发展、分类发展，逐步形成不同类型高等学校各安其位、相互协调，同类型高等学校有序竞争、争创一流的发展格局。顺应社会发展人才需求，鼓励部分本科学校结合自身优势向应用型转变，建设一批高水平应用型高等学校和专业，培养大批经济社会发展急需的应用型人才，努力使河北省成为区域企业创新的人才库、技术研发的策源地、产业转型升级的助推器。

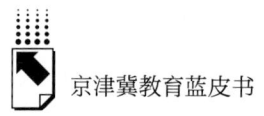

（三）终身学习体系更加完善

完善招生入学、弹性学习及继续教育制度，构建服务全民的终身学习体系。推动出台终身学习激励政策，为学习者提供灵活多样的入学机会和学习方式，形成全民积极向学、时时处处可学的制度环境。建立健全河北学分银行，为全省每一位学习者提供终身学习账户，允许学习者通过不同渠道、不同学校获得的学分得到积累和转换。充分发挥高等学校和职业学校继续教育与社会培训服务功能，面向行业企业开展多种类型、多种形式的职工继续教育，面向不同社会群体提供多样化教育与培训项目。鼓励行业企业积极发展基于工作场所的学习，为职工提供便利多样的教育资源。建立健全社区教育办学网络，组建全省社区教育联盟，建立以公益性和共享性为特点的全省社区教育公共支持服务体系。培育壮大学习型城市建设专家团队、社区教育指导师、社区教育志愿者等队伍，为全面学习、终身教育提供引领者、指导者。

（四）教育信息化手段更加完备

加强学校网络基础设施建设与多媒体终端配备，数字化教育资源一体化综合服务平台覆盖全省，信息化基础环境更为完善。各级学校软硬件建设、校内外学习资源整合统筹发展，信息技术与教育教学深度融合，基本建立了资源丰富、智能高速、广泛开放的新型智慧学校。培养学生自主学习、创新思维和谋划未来能力的教学新方式得到全面推广，适合不同师生需求的优质课件、学习辅助材料等创新优质教学资源丰富多元。建立了基于大数据、云计算、人工智能等技术的教学评价系统，全过程跟踪监测教学，个性化学习诊断、精准评价得到运用推广。优化政策环境，建立数字教育资源共建共享机制，完善利益分配机制、知识产权保护制度和新型教育服务监管制度，充分利用市场机制激发教育服务业态创新活力，鼓励学校、教师、学习者和企业共同参与开发数字化特色课程，提供优质服务。建设一体化省级教育大平台，整合学生、教师、教学、管理等数据资源，实现互联互通、共享共用，形成规范统一、互联互通、安全可控的教育数据共享、开放体系，推进基于大数据的教育治理方式变革。

（五）京津冀教育协同发展更加融合

落实国家发展战略，把握战略机遇，完善与北京市和天津市的教育合作机制，构建起目标同向、政策协调、优势互补、合作共赢、更加成熟的协同发展新格局。加强京津冀高等学校联盟建设，推进河北省高等学校与京津知名高等学校广泛深入合作。推动落实驻京部属高等学校对河北省重点骨干大学对口帮扶制度，加快河北省高等教育内涵式发展。协同推进三省市高等教育考试招生制度改革，努力争取扩大部属高等学校在河北省招生规模。深化河北省职业教育与京津职业院校、相关企业合作，优化三省市职业教育学校布局和专业结构，实现优势互补、错位发展。推动建立三省市职业教育学习成果互通互认机制，加快建立跨省市中高职衔接培养机制。鼓励京津高水平中小学与河北省中小学开展区域合作办学，整体提升全省中小学办学水平。通过京津冀基础教育课程改革联盟，加强教学改革、教研科研的合作与交流。

坚持世界眼光、国际标准、中国特色、高点定位，科学布局雄安新区各级各类教育资源，大力推进教育体制机制理念模式创新，全面建成与新区定位相匹配的现代化教育体系，形成具有中国特色的现代化教育发展新模式。依照起步区学校建设标准，对区域内现有基础教育学校进行全面升级改造，推进新区基础教育一体化发展。积极引导北京市、天津市等优质基础教育学校，通过开办分校、结对帮扶、建立联盟、集团办学等方式，引入优质教育资源。支持社会力量举办国际学校，为引进的外籍人才子女提供优质教育服务。深化教育教学改革，打造应用新教育理念、教育技术、教育模式、教育机制的样板。

（六）国际交流合作更加开放

引进用活国外一流教育资源，支持河北省高校开展高水平合作办学，深化与海外学校和教育机构、科研机构、知名企业实质性合作。推进与

"一带一路"沿线国家教育合作,支持高校与"一带一路"沿线国家建立更多友好合作关系,扩大人员往来,广泛深入开展合作。积极引进外省优质教育资源,加强与国内一流大学合作交流,吸引支持外省高等学校办分校、设立研究生学院。拓宽教育对外交流合作渠道,积极举办高级别中外人文交流活动,拓展人文交流领域,丰富内容和形式,积极打造河北省特色人文交流品牌。注重加强中小学国际理解教育,支持学校自主开发国际理解教育校本课程。

借鉴篇

Reference Reports

B.12
日本产学官协同推动首都圈区域创新发展的政策研究

李冬梅*

摘　要： 京津冀教育协同发展必须建立以高校、企业、科研单位为主体，以市场为导向、政产学研深度融合的技术创新体系，为京津冀区域跻身世界创新型都市圈、成为世界主要科技创新高地提供强有力的支撑。21世纪以来，在日本中央机关及东京都政府的主导下，其在产学官协同创新方面实施了富有特色又颇有成效的一系列措施，为推动日本首都圈科技创新发展提供了很多助力，其产学官协同创新机制的建设经验对于京津冀协同创新发展、京津冀高等教育布局等具有重要的参

---

* 李冬梅，硕士，供职于北京教育科学研究院教育发展研究中心，主要研究领域为日本及东京教育政策。

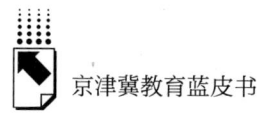

考价值和借鉴意义。

关键词： 京津冀　教育协同　日本首都圈　产学官协同

京津冀协同发展是新时期中国特色社会主义现代化建设的重大国家战略。推动京津冀教育协同发展，既是三地协同发展的关键环节，也将为京津冀协同发展提供持久动力。《首都教育现代化2035》中指出，面向未来，京津冀的教育协同需重点优化高等教育结构布局，围绕产业转型升级、创新要素集聚需求，构建高等学校协同创新体系，推动区域高等教育创新发展。科技创新是引领我国经济可持续发展的动力源泉，全国科技创新中心是以习近平同志为核心的党中央对首都城市的战略定位之一。京津冀教育协同发展必须充分调动京津冀区域的创新资源优势，优化科技创新组织模式，提高科技创新组织协同和资源配置效率，建立以高校、企业、科研单位为主体，以市场为导向、政产学研深度融合的技术创新体系，为京津冀区域跻身世界创新型都市圈、成为世界主要科技创新高地提供强有力的支撑。

政产学研协同创新已成为产业升级换代、技术日益进步、构建科技创新体系的重要一环。日本自20世纪90年代起进入创新驱动发展的"科技立国"时期，作为引领日本经济社会发展向前的首都圈，在日本中央机关及东京都政府的主导下，其在产学官协同创新方面实施了富有特色又颇有成效的一系列措施，为推动日本首都圈科技创新发展提供了很多助力，其产学官协同创新机制的建设经验对于京津冀协同创新发展、京津冀高等教育布局等具有重要的参考价值和借鉴意义。

一　日本首都圈产学官协同创新的政策背景

（一）日本产学官协同创新的历史发展

在日本，产学官协同创新始于20世纪70~80年代，至今已走过约40

年的历程。20世纪90年代以前，日本的产学协同主要是以大学教授个人与企业合作的方式展开，主要的形式是大学教授与企业开展共同研究或大学教授接受企业委托进行具体的课题研究，而大学教授所在的大学则很少涉入这种合作，自然也不会提供帮助。这种浮于表面的产学合作并未产生十分具有影响力的科学技术成果。进入20世纪90年代，日本泡沫经济破裂，陷入"失去的十年"，加上中国等新兴国家的崛起，日本的国际影响力日渐式微，日本政府意识到必须要开创出原创性的重要科技成果，不断提升日本的国际地位，成为世界创新活动的领跑者。于是，日本将"贸易立国"战略转变为"科技立国"和"知识产权立国"战略，开始强调并实现独立自主的原创型、创新型科学技术，并开始提出通过产学官三者真正意义上的协同合作来增强日本的科技力量。

1995年，日本颁布第一期《科学技术基本计划》，明确提出应促进产学官协同合作，以此来提升日本的科学技术水平。随后，日本于1998年出台了有关大学将技术相关研究成果转移到民间企业的法律，自此技术转移组织（Technology Licensing Organization，TLO）制度开始启动。系列政策与法规的出台，让日本国立大学与科研机构在自主开展产学协同创新活动中拥有了法律层面的坚实保障。此外，日本各大学自主改革内部组织框架、积极开展产学官活动的势头愈加迅猛，这也是因为在2004年开始启动的国立大学法人化改革进程中，来自国家的运营补助金逐年减少，大学需要开辟更多的财源渠道，急需通过产学协同活动将科研成果转化为企业需要的技术和生产力，以此获取来自产业界的资金保障。与此同时，日本政府开始鼓励大学参与到地区内的科技振兴活动中，要求大学为区域振兴做出贡献。相关改革举措激活了大学研究成果与产业发展需求对接互动的多重机制。日本各大学积极探索产学合作创新体制和管理改革，开启了日本大学知识创造和技术创新的新时代。

综上所述，在日本政府大力支持和倡导下，产学官协同创新制度逐步得到发展和完善，不断推陈出新，发展成为具有本国特色的优势创新模式。日本基本上形成了由国家及政府牵头，由大学完善内部产学官协同机制并对区域社会做出贡献，产学官各主体均致力于协同相关体制机制建设的一整套相对完善的产学官协同创新发展的理念模式。

（二）日本产学官协同创新的概念定位

日本的产学官协同相当于我国的政产学研合作。在日本产学官三者之间的关系中，"产"泛指以企业为代表的行业和市场，"学"代表的是日本高等院校及科研机构，"官"包含了日本的中央政府、地方政府及政府所属的研究机构。在产学官协同创新模式中，民间企业主要负责研发与成果转化，大学及研究院所主要负责基础研究和应用研究，政府机关则负责统筹协调、进行顶层设计规划及财政支持等。日本的"产学官协同"就是以"产"为方向、以"学"为基础、以"官"为纽带，发挥各自优势，共同开展科技创新活动。在此过程中，政府发挥着全面协调的作用。

2010年9月，日本文部科学省下属的科学技术与学术审议会围绕日本产学官协同的未来方向及需要重点推进的战略措施等进行了缜密研讨，出台了《为推进创新的产学官协同基本战略：构建面向未来的创新生态机制》。报告中指出，为实现科技驱动型创新产出，日本中央机构、地方政府、大学等高校、公立研究机构、企业、金融机构等多样化主体之间必须相互作用、协同共进，一同创立可持续创新的生态机制"产学官协同创新机制"，即各方主体相互作用、形成良性互动的生态循环、加速产出科技创新的机制。

（三）日本首都圈的发展概况

日本首都圈范围的界定有多种说法，狭义的首都圈被称为东京圈，指东京都、神奈川县、埼玉县、千叶县"一都三县"的范围；根据日本《首都圈整备法》及相关条例，广义的首都圈是指东京都、千叶县、神奈川县、埼玉县、群马县、栃木县、茨城县和山梨县"一都七县"，圈域总面积36884平方千米，占日本国土总面积的9.8%。根据2017年度《首都圈年度报告》，日本首都圈人口规模为4407万人，约占日本人口总数的37%。截至2014年，日本首都圈生产总值达208万亿日元，约占日本全国生产总值的38.2%。首都圈是日本政治、经济、文化的核心区域，也是引领整个日本经济发展向前的"领头羊"。

日本首都圈的发展始于20世纪50年代，经过5次规划改革，逐渐形成了从"一极集中"转向"多核心、分散型"空间布局的大都市圈发展模式。城市合理的分工和分布，很大程度上解决了东京的城市病，让首都圈的空间结构更为合理，促进了整个首都圈区域的经济发展，大大提升了日本整体的国际竞争力。截至2017年3月，日本全国外资企业总部中约有89%位于首都圈。日本首都圈拥有极其丰富的高等教育资源。2018年，全国780所大学及研究生院中有263所位于首都圈，约占全国总数的34%，而高校学生总数则占全国总数的45%。

21世纪以来，在日本中央机关及东京都政府的大力推动下，日本首都圈的产学官协同创新机制逐步确立，使更多的科学研究、技术研发等与实际生产衔接，推动了科学技术的发展循环，对于首都圈的产业发展与转型起到了重大的推动作用，并进一步推动了首都圈的功能分化和空间布局。

二 日本首都圈产学官协同创新的重大举措

（一）区域层面的产学官协同创新举措

1995年7月，日本颁布的《科学技术基本法》中规定，国家负有制定并开展科技振兴综合对策的职责和义务，而地方政府则需要在遵守国家总体对策的基础上根据所属区域的特性来制定并落实当地科技振兴的具体对策。2016年1月出台的《第五期科学技术基本计划（2016—2020）》中进一步规定，国家将对以地方政府为主体推进的科技创新予以援助，这是构建人才、知识、资金三者间良好循环进而促进创新创造的重要一环。因此，文部科学省为促进区域科技振兴，开展了多种多样的项目。

其中，为推进首都圈地区的科技创新，进一步发挥首都圈在经济社会发展领域的"领头羊"角色优势,近年来,首都圈地区在文部科学省相关项目的引领下,主要致力于推进以下四大项目及其相应的战略措施。

1. 尖端领域创新基地形成项目

日本所关注的创新创造更加着眼于未来,日本政府表示,为解决未来多样化社会的不同需求,就必须走出一条与以往不同的路子,最大限度发挥不同领域协同融合下产生的化学反应。

尖端领域创新基地形成项目,就是围绕在科技创新中尤为关键的尖端领域,形成研发基地,通过与企业的协同合作不断产生新兴产业,以及能给社会经济带来广泛影响的创新成果。该研发基地的特点就是从基础阶段起开展基于产学协同的研究开发。尖端领域项目的推进主体包括了大学、国立试验研究机构及独立行政法人,要求项目主体与产业界共同提出相关提案,并要求产业界履行相应的职责和义务。

尖端领域创新基地形成项目开展时间原则上为10~15年,项目开始后的第3年进行二次审查,集中聚焦存在的问题并为项目真正的落实推进指明方向;随后会在项目开始后的第7年也就是二次审查后的第3年进行中期评价,主要评估是否对二次审查中出现的问题进行了完善;最后会在项目结束后进行事后综合评价。该项目自2006年启动,到2008年共计选取采用21项课题。截至2019年11月,还有12项课题仍在推进之中。每项课题的财政规模为,课题启动第1年到第3年,每年拨款约3亿日元;从第4年开始,每年拨款5亿~7亿日元。在全国范围内选取的12个基地项目中,首都圈就有五大项目入围(见表1)。

在尖端领域创新基地形成项目中,大学、企业等协同要素均会发挥各自的优势与潜能,大学方面负责提供尖端技术与研究,企业方面负责提供企业内的最新研究成果,同时基地项目也致力于培养下一代研究技术人才,并与其他尖端领域开展协作。尖端领域基地形成项目主要涉及工学、医学、药学、理学等融合领域,以及纳生物、IT等尖端融合领域的12项具体事业,并已在一些领域中取得了项目研发、成果转化、产品生产等方面的成绩。日本文部科学省表示,该项目已成为引领日本科技创新的绝佳实践典范。

表1 首都圈尖端领域创新基地形成项目概览

项目主体	基地名称	协同机构
国立研究开发法人产业技术综合研究所	光互联网下的超低能源转化技术基地	日本电信电话公司、富士通研究所、古河电力工业、住友电力工业、北日本电线等10家公司
学校法人东京女子医科大学	为实现再生医疗的最尖端技术融合基地	大日本印刷、日立制造所、Cell Seed有限公司（セルシード）
国立大学法人东京大学	纳量子信息电子工学协同研究基地	日本电气、日立制造所、富士通研究所、QD激光、夏普公司（シャープ株式会社）
国立大学法人东京大学	基于疾患生命科学系统的尖端医疗技术研发基地	未来制药研究所、奥林巴斯、索尼、日立制造所、田边三菱制药、积水医药、尼康、兴和
公立大学法人横滨市立大学	翻译后修饰蛋白质组学医疗研究基地	Proteoscope医药公司、积水医药公司、富山化学工业、富士胶卷等9家公司

项目不仅注重发挥产学协同下的"化学反应"，还致力于在协同过程中培养专业性人才。参与东京大学纳量子信息电子工学协同研究基地的田边克明研究员表示："与不同专业背景、不同机构的研究人员一同合作，接触到的都是以往未曾涉及的学科、领域。"通过此次体验，田边表示："今后将继续奋斗在科技创新的第一线，力争研发出新技术，为今后的可持续发展社会做贡献。"同样参与该项目的太田泰友表示："基地规模十分庞大，包括了不同领域的研究人员、尖端的设施设备、高水平的研究等。参与此次课题，帮助我与不同领域的顶尖研究人员取得联系，也让我在与他们的交流碰撞中产生了很多新奇的想法。"此外，参与该项目课题的海外研究人员崔琦炫表示："基地项目领域很广，能够接触到多种多样的研究，是一个很好的刺激。而且有很多海外研究人员参与到项目中，大大提升了项目整体的国际化水平。"Mark Homes则表示："我所在的研究室人员众多，相当国际化，仅研究室化物的就有日本人、韩国人、中国人、法国人和英国人，正是在大家的协同合作下才让研究有了很多进展。"

该项目促进了首都圈地区产学官的合作，以及在医学、药学、理学、工学等学科前瞻性领域的融合。不仅培养了下一代海内外新兴科技的研发人才，还打通了贯穿产学官合作链的各个环节，从确立技术路径的研究阶段到面向市场的产业化阶段,都将产学官的协同理念落实到位,确保了研究成果的产出与顺利转移。

2. 区域创新战略援助项目

2011年起,日本文部科学省、经济产业省、农林水产省及总务省(总务省自2014年开始加入)选定在区域创新方面具备积极主动性及相应构思规划的区域作为"区域创新战略推进地区"。立足长远视角,为进一步促进区域创新发展,在指定区域创设了"创新推进协议会",该协议会负责制定本区域的创新战略,为实现新型区域创新发展机制做出努力,协议会成员包括了地方政府、企业、大学等研究机构和金融机构,其中地方政府负责整体的战略规划,有效运用区域资金构建创新生态机制;大学等研究机构负责致力于能够共享地区发展的基础研究;企业负责研发与成果转化;金融机构则负责投资与融资。在创新推进协议会运转过程中,文部科学省对知识产权和人才培养提供援助支持,经济产业省、农林水产省及总务省则围绕成果转化、开拓市场等提供援助支持。

根据指定区域不同的未来潜能与发展走向,日本政府进一步将"区域创新战略推进地区"分为"国际竞争力强化地区"及"高水平研究职能与产业集散地区"。"国际竞争力强化地区"是指,该区域内已具备国际知名的一流大学及高水平技能与产业集聚,该区域能够从海外吸引人才、物资与金钱,是极具国际化发展潜能的地区;"高水平研究职能与产业集散地区"是指,能够充分调动区域特性与资源的有望实现创新发展的地区,面向未来,该地区极具能够获得海外市场的潜能。

在选定区域中,还会面向战略规划尤为出彩的地区,整合所有相关行政部门形成"组合拳",从大学的基础研究到最终的成果转化给予全面细致的援助,旨在实现综合且高效的区域创新战略。截至2018年4月,日本文部科学省针对选定区域进行的援助支持主要为开展"区域创新战略援助项目",即召集作为区域创新战略核心负责人的高水平研究人员,为实现区域创新战略开展人才培养项目的开发与落实,构建了涵盖大学等研究机构的知识互联网,实现了区域内大学等研究机构之间的设施设备互用共享。

自2011年以来，日本政府共选定41个地区作为"区域创新战略推进地区"，其中有33个地区被进一步指定为开展"区域创新战略援助项目"的地区。而在首都圈有6大地区被指定为"区域创新战略推进地区"，其中的4个地区为开展"区域创新战略援助项目"的地区（见表2）。

表2 日本首都圈"区域创新战略推进地区"及"区域创新战略援助项目"地区

项目		地区项目名称	规划主题
区域创新战略推进地区	国际竞争力强化地区	茨城下一代健康产业与创新创造战略区域	创建能够引领国际市场的下一代健康产业并形成协同基地
		神奈川生命科学成果转化研发基地*	形成生命科学领域的成果转化研发基地，提升国际竞争力，引领当地经济的可持续增长
	高水平研究职能与产业集散地区	栃木食品创新推进区域*	为构建"舌尖上的栃木"，推进以草莓为主体的食品创新并进军海外市场
		群马下一代环境与医疗新技术研发基地	集合群马区域的造物技术资源等，创设"环境与能源""尖端医疗技术"领域的创新研发基地
		首都圈西部智慧型QoL（Quality of Life）技术研发地区*	为解决大都市课题，实现节能、环保、安全安心、舒适环境，推进QoL技术的持续推进与成果转化
		山梨下一代环境与健康产业区域*	基于环境能源技术、生命科学技术的聚合，推进下一代环境与健康产业创新

注：*表示该地区为进一步开展"区域创新战略援助项目"的地区。

通过上述举措，在产学官金的协同下构建了基于区域特性的可持续发展的创新机制，推进了首都圈地区的蓬勃发展，提升了日本科学技术的高水平和多样化程度，进而强化了日本的产业竞争力。

3. 构建区域创新生态体系

2016年起，日本文部科学省开始推进"区域创新生态体系构建项目"。通过构建区域创新生态体系，推进社会反响较大、促进地方经济增长的成果转化项目，进而形成日本型创新生态体系。该项目主要在大学创设项目推进小组，由在社会成果转化方面具备丰富经验的专家带队，基于项目的系统化运营来推进相关措施。该项目的推进目标为获取更多的民间投资，主要有以下几大措施：聘请专业机构进行市场及专利分析，在此基础上制订项目开发与成果转化相关计划，并对项目进程进行监督管理；不断挖掘作为区域竞争力源泉的技术潜能；最大限度运用国家政策与互联网资源，为促进地方振兴构筑成功典范。

项目具体实施如下：在大学及科研机构已有的基础研究成果基础上，进入研发与技术攻关阶段，这一阶段通过大学、地方政府之间的密切合作，创建区域内的风险投资企业、研发出衍生技术等。在此过程中组建项目制定与推进团队，团队成员包括了项目策划人，负责统领团队、制定落实战略规划。此外还包括了技术开发负责人、知识产权管理负责人、市场营销负责人、技术负责人、财务负责人等。整个团队都致力于地方经济的蓬勃发展，不断挖掘技术潜能，形成最适合成果研发和成果转化的项目推进方案。经历了研发与技术攻关阶段后，就到了成果转化与批量生产阶段，这一阶段的关键在于获得更多的民间投资，通过向战略伙伴的当地企业进行成果转让，促使当地企业生产出转化后的产品，并促进风险投资企业的成立和发展，通过不同措施的稳步推进，实现成果转化、利益获得进而推进科技创新和产业升级。在这一阶段，国家对于风险投资企业实施鼓励支持政策，同时组建由专业人士构成的"建言献策团队"，围绕专利申请、技术转让、成果转化等专业事项对项目推进团队给予支持。整个过程形成了有序高效的良性循环，每个阶段都有专门团队负责。2016～2019年，首都圈内共有4个项目入围国家计划（见表3）。

4. 搭建产学官协同的实证基地

2016年10月起，为有效构建区域性创新生态机制，日本文部科学省进一步启动"区域性实证研究基地"项目。该项目致力于将区域内大学及公立研究机构的研究成果进行转化，推进企业、大学、公立研究机构间的协同合作，为研究成果开展实证试验提供相应的设施设备。将大学、公立研究机构作为基地，将研究室、多个企业、地方政府等汇集到基地中，强化产学官

表3 2016~2019年首都圈区域创新生态体系构建项目

项目年度	序号	大学或科研机构	地方政府	项目主题	项目概要
2016	1	一般社团法人茨城县国际创新机构	茨城县	茨城创新生态体系构建（基于医疗和先进技术的朝智能化社会构建项目）	开发出创新型眼疾病检查法，为因年龄增长而造成的继发性眼病患者送去福音。同时开发出解决世界范围内失眠病患的特殊治疗法。运用茨城县的医疗与先进技术体系，实现世界水准的成果转化。为构建创新生态体系，挖掘整个茨城区域的资源技术等，并协同区域内外的研究机构和企业
2016	2	国立大学法人东京工业大学	川崎市	基于IT制药技术与化学合成技术融合下的创新型中分子制药的成果转化项目	运用东京工业大学信息与生命理工学科的超级计算机优势，构建起将IT制药技术、人工核酸合成技术等核心技术进行融合的创新型中分子制药项目流程。通过与川崎市内企业等的产学官协同，形成将基础研究与制药项目进行衔接的创新生态体系，大大提升中分子制药的研发效率
2016	3	国立大学法人山梨大学	山梨县	构建面向氢驱动社会的"山梨燃料电池城"项目	通过制造电极催化剂、气体扩散层材料融合后的一体化金属隔离物、附带催化剂的电解质膜，进一步发挥山梨大学及山梨地区已有的燃料电池技术优势，创建新型燃料电池体系，进而拓展至电源及燃料电池机动车等领域。协同区域内外企业，为即将到来的氢驱动社会做好准备
2018	4	神奈川县立产业技术综合研究所	神奈川县	神奈川首发"健康理疗新领域"先导性项目	面向超高龄社会的"健康理疗新领域"，开发出下一代糖尿病胰岛素治疗法、大量毛发再生技术等，以大学及神奈川县立产业技术综合研究所为基地开展相应的技术成果转化项目，并通过创建领导型风险企业，构建神奈川县独有的创新生态体系

协同机制，吸引民间投资，实现区域内研究开发成果的转化，进而推动区域内就业及经济的发展。2016年，该项目的总体预算为150亿日元。日本政府明确指出，希望通过项目推进，强化产学协同机制，力争在今后10年，将企业面向大学及研究机构的投资金额提升三倍。经过外部专家审查，从全国申请的63个项目中共选取了22个项目进行援助。其中首都圈有5个项目入围（见表4）。

表4 2016年首都圈"区域性实证研究基地"项目

序号	基地名称	项目主体
1	基于先进机器人技术的区域潜力创新推进基地	国立大学法人宇都宫大学
2	致力于群马县下一代灵活性社会的成果转化研究基地	国立大学法人群马大学
3	千叶碘资源创新中心	国立大学法人千叶大学
4	驱动产学官民改革的产学协同平台基地	国立大学法人东京大学
5	基于IOT和IT制药的京滨区域化实证研究基地群	国立大学法人东京工业大学

项目主体必须包含大学及地方政府的协同团队，并且提交申请时也需要大学或地方政府作为牵头人提交共同的项目计划。项目主体从国家方面接收相应补贴后再协同企业界开展后续基地工作。构建起的产学官协同基地主要包括两种类型：一种是已具备一定的技术积累，区域内的产学官汇集到一个基地，加快技术实证，推动地方经济发展；另一种是吸引区域外资源及地方企业的民间投资，致力于将研究成果用于地方发展、推动地方经济。自2016年起，首都圈的几大项目均从设施改造和添加设备入手来搭建基地。文部科学省指出，基于地方大学的基础研究成果，如运用已有的研究设施及学术研究很难推进产学共同研究，则可增建或改建产学协同创新设施；与此同时，如因没有设备很难推进基于地方基础研究成果的产学共同研究，则予以配备相应设备。如改造设施同时增添设备，则每个基地最多补贴10亿日元；仅改造设施，则每个基地最多补贴10亿日元；仅添加设备，则每个基地最多补贴6亿日元。

（二）高校开展的产学官协同创新改革

作为国家创新体系重要组成部分的大学，在协同创新过程中必然要突破自我发展框架，从更加宏观和全局的角度主动参与并融入国家科技和区域发展战略。从概念提出到政策框架形成，从理论探索到具体行动计划出台，大学作为主要参与方之一，必须考虑和设计的问题是管理方式改变和科研模式创新，也就是要增加不同机构之间合作的便捷性，以利于创新要素的聚合与流动。近年来，日本首都圈高校通过开展内部组织变革、组建校际联盟来实现高等教育资源的合理布局，通过贯彻产学官协同创新来推动首都圈整体的创新可持续发展主要聚焦以下几方面的措施。

1. 构建大学牵头成立的产学官联盟

2010年6月开始启动的"医学系大学产学协同互联网"是由东京医科齿科大学牵头，协同庆应大学、札幌医科大学等涵盖了首都圈甚至全国范围的36家机构形成的医学领域产学协同协议会。其设立之初是为了解决医科大学在发展领域面临的系列难题，包括急需申请医疗领域的专利、解决技术转化难题、如何应对特殊契约、不可触碰并需要遵守的法律法规底线等。通过构建医科大学间的产学协同机制，进行相关信息的收集和统一发布，旨在强化协同职能，为全日本范围乃至国际化的协同活动开展奠定基础。协议会协同了企业、医科大学及公立研究机构，积极同医学领域的学术界、法律界、知识产权界、行政机关等进行对话与合作。2013年，该协议会进一步强化了会员制度，基本实现了自立自主的运营。通过共同研究进一步与产业界TLO学术领域开展协同事业。2015年，该协议会进一步与日本全国制药协会达成合作伙伴关系，并进一步强化了在与政府机构、产业界协同中针对医学实践活动的援助。2016年4月，该协议会变更名称为"医疗系产学协同互联网协议会"，进一步强化了协议会的五大职能：一是信息集散职能，即收集管理有益信息并在共同研究过程中进行准确抽取；二是人才培养职能，即定期策划并运营研讨会等教育项目；三是解决共同课题，设置任务探讨工作坊，专门针对共通性问题进行研讨；四是市场化匹配，将以企业为代表的市场需求与学术界的研究序列进行匹配对接；五是政策建言，积极协同行政机关，致力于对医疗领域的法律法规提出修正建议。经过近十年的发展，协议会做出的努力为日本医疗创新奠定了坚实的设备基础、人才基础，为全国范围的医学创新创造了良好而积极的氛围，通过大型共同研究、国际共同研究、海外技术转移等，日本生命医疗领域的创新活动正在蓬勃发展。

2.大学与企业等围绕共同研究进行改革

2017年3月，受到日本文部科学省委托，日本三菱综合研究所发布《促进真正意义的产学协同相关基础调查》报告书，报告指出，作为开放型创新场所的大学，其职能越发重要。大学作为解决社会问题的一员，需要将研究成果积极向社会传播，通过与企业的密切合作不断产出创新成果、不断回应社会需求。今后的大学应当致力于推进大型共同研究，即大学与企业共同朝着同一个未来目标，促进"机构"与"机构"对接下的大型共同研究。大型共同研究是"机构"与"机构"间的协同，而非浅层面的"个人"与"企业"的接触交流。日本致力于更深层次的共同创新，进而提升国家的整体竞争力，同时实现大学财源多样化，强化大学的研究水平与国际竞争力。所谓"大型共同研究"不仅由投入金额的规模大小来衡量，而应具备以下五种要素：综合性跨学科的主题、能够为社会解决实际问题并能实现人才培养、多个机构参与、长期协同、具有长远的价值意义。

以往大学和产业界开展的共同研究很容易陷入的困境就是在没有形成基本共识的情况下，共同研究随着推进而产生越来越多的分歧，最终导致研究成果不尽如人意。为了形成计划和最终成果均能明确化、清晰化的共同研究，为了让共同研究实现最初目标而不是无疾而终，2009年，东京大学引入"Proprius21"模式，即在进入共同研究之前，围绕研究目的、研究期限、任务分担、研究的方式方法、费用承担、目标结果、社会贡献、预计会产生的问题和解决方法等，由大学和产业界一同探讨并逐一形成共识。通过引入"Proprius21"模式，使共同研究反映了产业界的需求，与政策执行同步并取得良好的社会贡献成效，同时还扩大了研究视野，取得了超出预期的产学官协同成效。

3.强化并推进高校的知识产权战略

2008年日本启动"产学官协同战略推广计划"，旨在帮助作为创新原动力的大学持续推进知识产权等战略，向国立、公立和私立大学开展的主体多样化的举措提供援助，进而提升产学官协同活动的整体质量。围绕目标获取国际公认的基本专利等国际性产学官协同机制的强化项目，或通过国立、公立和私立大学间的协同来构建区域性多样化知识产权机制的相关项目,均由国家立足政策视角进行重点支持,该计划下设三大板块,具体如下。

(1) 国际化产学官协同推进活动(原则上开展5年)

为促进大学的基本专利获得国际认可,加大来自海外企业的共同研究或委托研究任务,培养并确保国际化知识产权人才,强化国际化产学官协同机制,日本开展了国际化产学官协同推进活动。全日本范围内共有17个机构的16个项目获得审批认可,其中首都圈地区有7家机构的七大项目入围(见表5)。

表5 首都圈国际化产学官协同推进活动入围项目

机构名称	具体组织	入围原因
东京大学	产学协同本部	东京大学产学协同本部所开展的与外国企业的紧密联络,协同海外技术转让机构等的具体合作计划,关于国际化孵化企业的援助策略,与海外企业经由中介研究所的协同互联网构建等,与产学官协同相关的综合性系统化国际战略及措施等均开展得如火如荼并成效显著。尤其在开展国际化COE项目方面,东京大学产学协同本部积极调查海外机构的知识产权战略,探讨形成国际拓展的契约模式,这些在获取竞争资金和构建协同方案中形成的经验措施均将成为今后日本其他大学开展国际化产学官协同方面的重大参考。今后,希望东京大学产学协同本部在此项目推进过程中,在强化和充实便于海外读者阅览的网站宣传内容、信息内容方面做出努力并取得成效
东京医科齿科大学	知识产权本部	东京医科齿科大学在获取海外专利数量及相关费用的企业负担方面,方案明确、目标鲜明。该校在运用海外基础转让机构、提高专利获取及技术转让方面效率很高,有很多经验,在模范案例集、指南等的编纂方面卓有成效,上述相关举措有望推广给其他具备医学齿科的大学。今后,希望东京医科齿科大学的产学官协同活动能够真正成为可持续的国际化产学官协同战略,而不过分依靠海外,相关的鉴定反思十分重要。同时,要兼顾财务确保,以及知识产权获取和运用之间的平衡。为确保项目到结束阶段的财政自立,应从项目启动阶段就开展PDCA循环,在每一阶段的问题查找与经验反思中确保项目课题的有序推进
东京农工大学	产官学协同战略本部	东京农工大学由校长亲自担任产官学协同战略本部的部长,该校具备协同各个相关部门的内部高效推进机制,并配有大型项目协调者以援助国际型产学官协同事务,其针对具备很强实操性项目的"选择与集中"模式备受好评。此外,该校立足成本的受益者负担模式,提升效率、定期开展自我评价的自立自主型战略等也十分有特色。今后,希望东京农工大学在开展产学官协同项目中,聚焦5年后的大学事务性人才培养,基于经验积累来编纂业务流程等,并在可持续的组织活动建构方面做出更多努力

续表

机构名称	具体组织	入围原因
东京工业大学	产学协同推进本部	东京工业大学将产学协同推进本部开展的相关活动作为有利于开展教育研究的校内基础设施,也因此拥有稳定的财政来推进相关活动。同时,与国际COE项目进行协作,制定并开展大学的"国际共同研究援助项目"等,其在开展大规模系统性国际化产学官协同方面卓有成效。今后,为了让大学即便在该项目结束后依然能够保持自立运营,希望大学在事务性人才培养、编写并运用业务经验流程等方面,引入PDCA模式;此外,还需要在确保海外读者便于阅览的英文版大学官网建设方面做出努力
山梨大学	国际与大学知识产权本部联盟	该大学主导开展的协同项目包括了多个大学,也因此积累了很多仅凭单一大学所无法获取的运营经验。并且基于协同机构职责分担的财政金额换算与相应的评价机制,十分公开透明,也便于激励其他大学的积极性。然而,组成事务局的两所大学与其他协同机构在人力、资金分配及知识产权管理方面还存在差距,这就需要提早认识到问题所在并加以解决。希望该项目的协同活动能够实现财政自立,引入PDCA模式,在每一阶段的反思与经验积累中不断推进项目的落实
东京理科大学	科学技术交流中心	东京理科大学在海外技术转让比例、定量设定共同研究比例等达成目标方面制订了结合大学现状的稳妥计划,同时兼顾了国际产学官协同相关的项目计划,这些都是成果显著的。尤其在与国内外众多机构的协同及与MIP职业研究生院联合下的人才共享等措施,成果备受瞩目。只是在运营机制方面,大学将国际协同项目与知识产权部门进行了区分,虽然两者都在开展知识产权的产出和管理,但今后还需构建没有重复的高效体制机制。同时,还需在经验推广上引入PDCA模式,并在实现项目财政自立等方面继续做出努力
庆应义塾大学	综合研究推进机构	庆应义塾大学在国际产学官协同方面推进的战略措施等均可称为日本产学官协同的典范。庆应义塾大学的相关举措包括:在申请国内专利后立即开始咨询海外技术转让机构,围绕企业反响进行海外专利申请的预判,重点援助国际化COE等具备国际竞争力的优势领域,协同投资基金,构建知识产权互联网,强化应对与海外企业、组织或高等教育机构间协同合作过程中产生的国际化契约,定期开展自我评价等。今后,庆应义塾大学还需在保持缜密、完善法务职能、培养相关人才等方面进一步确立系统化措施

(2)推进开展极具特色的产学官协同活动(原则上开展5年)

强化推进大学与地方政府协同下的知识产权管理与活用机制,基于国立、公立和私立大学间的协同开展知识产权相关活动,构建生命科学等特定领域的知识产权管理与运用机制。开展创业商谈、创业家教育,支持大学与产业孵化企业的协同活动,对具备前瞻性知识产权战略大学开展的特色化举措给予大力支持。全日本范围内共有30家机构的22个项目获得审批认可，其中首都圈地区有9家机构的六大项目入围（见表6）。

表6 首都圈"开展极具特色的产学官协同活动"入围项目

机构名称	具体组织	协同机构	入围原因	入围关键词				
				特定领域	产业化	区域	大学间协同	人才培养
筑波大学	产学协同本部	无	近年来,筑波大学在产学官协同方面取得了很多成果,也建立了充分的机制。筑波大学的项目规划充分运用区域资源并尝试了成果转化,创建了"筑波IP基地"等产业孵化企业。今后,筑波大学还需致力于成为涵盖医学部在内的综合型大学,协同筑波研究学园内的其他研究机构,进一步探索产学官协同下的组织机构整合,强化产学官协同职能	○	○			
群马大学、茨城大学、宇都宫大学、埼玉大学	首都圈北部四大学联盟	前桥工科大学、足立工业大学、小山工业高等专门学校	基于地缘关系形成的四大学联盟,近年来开展了很多产学官协同和知识产权活动,创建了运营协议会组织并开展了基于新技术团队的技术转化活动,可谓跨区域大学间协同的典范。然而,还需进一步挖掘大学联盟的优势特色,开展更为丰富多彩的协同活动,此外协同活动也不应局限于四所大学内部,还应面向区域内更多的公立大学、私立大学等开展知识产权产出、管理,以及相关的援助服务			○	○	

续表

机构名称	具体组织	协同机构	入围原因	入围关键词				
				特定领域	产业化	区域	大学间协同	人才培养
东京海洋大学	社会协同事业本部	全国大学	作为海洋水产领域的综合教育研究基地，东京海洋大学构建了将研究者技术与海洋水产业界需求进行有效融合的海洋水产领域协同平台，这对于日本的饮食行业政策制定也极具意义。然而，相关的事业计划还停留在以往的成绩框架内，今后还需有更多突破和飞跃，需要与全国水产领域的大学和院系进行协同，并引入国际化视角	○		○	○	
电气通信大学	区域与产学官协同推进机构	无	软件设计技术有望成为世界性成果，相应的知识产权战略尤为关键。本项目课题重在进行基于软件设计技术特性的技术转移、共同研究及成立产业孵化基地，最终目标是构建新型产业化框架。未来，应通过产学协同，灵活运用软件设计战略委员会的活动经验并致力于培养技术转化的专业人才	○				
日本大学	产官学协同知识产权中心	无	日本大学在知识产权领域已取得很多成绩，但因大学属于各院系分布全国的综合型大学，日本大学也在构建举全校之力的区域协同性研究计划，计划基于大学特色并卓有成效。今后还需在如何创造区域特色，如何将经验拓展到全国方面下好功夫		○	○		

续表

机构名称	具体组织	协同机构	入围原因	入围关键词				
				特定领域	产业化	区域	大学间协同	人才培养
情报信息与体制机制研究机构	知识产权本部	无	该机构以软件设计为代表的知识产权管理相关措施,克服了很多问题,其成功经验有望推广给其他大学。然而,软件设计的变化与发展日新月异,相关的知识产权管理也许更具战略性,今后还需进一步运用产业界经验,进行紧密的产学协同,致力于经验推广的同时构建协同各大学的平台	○				

(3) 打牢知识产权活动的基础(原则上开展2~3年)

在人文社会学科领域,有不少需要在人文科学、社会科学、教育、艺术等领域打牢知识产权基础的大学,根据其特性与实际情况等,构建起高效率的知识产权活用机制。全日本范围内共有19家机构的17个项目获得审批认可,其中首都圈地区有4家机构的三大项目入围(见表7)。

表7 首都圈"打牢知识产权活动的基础"入围项目

机构名称	具体组织	协同机构	入围理由
御茶水大学	知识产权本部	其他众多大学	该大学充分发挥女子大学的特色,针对居民和消费者的相关计划具有产生新型产学官协同模式的可能性。今后,需要该大学进一步加强与其他大学之间的协同合作,进一步运用知识产权领域的毕业生人才,构建可持续产学协同活动的坚实基础
创价大学	协同办公室	无	创价大学确立了高效的推进管理机制,并以大型项目为基础,创建了以管理及知识产权为核心的产学联盟,这些具备了强化产学协同的要素措施均值得称赞。虽然战略跨度很广,但似乎在未来发展目标方面并不明确,今后需要进一步思考如何发挥大学优势,利用有限资源做好选择与集中

续表

机构名称	具体组织	协同机构	入围理由
东京工业高等专门学校、长野工业高等专门学校	关东信越地区工业高等专门学校产学官协同知识产权基础强化推进联合组织	全国高等专门学校协同与区域协同互联网、国立高等专门学校机构、东京工业大学研究生院等	该项目中系统性构建的关东信越地区工业高等专门学校的区域性互联网,对于普及两所高专学校人才培养方面的经验十分奏效。今后,在此具有成效性的实践活动基础上,还需进一步吸取企业的具体需求,探讨战略性的产学协同战略

4. 培养产学官协同领域的专业人才

2006年,日本首都圈内的山梨大学、山梨中央银行等机构开始启动"客座社会协同协调员制度",通过运用与山梨大学形成协同契约的山梨政府、山梨地区金融机构的互联网资源,开展更为精准的产学官协同活动,将大学的研究成果更好运用于地区经济社会发展。同时,培养社会协同活动的专业化人才,以促进山梨地区的活跃发展。该制度下的协调员主要致力于三方面工作,一是将山梨大学的研究内容、研究成果等介绍给各企业;二是寻求大学研究序列与企业市场需求之间的匹配;三是助力培养产业孵化基地。2006年制度启动初期,仅有8名客座社会协同协调员,到2009年已经有来自10家机构的84名客座社会协同协调员活跃在产学协同活动的第一线。这些协调员来自山梨中央银行、甲府信用金库、山梨信用金库、山梨县工商联合会、甲府工商会议所、长野县冈谷市政府、甲府市政府、中央市政府、山梨县中小企业团体中央会、富士吉田工商会议所。近年来,客座协调员人数还在逐年增加,这些协调员在促进区域内产学协同活动的蓬勃开展中起到了关键的助推作用。

三 日本首都圈产学官协同创新机制的特点

近年来,国际舞台上的创新方式正在发生巨变,不断出现"开放型创新"模式。所谓的开放型创新,就是将企业内部的创意技术等与外部资源有效结合后产出的新价值、新创造①。展望未来，不论从国家内部的经济增长、社会发展角度，还是基于国际视角提升日本竞争力及解决世界性课题的责任感，日本首都圈均需大力开展开放型创新，而其中大学、研究机构等不断开展原创性、前瞻性的研究，不断激活知识源泉，致力于将知识研究成果进行转化、衔接至产业市场的有效运用，开拓新市场、创造新就业是十分有效的模式，需要在产学官协同下发挥巨大功效，改革产学官协同创新机制。

在世界范围内不断推动开放型创新的背景下，日本首都圈自21世纪以来致力于将产学官协同创新机制的构建纳入政策范围内，开始对产业界、学界、政府各自为政的状态进行改革，强化大学间、大学与企业间、政府部门间的协同合作，并强调将外部资源引入组织内的协同改革。日本所追求的产学官协同机制并不是大学等科研机构将成熟的研究成果转让给产业界的单线型联络，而是自大学等科研机构的基础研究阶段起，就与产业界共享成果、共话未来，在基础研究、发明、研究开发、产业化、批量生产等一系列过程中实现产学协同。具体来讲，大学基于多年的科研经验提出研究主题，企业则根据市场需求及运营现状等提出技术主题，双方共同确定产学协同下研究的主题内容；协同过程中共享人才资源、研究设施设备，同时也一同分担相应的研究设施设备费用、人力费用等；围绕知识产权的归属和运用等，双方缔结契约，避免纠纷；协同过程中也注意瞄准国际上的大学和市场，注重对标国际标准。以此帮助日本在世界竞争中获取一席之地。

为适应知识生产新模式的要求，近年来，日本首都圈正在积极构建日本型产学官协同创新机制，上至国家的宏观管理协调，下至地方高校的内部组织结构变革，使得日本首都圈产学官协同创新机制形成了如下特点：一是产学官协同下共同创建区域内良好的知识循环机制，这种机制包括了实现产学共创、实现从基础研究阶段起的产学协同，以及构建知识产出平台的实用化

---

① 日本科学技术・学術審議会：イノベーション促進のための産学官連携基本戦略，https://www.mext.go.jp/component/b_menu/shingi/toushin/__icsFiles/afieldfile/2010/09/07/1297355_1.pdf，2010年9月7日。

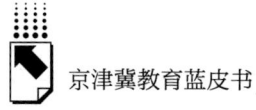

研究；二是高等教育机构内部强化产学官协同职能，也就是高等教育机构灵活运用知识产权、构建校际产学官协同互联网机制、推进与民间企业的共同研究；三是培养致力于产学官协同事业的专业人才，开发并落实相应的人才培养项目，培养产学官协同项目中的"协调员"。日本首都圈的产学官协同创新机制重在"研究（知识创造）""创新（社会经济价值产出）"及作为支撑前两者可持续发展的"教育（人才培养）"三者"三位一体"的推进落实。

在日本政府、产业界、高校、科研机构、金融机构等各方主体的推动下，日本首都圈产学官协同创新机制取得了一定的成效：一是强化了科技创新与产业、商业之间的联系，缩短了需求和研发之间的距离；二是通过加强高等教育与社会各个要素之间的衔接，实现了创新要素的协同和整合；三是创新链条向需求和应用两端延伸，更多利益相关要素参与到基础研究、应用开发、成果转化等创新链条的各个环节，研发突破实验室，更加注重从市场需求和使用方角度来调整产品和服务的功能与品质。

四 对京津冀产学协同创新的几点启示

经过30多年的发展，日本的产学官协同模式已经从最初的主要依靠政府主导的阶段逐步进入产学官互动深化积极合作的阶段。在日本高校、民间企业、政府等相关机构的协同合作下，通过产学协同的平台创造、高校组织机构改革、联合培养产学官协同专业人才等重大措施，日本型产学官协同创新的生态机制已初具规模。

（一）政府在推动京津冀产学协同方面具有重要的主导作用

日本首都圈通过产学官项目合作，一方面推动了高端优势产业的成果转化，另一方面加强了高校自身的创新能力建设，对服务区域经济、打造区域链接起到了重要作用。政府在推动产学共同研究、产学官协同创新方面具有重要的主导作用。由政府牵头领导的大项目是鼓励开展京津冀跨区域产学协同的有效形式。因此，搭建共同研究的项目平台需要进一步常态化，也应从法规制度层面对协同机制进行管理和约束。政府应在顶层设计中建立和完善区域内共享的产学投入机制，促进和推动京津冀培育未来经济社会发展的关键技术和共性技术；还应构建跨区域的专门性产学管理部门，负责对共同研究项目进行筛选，组织招标并对专项资金进行管理，确保资金在区域内产学项目中的重点支持。京津冀企业界、大学和科研机构要打破界限，合理配置三方的产学投入资源，形成组合优势[①]。

此外，对高等教育产学项目的管理和财政支持等均需政府的引导，高校与地方合作促进科研成果产业化也需要政府的积极引导和主动参与。京津冀三地的联合，不仅需要三地各自平台和联盟的努力，更需要政府的引导并给予更为宽松的支持政策。只有放下三地各自的利益考量，从京津冀协同发展的长远目标出发，才能实现三地经济、教育的协调和可持续发展，这也将为打造京津冀世界级城市群提供持续助力。

（二）京津冀高校应设立专门的产学协同管理委员会

日本首都圈高校几乎都设有校内的产学协同专业部门，例如东京大学的"产学共创本部"、筑波大学的"产学协同本部"、早稻田大学的"地域社会协同部门"，这些专业部门的重要职责是在进入产学协同活动之前，事先围绕目标、内容、方式方法等进行科学的讨论和论证。此外，这些专业部门均由校长或副校长担任领导，让产学协同工作成为高校内部不可或缺的一大重要环节。

高校和企业之间在科学研究和产业转化上的合作是两种文化的融合。高校以学问和人才培养为追求目标，而企业以效率和利润为追求目标，如何将两者很好地融合在一起，是产学协同的一个重要问题[②]。在此过程中，高校设立专门的管理委员会作为沟通的平台，专门对接企业、负责创建与企业之

---

① 孙莉：《京津冀产学研合作机制的建立及对策》，《科技创新导报》2008年第34期。
② 张力主编《区域教育协同发展的政策方案与理论研究》，广东教育出版社，2017。

间的联络机制,负责创设与企业之间的协同关系就显得尤为关键。京津冀的高等教育机构也应以此为参照,设立专门的产学协同部门,对内协调校内各院系、各学科,对外与产业界、政府、其他大学等机构做好沟通联络。

(三)立足"利益相悖"原则,不忘高校教育与科研之"初心"

日本东京大学自 2004 年开始落实的"东京大学利益相悖行为防治准则"中明确指出,一切的产学官协同活动均不可背离大学教育科研活动的本来目标,应鼓励师生参与到能大大开拓师生视野、有助于学生提升科研素养的产学官协同活动中,校内教师不可一味追求产学共同研究等活动给自身带来的金钱利益①。日本很多高校还会结合校内院系学科的特点制定更为详细的违反"利益相悖"原则情况下的具体处罚规定,这些措施都保障了产学官协同活动发展方向的正确性。京津冀高校在推动产学协同创新活动过程中,也应借鉴日本高校的相关预防与应对措施,不忘记教育和基础研究的高校发展之"初心",将产学协同活动视为高校教育与科研创新发展、区域乃至国家竞争力提升的重要一环,杜绝一切产学协同过程中过度追求利益的态度和行为,以此确保产学协同创新活动的健康、绿色可持续发展。

(四)将产学协同作为培养科技创新人才的重要途径

东京大学的纳量子信息电子工学协同研究基地不仅招揽了国内大学的教授、研究生,以及企业员工等不同机构的优秀人才,更是吸引了很多国外的卓越人才参与其中。国际化氛围浓厚,让整个研究更有活力。参与研究的研究人员不仅对现有的研究充满信心,更是畅想未来的世界、未来的研究及未来的一切未知,可以说基地项目是一个连接未来一切可能性的项目,激发了研究者的探究意愿,为培养下一代优秀的科技创新人才埋下伏笔。

京津冀的高等教育机构应尽快设立产学协同专业部门,参与到重大的产

---

① 蔡兵:《构建大学与产业间的产学联合立体网络——东京大学产学联合体系分析及对我国的启示》,《岭南学刊》2010 年第 1 期。

学共同研究项目中，打造大学面向产业界的窗口，并且鼓励在教授团队的带领下，让研究生们参与到产学共同研究项目中，将产学共同研究作为生动的实践型课题，大大拓宽学生视野，一方面推进产学协同研究项目，另一方面又达到了培养学生的教育目的，可谓一举多得。

参考文献

日本文部科学省：产学官连携・地域科学技术振兴，https：//www.mext.go.jp/a_menu/02_f.htm，2019 年 12 月 7 日。

日本文部科学省：大学などにおける产学官连携，https：//www.mext.go.jp/a_menu/shinkou/sangaku/main7_a5.htm，2019 年 12 月 7 日。

许长青：《产学新型合作伙伴关系的国际考察：基于日本的案例研究》，《高教探索》2008 年第 5 期。

王丽燕、庞昊：《日本依托"产学合作"培养应用型人才的经验与启示》，《中国高校科技》2017 年第 9 期。

林兰：《东京产学研合作创新的经验与启示》，《科技中国》2018 年第 10 期。

高令：《浅析日本产学官制度的推进与首都圈协同发展间的相互作用》，《经济研究导刊》2017 年第 8 期。

孙艳艳、张红、吕志坚：《日本首都圈产学官协同创新生态系统建设研究》，《情报工程》2017 年第 5 期。

胡国勇：《日本国立、公立大学社会服务的路径选择——东京大学、首都大学东京为例》，《教育科学》2013 年第 3 期。

B.13
国际都市圈基础教育资源配置比较研究

乔 鹤*

摘　要： 纽约、伦敦、东京、新加坡等国际都市圈由于不同的经济发展水平和功能定位，基础教育资源配置呈现不同的效果和特点。本报告以四大国际都市圈基础教育资源配置的举措为主要研究对象，运用比较法对四大都市圈基础教育发展现状和资源配置的具体举措进行比较分析，研究发现：①国际都市圈与国家、城市、地方教育部门之间形成了较为完善的教育行政与管理体系；②教育均衡发展是国际都市圈基础教育资源配置的重要考量；③优质的教师队伍是国际都市圈基础教育均衡发展的宝贵资源。

关键词： 国际都市圈　基础教育　教育资源配置

国际大都市和国际都市圈的发展自20世纪50年代以来引起越来越多的国内外学者的关注，国际都市圈的内涵主要包括：①拥有一个中心城市，该城市的人口规模、经济规模在区域内所占的比重较大，对周边城市和地区有较强的吸引力和辐射力；②中心城市周边有众多的中小城市；③都市圈内部的经济社会联系紧密，具有较强的一体化倾向[1]。按照此界定标准，结合2018年度全球十大国际大都市的排名结果，本报告选取纽约、伦敦、东京、新加坡等国际大都市为研究对象，其中，纽约是以纽约市为首府的纽约州，伦敦、东京均是作为首都和中心城市的都市圈，新加坡则为特殊的国家城

---

* 乔鹤，教育学博士，首都师范大学教育学院讲师，主要研究领域为比较教育、教师教育。
① 黄征学：《城市群：理论与实践》，经济科学出版社，2014。

市，这四大城市在本报告中统称为国际都市圈，具体到每个城市略有差异。

本报告主要对这四大国际都市圈的基础教育发展现状、基础教育资源配置具体举措、基础教育资源配置的特点和效果进行国际比较研究。

一 纽约都市圈基础教育资源配置

在美国有三个"纽约"：纽约州、纽约市、纽约县。纽约市是纽约州下的一个市，纽约县是纽约市的一个县。本报告中所讲的纽约都市圈特指纽约州。纽约州（State of New York），位于美国东北部，是美国经济最发达的州之一。该州主要的城市有纽约市（New York City）、布法罗（Buffalo）、罗切斯特（Rochester）、杨克斯（Yonkers）、雪城（Syracuse），以及州首府奥尔巴尼（Albany）。纽约州是美国的神经中枢和经济心脏，同时作为全美教育大州，纽约州始终将公平作为教育发展的重要目标，不断促进基础教育均衡发展、优化基础教育阶段资源的合理配置。

（一）纽约州的基础教育现状

1. 基本概况

纽约州的基础教育年限是12年，包括小学6年和中学6年（初中3年、高中3年）。纽约州的公立中小学基本上都实行按家庭住址就近划片入学的方式，但也有例外，史蒂文森高中、布朗克斯科学高中、布鲁克林技术高中面向全市初中公开招考，择优录取，是纽约市的三所重点高中。

纽约州基础教育质量之高全美闻名，9~12年级属于高中，高中采取学分制，纽约州公立中学毕业生的SAT成绩在50个州里一直名列前茅。纽约州教育厅于1999年6月在全州小学四年级和初中八年级的学生中正式启用了"纽约州新标准阅读和数学统一测验"，以衡量和提高全州各学校的教育质量。纽约州统一考试只评估小学四年级和初中八年级的学生，幼儿园，小学一年级、二年级参加纽约州的数学和阅读统一考试。在每年1月、6月和8月，9~12年级高中生都可参加纽约州统一的高中课程分科考试。考试及格者才能得到学分，学分积累到规定的数量才可以取得纽约州教育厅认可的高中毕业证书。此外，纽约州采用管理企业的模式来解决纽约市公立中小学系统中的问题，任命企业界优秀高级管理人员出任纽约市教育局的董事，让纽约州企业参与学校教育的改革和发展①。

2. 基础教育财政

纽约州基础教育的经费主要来源于地方财产税，州与地方政府是主要的提供者，投入一般各占一半，联邦政府的投入占总投入的6%~10%，并且指定彩票收入用于教育。2002年，纽约市市长布隆伯格提出，市政府必须把每年预算的30%用以支付纽约市公立中小学的大部分经费。各学区根据自己的财政能力筹集教育经费，同时纽约州还根据学区经济能力和学生的家庭经济条件，为学生提供免费午餐，大约44.6%的学生有资格得到免费午餐，纽约市区和四大城区可以获得免费午餐的学生比例更高。

3. 教育行政体制

纽约州设置了层级分明、职责清晰的教育行政管理体制，以保障基础教育事业的运行。第一级行政组织是州政府，包括州议会、州教育厅和州教育委员会②③。纽约州政府采取各种措施使州内教育发展尽可能均衡。首先，州教育委员会负责加强宏观调控。由于发展教育是州政府的义务，因此州长对教育的影响更为具体、更为实际。州议会负责制定特殊教育政策；州教育厅制定中小学教学大纲、经费预算，提供教育资金支持和制定相关教育政策等；州教育委员会负责制定课程标准、审查中小学课本及教育政策、资金并监督学校和管理部门。州教育委员会是州教育政策的决策机构，其成员来自社会各界，集聚群众智慧。但其成员的产生程序与学区教育委员会委员产生的程序大相径庭：前者大多数由当地居民选举产生④，少数由州政府或地方政府委任⑤；而后者

---

① 崔文霞：《理念决定特色——纽约教育管窥》，《世界教育信息》2004年第Z2期。
② 邓晓红：《美国纽约州促进融合教育进程及启示》，《现代特殊教育》2019年第9期。
③ 崔文霞：《理念决定特色——纽约教育管窥》，《世界教育信息》2004年第Z2期。
④ 吴遵民：《基础教育决策论》，华东师范大学出版社，2006。
⑤ Digest of Education Statistics：2007，http://nces.ed.gov/programs/digest/d07。

则多由州长任命，少数由州民众选举产生或由官员兼任。一般来说，州教育委员会成员由州长指派的比例为70%，由民众选举占26%，其他占4%。

第二级行政组织则是学区。学区是政府的一级基层行政机构，是州立法机关许可的准法人团体。在学区管理体系中，设有学区教育委员会。学区教育委员会的运行机制是在州法律范围内和州教育领导管理体制协作配合。学区教育委员会的执行机构是教育局，其负责人是教育局局长或学区总监，任期是2~6年。学区内各校的重大事项都要由教育委员会决定，教育局局长负责执行。地方学区教育局有管理本地区公立学校教育的自主权力。地方学区有权征收税金，为学区内各中小学配置教育资源，它的财政独立性使地方办教育的积极性得以充分发挥。地方学区教育局局长或地方学监与社区有良好的合作关系。学区教育委员会成员都是兼职的，是不领取报酬的志愿者，有高度的责任心和使命感。在这些志愿者中，有一定比例的非教育行业的人员，这极有利于教育界与其他行业的沟通。

（二）纽约州基础教育资源配置具体举措

1. 学区督导体制

美国的教育管理实行地方分权制，教育管理权主要在州政府。美国的教育督导制度从一开始就受到联邦政治体制的影响，形成了与地方分权相匹配的、由地方负责的州级分工责任制。州教育督导全权负责教育督导工作，县教育督导对所辖县实行教育监督，学区教育督导分普通教育督导和专业教育督导两种，学校教育督导则对学校的发展起着重要的作用。

不管学区规模如何，督导所承担的职责基本一致。由美国学校管理者协会（American Association of School Administrations）和国家学校董事会协会（National School Boards Association）组成的联合委员会通过的一项国家报告，确定学区督导的具体责任。

第一，学区督导是学校董事会首席执行官和董事会卓越的教育建议者，扮演学校管理者的角色，他是学校系统中基础教育的领导者和整个学区专业人员的服务者。

第二，为学校董事会和社区提供并执行可实施的计划，使所有董事会成员理解学校的运作和计划，向董事会解释学校系统的运作；在董事会会议召开之前，给董事会全体成员提供有关董事会在每一事项上行为的完整背景信息和建议意见，从而使学校董事会能够采纳建议，并且能够反思已有的政策和决策。

第三，形成并告知学校董事会成员一些执行董事会政策所需要的行政程序；草拟与董事会意见一致的完整的学校或者社区教育计划；检查学区的日常运作情况，保证学校的专业人员都有相应的专业发展机会；使学校的专业人员明确学校的使命、办学目标等。

第四，保证所在学区的学校为学生提供平等的机会。学区的性质往往决定了督导的日常工作。不同的州对督导的要求不一样。在大的学区内，督导只需专长于行政的一两个方面，因为其他的行政任务可以安排给辅助人员。所以，大城市的学校董事会有时会聘用某个领域的专家，比如财政管理或者公共关系专家。而在小学区，督导则一人独当多面。尽管有这些不同，所有学区的学校董事会在聘用学区督导时，一般都会强调教学经验、财政管理和公共关系技能（包括交往技能）[①]。

2. 完善的教育财政保障机制

从20世纪90年代开始，美国开始了旨在促进基础教育质量公平的财政保障机制改革，教育财政的政策导向从"均等原则"转向"充分原则"。经过20多年的持续改革，纽约州建立了具有"弹性"的教育公平财政保障机制，缩小了纽约州内部各地区间的财政能力差异和教育成本差异，有力地保障了基础教育的质量公平。

纽约州根据各学区财政能力的高低差异划分学区类型，对财政能力薄弱的学区予以倾斜支持。各学区基础教育财政收入的主要来源是房地产税，但由于经济发展水平、地理位置、历史因素等，州内各学区间的税收收入自然存在差异，直接造成州内各学区间教育经费的差异，影响教育公平。因此，

---

① 张霞：《美国学区督导制度的历史与现状》，《世界教育信息》2008年第12期。

纽约州政府的财政转移支付重点向薄弱学区倾斜,以此平衡各学区间的财政收入差异。纽约州各学区基础教育经费来源的构成大致为"四四二"的比例,即学区承担四成多,州政府承担四成多,联邦政府承担近两成。州政府的财政平衡机制是确保区域内教育公平的关键。因此,在充分原则下教育资源配置的前提是了解州内各学区间的财政能力差异,并对学区间的差异进行评估和量化。

为了对纽约州的各学区进行类别划分和评估,纽约州采用了"需求/资源能力指数"(Need/Resource Capacity Index,简称N/RC指数)来衡量一个学区利用本地区资源满足学生需求的能力[1]。纽约州政府委托研究机构定期测量本州所有学区的N/RC指数,并根据测量结果,编制《需求/资源能力分类目录》。这个目录将纽约州697个学区按资源需求的高低划分为六类地区,纽约市政府根据其地区类型进行拨款。

同样在纽约州的各学校教育的成本也存在差异,因此纽约州对各学区的教育成本也进行评估和测量。并开发出一套全州范围内的成本指数,即"区域成本指数"(Regional Cost Index,RCI),用于测量各学区间的教育成本差异。经过测量后,纽约州根据经济发展水平差异和劳动力市场价格差异,把纽约州分为9个区域,称为劳动力分区。教育经费拨付的多少与劳动力分区的指数高低形成了动态关联。纽约州政府依据最新的劳动力分区职业成本指数数据计算教育拨款公式,实施财政拨款[2]。

3.重视教师地位,优化师资配置

基础教育资源中包含着诸多要素,其中之一便是教师。教师作为知识的传授者、真理的传播者,深刻地影响着每一位学生,同时也是决定基础教育质量的流动财富。纽约州一直把师资配置均衡化列为基础教育改革的重点内

---

[1] The State Education Department, "New York, the State of Learning: A Report to the Governor and the Legislature on the Educational Status of the State's Schools," New York: NYSED, 2006, pp. 25 – 26.

[2] 杨治平:《从绝对均等化到弹性均等化——美国纽约州促进基础教育质量公平的财政保障机制研究》,《世界教育信息》2015年第3期。

容之一。

首先，自20世纪60年代以来，为了有效实现基础教育的均衡发展，实现教育机会的实质平等，特别是为了让不同族裔、不同文化群体都能切实享受平等的受教育权利，以美国经济机会署为代表的团体倡导在全国范围内实行"补偿教育"方案。在这一方案下，纽约州师资配置向弱势群体倾斜。方案的主要内容是对弱势群体教育进行经济补偿，并努力改善其办学条件，优化师资配备，以便提高其办学质量。同时，在纽约州中小学校越来越多地聘用一些与处境不利儿童具有相似文化背景的教师进行教学，积极培养和招聘反映国家、种族、民族、文化传统差异性的教师和教育研究人员，并将其充实到教师队伍和教育科研机构中去。通过教育上的经费补偿和师资补偿等措施有效地缩小了处境不利群体与其他群体在教育上的差距。

其次，通过缩小教师待遇的地区和校际差距，为师资均衡配置奠定物质基础。教师待遇的好坏直接影响着教师的工作热情、教师队伍的稳定性及教师职业的吸引力。纽约州通过多方筹措经费，不断提高教师工资。在整体改善教师待遇的同时，注重缩小不同地区之间教师的待遇差距，为那些任教于城市薄弱学校和少数民族学校的教师提供待遇上的优惠政策和特别补助，以鼓励和吸引优秀教师到这些学校服务，从而在整体上实现教师资源的均衡配置。

此外，通过实行统一的国家教师资格证书制度，消除师资均衡配置的阻碍因素。1987年5月，全美教师资格审定委员会成立，并开始推行统一的国家教师资格证书制[1]。该制度的实施不仅有效缩小了各州教师资源在质量与水平方面的差距，而且便于教育行政部门在全国范围内实行统一的师资配置，打破了各州和校际的教师资源壁垒，促进了教师队伍在全国范围内的合理流动，实现了教师资源共享。毫无疑问，实行统一的国家教师资格证书制也是一项成功的师资均衡配置措施[2]。

---

[1] 李丹：《二战后美国义务教育均衡发展研究》，东北师范大学硕士学位论文，2006。
[2] 孔凡琴、邓涛：《日、美、法三国基础教育师资配置均衡化的实践与经验》，《外国教育研究》2007年第10期。

(三)纽约州基础教育资源配置的特点与结论

纽约州基础教育的不断发展离不开对基础教育的有效管理。

首先,纽约州学区督导制度的设立,形成了与地方分权相匹配的、由地方负责的州级分工责任制。学区督导能够为学校董事会首席执行官和董事会提供教育建议,帮助管理学校,同时为学校董事会和社区提供并执行可实施的计划。最重要的一点是学区督导能够保证所在学区的学校为学生提供平等的机会,从而促进教育平等。

其次,纽约州拥有完备的教育财政制度。教育财政的政策坚持充分原则,纽约州建立了具有"弹性"的教育公平财政保障机制,不断缩小纽约州内部各地区间的财政能力差异和教育成本差异,有力地保障了基础教育的质量公平。

纽约州根据各学区财政能力的高低差异划分学区类型,对纽约州的各学区进行类别划分和评估,对财政能力薄弱的学区予以倾斜支持。同时通过"区域成本指数"对各学区的教育成本进行评估和测量。经过测量后再实施财政拨款,保证了经济发展比较落后的地区获得更多的教育支持。

此外,通过重视教师这一宝贵资源来促进教育发展。在美国"补偿教育"方案下,纽约州师资配置向弱势群体倾斜。通过教育上的经费补偿和师资补偿等措施有效地缩小了处境不利体群体与其他群体在教育上的差距,为教育均衡发展奠定了坚实基础。

二 东京都市圈基础教育资源配置

日本早在明治维新时期的第一次教育改革中,就提出了普及义务教育的口号。1886 年,日本开始实施 4 年制义务教育,到 1907 年延长至 6 年,1947 年又制定了《教育基本法》和《学校教育法》,将义务教育年限延长到 9 年,至今未变。到了 1982 年,日本中小学义务教育的就学率已经达到了 99%,2000 年度,9 年制义务教育普及率约 100%。

东京①是位于日本关东平原中部面向东京湾的国际大都市,是日本事实上的首都(但并没有正式的相关法律规定)。总面积 2155 平方千米,城区面积 621 平方千米。截至 2018 年,据东京都统计局统计,东京都人口约 1384 万人②,是世界上人口最多的城市之一。

(一)东京都基础教育资源配置现状、规模与机制

1. 东京都基础教育资源配置现状与规模

东京都战后教育,随着经济的恢复与增长,从数量到质量都实现了相应的发展与改善。初期的教育改革,深受实用主义教育思想的影响,造成学力水平的下降。经过 20 世纪 50 年代教育理论的大辩论,批判实用主义教育思想之后,布鲁纳结构主义教育理论受到重视。20 世纪 60 年代,由于中小学教学大纲的水平大幅度提高,脱离学生智力发展水平和接受能力,曾导致大量落后生的出现。20 世纪 70 年代的第三次教育改革,使中小学教育面向智、德、体全面发展的方向,既保持注重基础知识的划一性,又有适应地区与个性特征的灵活性,力图使教育从适应产业结构向"知识密集型"转变。目前,东京都基础教育在数量方面也有很大发展。

据东京都教育委员会发布的数据③显示,截至 2019 年 4 月 1 日,基础教育阶段东京都内公立学校数量共计 1888 所,其中区市町村立小学校 1271 所,区市町村立中学校 604 所(另有分校 1 所),都立中学校 5 所,区立义务教育学校(九年一贯制)作为日本近年来进行学校统废合的特有产物,位于东京都内的共有 7 所。

2. 东京都的教育行政

东京都教育委员会由获得东京都议会同意并由东京都知事任命的 6 名委

---

① 东京狭义上指东京都或东京都区部(即东京市区),亦可泛指东京都及周边卫星都市群相连而成的"首都圈"(东京都会区)。本研究对象是狭义东京,即江户幕府的所在地——江户在庆应 4 年 7 月(1868 年 9 月)改名为东京的一个地方。
② 東京都の統計,http://www.toukei.metro.tokyo.jp/index.htm。
③ 东京都教育委员会"公立学校統計調査報告書(学校調査編)"、文部科学省"学校基本調査報告書"。

员组成,有关教育的方针、对策,由该委员会协商决定。

在东京都的教育行政事务中,与公立学校(不包括大学)有关的事务由东京都教育委员会负责,与大学、私立学校等有关的事务由知事管辖。在公立学校中,区市町村立的小学、初中等,由区市町村教育委员会负责有关事务;都立高中、特别支援学校等,则由东京都教育委员会承担相关事务。但是,有关区市町村立中小学教职员的任免等事务,由东京都教育委员会负责处理。

东京都教育委员会设有"教育长",教育长在教育委员会的指导监督之下,负责教育委员会管辖范围内的所有事务。为处理东京都教育委员会事务而设置的事务局被称为"东京都教育厅",教育长统管相关事务,对所属职员进行指导和监督。

3. 东京都的教育财政

属于东京都教育委员会掌管的 2019 年度教育预算为 843.4 亿日元,约占整个东京都财政预算总额 7461 亿日元的 11.3%。

(二)东京都基础教育资源配置具体政策、举措

1. 重视基础教育投资,合理分配投资比例

2019 年度,东京都教育经费预算按教育目的划分,主要用于小学与初中、高中、特殊学校、社会教育、基础设施等方面(见表1);2018 年度教育经费支出主要用于工资津贴、交通补贴、投资性费用、物件费用等(见图1)。

表1 东京都教育经费比例(按教育目的划分)

单位:%

项目	比例	项目	比例
小学与初中	54.3	社会教育	1.1
高中	16.8	基础设施	6.1
特殊学校	9.3	其他	12.4

资料来源:东京都教育委员会官网。

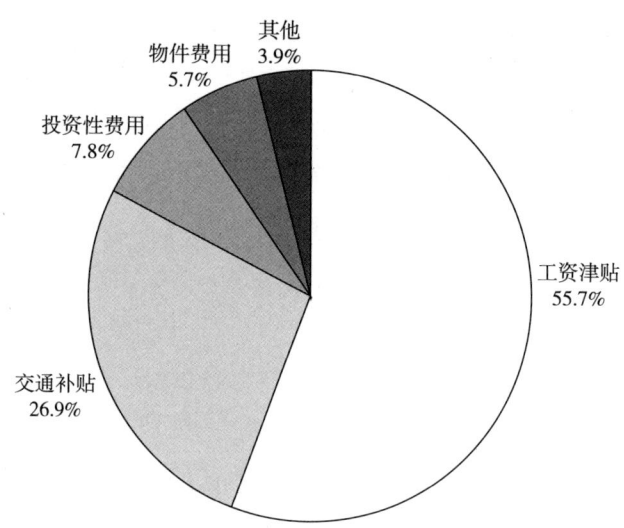

图 1　按性质划分的 2018 年度东京都教育经费支出比例

东京都重视教育投资,首先反映在政府用于基础教育的公共教育经费总额上。根据日本《教育基本法》《义务教育费国库负担法》等相关法令的规定,义务教育经费主要由国家财政负担,其中包括国家财政直接出资部分和地方财政中以转移支付形式分担的部分。地方的义务教育学校和公立学校教育费用,分别由都道府县和市町村二级财政按教育财政法令规定各自负担。初等、中等教育阶段日本的公费教育投资比例高达 90.1%。这说明日本政府以维持和发展基础教育为己任,在基础教育方面提供充足的资金支持①。

生均教育经费指平均每个学生获得的学校教育经费,包括公共财政和非公共财政投入各级各类学校的教育经费,它综合反映了学生平均的教育投入水平,因而通常被用于衡量一个国家或地区教育投入的实际水平。以可获得的最新三年数据来看,如表 2 所示,2015~2017 年,东京都的小学、初中和义务教育学校的教育经费投入总额及生均教育经费支出一直维持在一个相对比较稳定的水平。

---

① 尹栾玉、王磊:《日本公共教育支出结构的特征及其借鉴》,《现代日本经济》2010 年第 4 期。

表 2 东京都公费教育经费总额及生均支出

单位：日元

年份	小学		初中		义务教育学校	
	总额	生均	总额	生均	总额	生均
2015	552175138	980827	286338970	1224917	—	—
2016	561703441	993910	293735084	1276271	4760482	875249
2017	569757877	994993	302784622	1330231	4653096	866015

资料来源：东京都教育委员会关于教育费的调查报告书，http://www.kyoiku.metro.tokyo.jp/administration/statistics_ and_ research/expense_ per_ area/files/report2018/0－2all.pdf。

2. 完善的法律及制度支持

日本经过多年的教育实践探索，创立了保障教育公平的法律制度体系，体系层次分明，内容完备。如《日本国宪法》第 26 条第一款规定："所有国民根据法律规定，享有与之能力相应的平等地接受教育的权利。""所有国民根据法律规定，负有使其监护的子女接受普通教育的义务。义务教育为免费教育。"《学校教育法》规定要接受九年制义务教育，《教育基本法》更是明确地把"教育机会均等"写进了法律条款中。《国家公务员法》确立了教师为教育公务员的法律身份，规定在日本实行教师"定期流动制"。

东京都教育委员会于平成 13 年 1 月 1 日推出《东京都教育委员会的教育目标》，并于平成 19 年修订至今，提出以下四大教育方针：培养"尊重人权的精神"和"奉献社会的精神"，培养"丰富的个性"和"创造力"，充实"综合性教育力"和"终身学习"，推进"市民参与教育"和"学校经营改革"。

东京都作为日本的最大都市圈，在一定程度上代表了日本的发展水平。面向 2020 年东京奥运会，平成 29 年（2017 年）1 月，东京都教育委员会发布《东京都教育政策大纲——为实现创造一个有辉煌未来的东京的教育》[1]，对东京都教育的发展走向提出了三个战略重点：实现每个人都能受到自己理想的教

---

[1] 東京都教育施策大綱，http://www.kyoiku.metro.tokyo.jp/administration/action_ and_ budget/action/files/action/general_ principle2016.pdf。

育,从而发展其可能性的社会;做一个在全球化进程中顽强生存下去的人;做一个在共生社会中尊重多样性,积极地完成社会作用的自立的人。

3. 保证各校教育资源的均衡配置

资金投入和法律制度支持能够有效保证教育资源的合理配置,促进不同地区、不同阶段的教育得到均等化发展。除此之外,东京都还严格遵循日本相关制度和政策,从学校设置、办学条件、师资配备和管理水平等方面谋求校际的均等化发展。按照《学校教育法》的规定,日本市町村一级的地方政府,有责任设立中小学以使适龄儿童都能入学接受义务教育。而在学校的设置上,从教育经费到学校设施、教学设备、班级编制、师资配备等方面,都制定了相关的法律法规,以统一的规格保证全国各地的中小学校无差别发展。

对于中小学学校的设置,在《学校教育法》(昭和22年法律第二十六号)第三条规定的基础上,于平成14年3月29日文部科学省令第十四号中明确提出了小学及中学的设置基准。国立和公立的中小学校按学区划分,学校的整体水平和规模差别不大,各个学校的建筑、场地和师资比较平衡,每个学校都保证有一栋教学楼、一个运动场、一个体育馆和一个游泳池。每个班级20~30人,实施小班化教学。其中,对于小学和中学的校舍面积和运动场面积更是提出了非常精准的计算表(见表3、表4),以保证各校在学校设施上的均等,东京都同样严格遵循此原则。

表3 日本校舍的面积标准

单位:平方米

小学		中学	
儿童数	面积	儿童数	面积
1人及以上40人及以下	500	1人及以上40人及以下	500
41人及以上480人及以下	500 + 5 × (儿童数 - 40)	41人及以上480人及以下	500 + 5 × (儿童数 - 40)
481人及以上	2700 + 3 × (儿童数 - 480)	481人及以上	2700 + 3 × (儿童数 - 480)

资料来源:《学校教育法》(昭和22年3月29日法律第二十六号),https://www.mext.go.jp/b.menu/hakusho/html/others/detail/1317990.htm。

表4 日本学校运动场的面积标准

单位：平方米

小学		中学	
儿童数	面积	儿童数	面积
1人及以上40人及以下	2400	1人及以上40人及以下	2400
41人及以上720人及以下	2400+10×（儿童数-240）	41人及以上720人及以下	2400+10×（儿童数-240）
721人及以上	7200	721人及以上	7200

资料来源：《学校教育法》（昭和22年3月29日法律第二十六号），https://www.mext.go.jp/b.menu/hakusho/html/others/detail/1317990.htm。

在教师资源的培养上，日本的中小学教师都由高等教育机构培养，并需要拥有教师资格。公立学校教师属于国家公务员，教师资格必须经过县教育委员会（相当于我国省一级教师管理机构）实施的教员选择考试，合格后才能被录用。学校教职人员的费用由中央与地方政府分担，教师的工资逐年增加。教师工资是按典型的"年功"序列设定的：工龄越长，工资越高。大学毕业新任教师的月薪一般为18万日元，30岁左右的教师月薪一般在30万日元，老教师一般是50万日元，其余补贴不计算在内。如果教师自动离开学校后又回来当教师，第一年的工资仍从18万日元月薪开始。这种工资政策，鼓励了教师长期从事教育工作。

表5 2016~2018年东京都基础教育阶段各学校师生数量及比例

单位：人

类别	2016年			2017年			2018年		
	学生数	教师数	师生比	学生数	教师数	师生比	学生数	教师数	师生比
小学	565145	31795	1:17.77	572625	32410	1:17.67	580786	32922	1:17.64
初中	230151	15064	1:15.28	227618	15110	1:15.06	223216	15049	1:14.83
义务教育学校	5439	330	1:16.48	5373	328	1:16.38	5977	373	1:16.02

资料来源：平成28、29、30年度东京都公立学校一览，师生比由此计算。

在教师资源的配置上，从表5统计的数据可以看出，东京都在小学、初中和义务教育学校中的师生比相差并不大，而且具体到各个地方的比例也相差不大,可见,东京都在基础教育阶段教师资源的配置上基本做到了均衡配备。

另外,日本公立基础学校(小学、初中、高中及特殊学校)还在校际实行教师的"定期流动制"。每个教师平均约七年更换一次任职的学校。这种调换一般是在同一县内或同一市内进行,包括城市的教师到农村学校去执教,教师作为国家公务员其工资待遇不因调换学校而改变,东京都的教师同样遵循这一原则,且东京都教育委员会严格制定了相关的流动规则。这种教师"定期流动制"不仅能够提高教师的工作热情、创新能力,有助于教师的经验积累,还能够打破学校间的封闭状态,保持学校办学始终充满活力,而且合理配置人才资源,保持学校之间的水平均衡,从师资配备的角度也促进了校际的均等化发展[1]。学校校长也实行五年轮换一次的校长轮换制,不能在同一学校连任,这样既能积累治校经验,又能避免固定思维模式及"裙带"关系所带来的弊端。

(三)东京都基础教育资源配置效果

通过对东京都教育经费预算及分配进行介绍,可以发现,东京都政府侧重于以九年义务教育为主的基础教育阶段,而对于高等教育阶段,除了给国立和公立学校一部分投资,以及对私立学校的少量补助以外,其余大部分所需经费由学校通过收取学费等方式筹措。这一教育投资政策,保证了从初等教育到高等教育的不同阶段的公共教育投入呈现基础阶段雄厚、高级阶段大幅度减少的金字塔型结构,使不同阶段和层次的教育得以由低到高地均衡发展。

除此之外,日本创立了保障教育均等的法律制度体系,体系层次分明、内容完备,主要体现在教师、学生、地区等方面。对于教师,通过法律分别对教师的身份地位、薪资待遇,以及教师的培养做了明确的规定,公务员的身份、法定的薪资待遇让教师免去后顾之忧,安心教学,也为教师定期流动制的实行奠定了基础。而对教师培养的规定,则为日本学校相对统一优质的

---

[1] 陈晓芬:《对日本义务教育发展经验的浅析及借鉴》,《和田师范专科学校学报》(汉文综合版)2008年第3期。

师资提供了保障。对于学生，法律保证了每个学生的受教育机会均等的权利，并且通过奖学金的形式，推出了切实可行的举措，让每个学生正当受教育的权利能得到妥善落实。在地区上，对偏僻地区的倾斜扶持政策通过法律形式让地区间不因经济、地域的不同而有所差异，从而保证教育的均等性。东京都也依据自身实际情况出台了相关教育政策，以保证法律法规的时效性。

三 伦敦都市圈基础教育资源配置

伦敦是大不列颠及北爱尔兰联合王国（简称英国）的首都，位于英国英格兰东南部平原，沿泰晤士河两岸分布。作为目前国际公认的三大世界城市之一（其他两座世界城市为美国纽约和日本东京），伦敦始终走在国际大都市发展的前列，逐渐成为国际金融中心，吸引着来自世界各地的人口、资源、信息在此集聚，形成了伦敦都市圈的新型城市发展模式。随着伦敦都市圈的发展繁荣，人口大量涌入，城市化进程不断推进，各种城市问题也纷纷涌现。其中，促进基础教育均衡发展、优化基础教育阶段资源的合理配置成为伦敦关注的重点内容之一。为了合理配置基础教育资源，推进基础教育公平，英国政府先后出台了一系列政策文本用以实现基础教育公平。

（一）伦敦基础教育现状

1. 伦敦基础教育系统

从总体上看，英国的教育系统可分为英格兰、苏格兰、北爱尔兰、威尔士四个子系统，伦敦的教育是英格兰教育系统的一部分。在基础教育阶段，每一位英国公民都可以接受免费的由国家资助的教育，人人都有接受基础教育的机会。3~5岁儿童自愿进入幼儿园接受由国家资助的免费教育。此外，父母也可根据家庭需要选择付费的托儿所，令其代为照顾子女。5~11岁儿童需接受小学义务教育，由国家资助，无须交付学费。此外，一些经济条件较好的家庭，会选择公立教育系统之外的私立小学，期望得到更好的教育。随后，学生进入中学接受义务教育，这个阶段的教育同样由国家资助，无须学费，但在英格兰依然有7%的家庭选择在付费的私立学校接受教育。这一学习阶段是学生们进行学习和职业规划的关键阶段，50%的学生选择在大学中继续学习，28%的学生选择就业，7%的学生选择在继续教育学院（Further Education Colleges，FECs）接受继续教育［一般提供三种类型的课程：职业教育及培训、对成绩不佳学习者的继续教育、两年的副学士学位（类似于美国的社区学院）］。与苏格兰模式相比，英格兰教育系统更加重视国家课程标准，更加重视测试和评估。自幼儿阶段到中学阶段划分为五个不同的教育关键阶段，在第四、第五教育关键阶段，学生按照需要须参加两次国家等级考试，即国家中等教育证书考试（General Certificate of Secondary Education，GCSE）、英国大学入学考试（Advanced Levels，A-Levels）。两次考试的结果，尤其是英国大学入学考试的结果对学生今后的学习生涯有着重要的影响。

2. 伦敦基础教育的"学业成就鸿沟"（The "Attainment Gap"）

尽管在伦敦，每一位公民都可以享受由国家资助的免费基础教育，但在这样教育权利平等的表象下隐藏着极大的"学业成就鸿沟"。由于内伦敦的学校和外伦敦的学校、不同行政区之间、公立学校和私立学校之间都存在着一定的差距，家庭社会经济地位较高的学生有机会获得更多的教育资源，较为富裕的家庭多将孩子送到私立学校接受教育，造成了学生学业成就与家庭社会经济背景密切相关的现象。在整个英国，在进入大学的中学毕业生当中，有60%来自经济条件好的家庭，而只有18%来自经济条件困难的家庭。2010年萨顿信托报告（Sutton Trust Report）显示，享受免费校餐的学生只有16%可以进入大学，而在私立学校接受教育的学生有96%都能够进入大学[1]。进入高等学府机会的不同，反映了不同家庭背景下学生们取得学业成就的不同，经济的不平等逐渐导致了社会的不平等，而固有的文化资本和文化再生产也同时加剧了这一"学业成就鸿沟"。

---

[1] 陈法宝、郭婧：《教育变革，政府何为？——伦敦基础教育改革中的政府角色》，《基础教育》2015年第6期。

教育资源不均衡的现象已成为英国教育部门关注的热点议题,伦敦作为文化差异、阶层差异巨大的国际化大都市成为政府部门促进教育资源均衡配置的重点治理地区。近些年来,伦敦在这一方面取得显著成绩[①]:67.9%的伦敦学生在 GCSE 考试的英语和数学科目当中表现优于国家平均水平,49.4%的学生拿到了国家中等教育证书考试 8 分的成绩,而全国这一数据为 44.5%,学生"学业成就鸿沟"差距比其他地方小。在教育第四关键阶段,伦敦的弱势群体学生比其他地区学生取得更好的成绩。伦敦 90% 的学生在完成关键的第四阶段后仍继续接受教育,而全国的这一比例为83.8%。伦敦 16～17 岁的未学习、无业、未接受培训游手好闲的青年人(Not in Education, Employment or Training, NEET)数量低于全国平均水平。

3. 伦敦政府对基础教育的管理

1999 年,英国国会通过《大伦敦政府法案 1999》(Greater London Authority Act 1999),成立了大伦敦政府(Greater London Authority, GLA)。自此,大伦敦地区的整体教育规划与治理由大伦敦政府负责。在教育领域,大伦敦政府主要负责对基础教育做出整体的、阶段性的规划,启动一些覆盖整个大伦敦地区的教育项目,把握大伦敦地区总体的教育战略方向。

除了大伦敦政府外,英国政府、政府委派部门、伦敦各个行政区政府也都参与到大伦敦地区的管理当中。其中,伦敦各个行政区政府的职能根深蒂固,在教育事务方面,大伦敦政府与各行政区政府进行分权管理,与各行政区政府间进行协商沟通,共同对大伦敦地区的基础教育进行治理。各行政区政府主要负责各行政区内具体的教育事务、学校管理、社会服务等,兼具地方教育局的职责。

伦敦的学校在教师任聘、资金预算、招生安排等方面有较大自主权。大伦敦政府每年召开"市长教育会议"(The Mayor's Education Conference),

---

① London City Hall,: London Education Report, https://www.london.gov.uk/what-we-do/education-and-youth/london-education-report,2019 年 10 月 6 日。

与伦敦各区教育局、学校校长、教师,以及国内外教育专家共同探讨伦敦教育发展的经验与理念。

(二)伦敦基础教育资源配置的政策与举措

1. 教育经费支出

英国中央政府通过转移支付的方式向英国地方政府进行财政支出,伦敦地方政府大部分的教育经费都来自中央的转移支付。中央政府对地方政府的转移支付主要通过公式补助分配制度(Formula Grant Distribution System)分配的公式补助(Formula Grant),以保证各地能有足够的经费维持包括教育在内的地方公共服务事业。伦敦地方政府根据从中央得到的转移支付的数额,在国家允许的范围内确定地方税收额度,然后根据本地总收入、本地的实际情况及优先发展的目标,确定各服务部门的预算。教育支出是其中最大的一笔地方公共支出①。此外,中央还有一部分用于基础教育的财政拨款是拨给中央一级的教育行政机构的,如教育与技能部,由它以直接专项补助拨款的形式拨给地方教育当局并由其分配给学校,或是直接拨给学校。其中,最大一笔专项补助款是标准拨款(Standards Fund)。它是为推动地方教育当局和学校提高教育质量而设立的系列专项拨款的总和,目的是实现中央对地方的干预②。因而,地方基础教育经常性支出的费用主要有三方面来源:①绝大部分是从地方教育当局获得的,这部分经费来源于大部分的中央转移支付和少部分的地方收入;②中央教育行政部门的一些专项拨款;③学校从社会团体的捐赠、出租房屋等方面获得的收益③。

在中央公式拨款金额确定后,地方教育当局就需对地方教育经费制定预算,包括学校预算和地方教育当局预算两个部分。学校预算是指为满足本地

---

① 沈卫华:《英国地方教育当局的基础教育拨款制度探析》,《外国中小学教育》2007年第2期。
② 沈卫华:《英国地方教育当局的基础教育拨款制度探析》,《外国中小学教育》2007年第2期。
③ 沈卫华:《英国地方教育当局的基础教育拨款制度探析》,《外国中小学教育》2007年第2期。

区一年内所有学校经费需求的拨款数额。地方教育当局预算是指满足地方教育当局一年内所有经费需求的总拨款数额，包括统筹规划费用、本地区青少年和社区教育费用等。根据《1998年学校标准和框架法》和《英国2002年教育法》规定，地方教育当局有权决定两部分预算的占比，但须受中央规定的制约。例如，从2004~2005财政年度起，地方教育当局必须确保每个学校，无论优势学校还是薄弱学校，城市学校还是乡村学校，其生均预算经费保持持续稳定的增长比例，并且地方学校的生均预算经费增长比例必须与国家教育预算支出增长比例保持一致。对于教育经费预算不足的学校，国家教育大臣有权给地方教育部门设立最低教育预算标准，并且要求地方教育部门的管理费用增长比例不能超过地方学校教育预算增长比例。此外，学校享有较大的财政自主权，学校的资金分配、拨付和管理都由地方教育当局负责，允许所有学校获得100%的教育经费预算授权，可以自由、独立地支配使用。

在新的基础教育财政拨款体制当中，为了让每个学生都取得成功，政府为弱势群体学生提供了额外的教育经费支持。在中央政府确定基础教育经费分配公式时就充分考虑了有特殊教育需要学生的额外教育费用需求，在2003~2004财政年度开始的新的分配公式当中，每个部分的计算公式都包含了特殊教育需求指标，并要求地方教育当局在设计地方拨款公式时必须反映弱势群体学生的教育需求。对于财政困难的薄弱学校，中央政府也明确要求地方当局优先考虑向困难学校提供专项拨款，进行额外补助。2009年，英国政府发布教育白皮书《你的孩子，你的学校，我们的未来：建设21世纪学校系统》，对学校财政拨款体系提出了系统改革方案，要求在保证充足教育经费投入的前提下，缩小教育资源不均衡带来的教育质量差距，要求教育经费倾向于弱势群体学生。

2. 教师资源配置

为鼓励教师到薄弱学校任教，英国政府先后出台了一系列优惠政策。在教师的聘用、安置方面，给予薄弱学校特殊优待。在1998年推行的"教育行动区"计划当中，英国政府明确表示，教育行动区的学校不受现行全国教师聘任条例约束，可以高薪聘请校长管理学校，高薪聘请优秀教师充实教学第一线。在随后实施的"国家挑战"项目中强调地方教育当局要在安排师资时优先考虑薄弱学校的需要，要求安排教学能力突出、教学经验丰富、懂得传授教学经验和培训同行的教师来充实弱势学校师资力量。此外，"国家挑战"项目还提出给予学科带头人帮助、在薄弱学校工作两年即可取得教师资格证等激励措施。2009年，英国政府连续出台了新的措施，鼓励优秀教师加盟地方薄弱学校，具体包括：①实现金钱奖励，凡是进入薄弱学校的教师，政府给予一万英镑作为奖励；②对于2010～2011年在薄弱学校任职的教师和校长授予教学硕士学位；③所有加盟薄弱学校的教师可以同其他学校的教师共享教育教学网络。

"教育行动区"计划推出家庭行动计划，建立家庭联系制度，设立家校联络员；"追求卓越的城市教育"要求各级学校设立学习辅导员，协助解决校内外各种影响学习的事宜，为有特殊需要的学生提供额外帮助；"国家挑战"项目为薄弱学校教师提供国家挑战项目顾问，指导教学能力较弱的教师，引导优秀学校教师帮助薄弱学校教师。这些措施极大减轻了教师的工作压力，使教师能够专心教学，帮助教师更好地胜任薄弱学校的教学工作。此外，2002年，伦敦工商界人士还成立了非政府教育组织"以教为先"（Teach First），通过招募和培养优秀毕业生从教，为英格兰和威尔士各地区薄弱学校提供了1万多名教师，共支持100多万名儿童接受教育①，为提高伦敦地区薄弱学校教育质量做出了贡献。

3. 薄弱学校改造

（1）"教育行动区"（The Education Action Zone）计划

1998年，为实现为所有人提供均等的教育机会，使所有学生都能取得成功的教育目标，英国政府推出了"教育行动区"计划。"教育行动区"计划是英国政府为提高教育弱势地区（disadvantaged areas）的教育质量而采取的一项措施，即将这些地区公立学校的管理权向社会公开招标。社会各界，

---

① Teach First. Our Impact，https：//www.teachfirst.org.uk/our-impact，2019年9月25日。

特别是私营企业均可提出申请,在教育薄弱地区成立"教育行动区",接管所属的公立学校。将表现不佳的学校和处于最不利地位的地区纳入计划之中,鼓励家长和地方社区积极参与学校教育,建立积极的伙伴关系,照顾各地区不同的特色,从而帮助那些处境不佳的学校摆脱困境[1]。该计划在教育薄弱地区将15~25所学校聚合在一起,将这些聚合学校的统一管理权进行公开招标。当地工商企业、学校、家长、地方教育当局和当地其他机构、部门组成一个联合体,向中央教育主管大臣提出申请,接管这些薄弱学校。这些薄弱学校获得政府的额外资助,并获得在课程、人事、资源、经费和管理等方面的一系列优惠政策。每个"教育行动区"均将设立一所专家学校,作为社区内人士和加盟学校的共享资源。专家学校为加盟学校的教师和课堂助理教师提供新的技能培训。此外各"教育行动区"还采取灵活的措施,允许一所学校提供部分空间供另一所学校开展教学使用。政府还鼓励各"教育行动区"采取措施实现结盟学校在校舍、图书和设备等方面的资源共享。

截至2001年底,共有37所行动区学校因为学生成绩有了明显进步而获得2001年度国家"学校成就奖"(School Achievement Award)。在吸引资金方面,截至2001年11月,共有1000多个企业与多个"教育行动区"建立伙伴关系,行动区收到私立部门的捐赠总额达3600万英镑[2]。

(2)"伦敦挑战"(London Challenge)项目

受到1990年内伦敦教育管理体制改革的影响,内伦敦12个行政区之间学生的学业成就水平差距加大,其中5个行政区成为全国学生学业成就水平最差的地区。许多英国当地家庭纷纷搬离这里,以期在其他地区使孩子接受更好的教育。为此,工党政府上台不久就发布了第一份教育白皮书《追求卓越的学校教育》(Excellence in Schools),目标是为所有人提供均等的教育机会并提高教育标准,推出了一系列促进公立薄弱学校、不利群体、内城教

---

[1] 陈学敏:《英国"教育行动区"计划探究》,兰州大学硕士学位论文,2010。
[2] 陈学敏:《英国"教育行动区"计划探究》,兰州大学硕士学位论文,2010。

育发展的改革计划。陶尔哈姆莱茨区就是内伦敦5个教育薄弱地区之一。英国教育与技能部（DfES）与大伦敦政府及陶尔哈姆莱茨区教育局合作，开启"追求卓越的城市学校"（Excellence in Cities）项目，在陶尔哈姆莱茨区创建"追求卓越的城市学校项目行动区"（Excellence in Cities Action Zone），以此提升伦敦内城区的教育标准，并促进这里的社会融合。

在此基础上，2003~2010年，英国政府、大伦敦政府、伦敦各行政区教育部门、学校和其他核心参与者再次组成合作伙伴关系，实施了"伦敦挑战"项目。"伦敦挑战"项目旨在打造一流的伦敦教育，其要达到的具体目标包括①：迅速减少薄弱学校的数量，提升薄弱学校的质量，尤其强调数学和英语科目的改善；增加优质学校的数量；显著提升弱势群体学生的学习成绩，缩小学生的"学业成就鸿沟"。2003年，伦敦市首先在中学阶段引入了该项目。2006年11月，英国国家标准局（OFSTED）发布的调查报告对该项目所取得的成果给予了充分的肯定：项目校在教育成效、教学质量和领导力方面都超过了国家其他地区的平均水平。就学生成绩而言，已经实施4年该项目的学校学生在国家中等教育证书考试中所有科目取得的A~C等级的比例达到60.9%，超过了国家平均水平的60.1%；实施3年的学校学生在国家中等教育证书考试中5门及以上科目的成绩取得的A~C等级的比例达到了47.9%，超过了国家平均水平的45.9%；几乎1/3的学校已经达到了优异学校的标准②。鉴于该项目所取得的突出成就，它被延长实施至2011年并扩展至小学阶段。

（3）"国家挑战"（National Challenge）项目

2007年英国布朗政府执政后制定了远大的教育发展目标，希望将英国建设成为世界上最适合儿童成长的国家，保证基础教育的均衡发展。为实现这些目标，教育部门在"伦敦挑战"项目的基础上，制定并积极推行"国

---

① 赵岚、田晓苗：《英国地方教育行政部门服务于学校改进的实践、特点及启示——基于英国"伦敦挑战"项目的分析》，《外国教育研究》2012年第7期。
② 赵岚、田晓苗：《英国地方教育行政部门服务于学校改进的实践、特点及启示——基于英国"伦敦挑战"项目的分析》，《外国教育研究》2012年第7期。

家挑战"项目，项目的主要目标是帮助基础薄弱的学校提高教育质量[①]。为推动"国家挑战"项目的顺利实施，英国政府对该项目进行专项财政资助，投入4亿英镑扶助薄弱学校发展，确保每个中学生都能够有机会接受教育和培训。

"国家挑战"项目非常关注那些成绩未达标的学校，给予它们更多的关注和资源，通过政府经费资助的方式帮助学校进行重组。在"国家挑战"项目框架下，将参与项目的学校重组为学院（academies）。学院是一种新型的中学，主要由政府、私人赞助者或企业共同出资建设，经常性经费由国家投入，学校由赞助建设的私人或企业进行管理。一般建设在薄弱地区，用于改善学校成绩较差的现状。通过"国家挑战"项目资金的支持，可以根据资金的情况扩大学院设置的规模和范围，学院已从2002年最开始的3所，发展到203所。其中大部分的学院成为"国家挑战"项目重点帮助的对象。同时，政府还设立各种不同的信托基金（Trust），学校通过与各种基金、商业机构、慈善组织、宗教组织，甚至其他学校或高等教育学院结成伙伴，创建一个"小联盟"（mini-federation）。学校按这个联盟定下的方针运作，信托基金组织负责聘用教职员、收录学生和管理学校资产，以此达到对薄弱学校的改进目的。

2009年的数据显示，参与"国家挑战"项目的学校数量从2007年的783所、2008年的630多所下降到了2009年的440所，而在1997年这一数据大致为1600所，"国家挑战"项目在促进薄弱学校提高教育质量方面成效显著。

（三）伦敦基础教育资源配置的特点

首先，重视国家在教育资源配置中的管理作用。从《1998年学校标准和框架法》到《英国2002年教育法》，从中央直接拨款学校到最低学校经

[①] 苑大勇：《英国基础教育质量保障政策研究：以"国家挑战"项目为例》，《比较教育研究》2010年第5期。

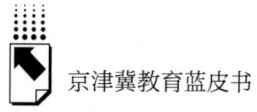

费标准,从"教育行动区"计划到"国家挑战"项目,英国政府不断发挥着国家管理、引导基础教育资源均衡配置的作用。

其次,利用各种力量促进基础教育资源均衡配置和发展。英国政府所引导的各种教育改革计划,都特别强调加强学校、家庭、社区、工商企业及社会各界之间的联系,要求利用一切可利用的力量改造薄弱学校。

最后,给予薄弱学校特别扶助政策。英国政府通过给薄弱学校提供各种优惠政策的方式,提高薄弱学校的教育质量。在财政上,给予薄弱学校专项拨款,确保最低教育经费;在教师聘用和安置方面,给予学校优惠经费高额聘请优秀教师,对薄弱学校教师免费培训,赋予薄弱学校的校长和教师教学硕士学位,为薄弱学校提供教学指导顾问;在学校管理上,提供专项资金,帮助学校重组转型,促进学校间联盟建立,促进教育资源共享。这些措施极大地促进了薄弱学校的发展,促进了伦敦地区基础教育资源的均衡配置。

四 新加坡基础教育资源配置

新加坡全称为新加坡共和国(Republic of Singapore),旧称新嘉坡、星洲或星岛,别称为狮城,是东南亚的一个岛国,政治体制实行议会制共和制。新加坡北隔柔佛海峡与马来西亚为邻,南隔新加坡海峡与印度尼西亚相望,毗邻马六甲海峡南口,国土除新加坡岛之外,还包括周围数岛。新加坡是一个城邦国家,故无省市之分,而是以符合都市规划的方式将全国划分为五个社区(行政区)。它们分别为:中区(120万人),东北社区(130万人),西北社区(83万人),东南社区(84万人),西南社区(83万人),由相应的社区发展理事会管理。新加坡十分重视基础教育的发展,近些年来一直注意不断地修正和完善他们的基础教育。新加坡在保持优质基础教育继续发展的同时,也为解决基础教育领域存在的诸多不均衡发展问题采取了一系列的努力和措施。

(一)新加坡基础教育现状

新加坡是主要由亚洲和欧洲等地区的移民及其后裔组成的一个多民族、多文化、多宗教的国家。法定制度上多受西方影响,在教育改革上更是参照英国教育模式从而形成了独具特色的行政管理模式,即通过国家教育部督导机制形成的中央集权制教育。所谓中央集权制,即指新加坡全国各级各类教育都是由代表国家的教育部集中统一领导和管理,有关各级教育的方针、政策、内容、方法、规章制度及教师人事等,均由教育部及其下属的各局、处直接负责,学校则无权过问。

1. 基础教育管理机制

新加坡教育的最高管理机构是教育部,其最高行政长官是教育部长,以下依次是政务部长、会议秘书、行政秘书总监。新加坡教育部的主要目标是"发现每位学生的天赋,发展其天赋及潜能,使其具备终身学习的能力"。教育部的主要职能包括:负责制定和执行教育政策,主管政府所办和资助的学校、初级学院的发展;对私立学校实行监督。

教育部下设新加坡教师学院,其目标是建立以教师为主导的专业卓越文化,以儿童的整体发展为中心,其职能是捍卫职业精神、培养以教师为主导的协作专业文化、建立不断学习和改进的文化、加强职业发展的推动力[1]。

课程计划与开发部门主要负责为青年提供富有成效的国家课程,帮助青年为未来生活做准备。该部门的基本职能包含七个方面:①教学大纲设计与评论,设计和审查课程大纲并监督其实施情况;②教学方法改进和教学评价,改进教学方法使其与课程目标一致,设计适合的学习成果评价模式;③实施一系列特殊课程计划和项目,如人文奖学金和计划、语言选修课程项目、资优教育计划和学习支持计划等;④提供支持性资源,如开展学校相关人员培训、为学生开发数字学习材料等;⑤提供图书馆服务,为学校图书馆提供管理和运营支持;

---

[1] Academy of Singapore Teachers, https://www.moe.gov.sg/about/org-structure/academy.

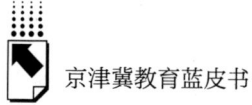

⑥设立语言中心,监督教育部语言中心和泰米尔语言中心等;⑦提供咨询服务,为学校、其他部门、部委和私人出版商提供有关课程的专家建议①。

课程政策办公室,其职能是制定和审查塑造国家课程的政策;促进健全、平衡、有目标和有效的课程,教学法和评估实践②。

学校督导部门,其使命是确保学校有优质的领导能力。学校督导部门包括东区、西区、南区和北区的校群督导及学校评估处,监督所有中小学、初级学院和中心机构的管理。

2. 基础教育督导机制

与我国教育行政机构的垂直管理体制不同,新加坡教育部下面没有类似我国厅局级的教育管理部门,督导成为连接政府与学校的桥梁。在新加坡,督导在教育管理中发挥着相当关键的作用:①督导代表教育部对学校施行管理,使教育部和学校"形散而神不散";②校群的分割是以地域为基本标准的,每个校群都包含各种类型(政府学校、辅助学校、自治学校、自主学校)的中小学,校长们每月聚会一次,这种聚会兼具交流、沟通、切磋、互学等多种功能。在通常情况下,一位督导管理一个校群(含9~10所学校)。有些督导不在教育部办公,而是把办公室设在某一所学校里。平时,督导通过E-mail与各校校长保持联系,有时传达政令,有时指导工作,有时交办任务。每隔一段时间,督导就要到学校进行实地督察。每个月,督导都要召集一次校长例会,各位校长分别介绍学校的工作情况。

新加坡的教育督导机制参考英国皇家督学司同样成立了教育评估司,并在督导教学机制的支持下设立了电脑评估系统。通过系统建立的学校数据资料库在全国和地区建立"校群"和"社群"。并由此形成了以督学视学为目的的卓越学校模式。该模式打破以往单方面的学校评估,实施学校互评、学生评估、社会评估等综合评估。更大限度地监督和发展了学校高效率的教学方法和学校行政评估系统。学校在接受外界评估的建议和督查下进行自我评估系统的完善,

---

① Curriculum Planning and Development Division,https://www.moe.gov.sg/about/org-structure/cpdd.
② Curriculum Policy Office,https://www.moe.gov.sg/about/org-structure/cpo.

积极对学生成绩、生活素质各方面进行自我检讨，微观改进教学方法，提高基础教学有效性。教育督导机构的独立是新加坡小学教育督导机构的一大特色。教育督导机制是国家教育、经济、政治、军事和生产生活水平发展的社会产物。教育的改革必须适应国家发展洪流。教育督导机构的建立对监督学校、视察学生、督促教育等方面进行系统统一的评价分析，是教育发展的必要元素。只有科学的视察、评价和分析才能以教育的发展反映国家的发展，以线性化的流程对接学生教育水平和学校教学体制，链接国家教育和社会教育是督导机制的目的。因此，必须要有完善的督导政策和法令来约束和引导督导行为，为学校教育和学生学习提供安全优秀的环境保障。目前，新加坡已经多次修订和完善督导政策并出台了多种辅助督导教学手册和章程。另外，新加坡督导司每年都会通过媒体发布一系列教育校群的督导评价，真正使教育和督导可视化。这种全民参与的督导行为具有公平、公正的权威。督导机制的资料统计和分析使新加坡小学教育的督导评估不仅仅局限于对学校教育和学生学习的考证，更是通过一种直观的数据分析成为改进学校教育的手段。

（二）新加坡基础教育资源配置典型——校群制

新加坡校群制度始创于1997年。如今，校群制度不断发展和完善，成为促进新加坡学校均衡化发展的重要策略。新加坡全国有350多所中小学和初级学院，都由教育部学校督导司管辖。全国分东西南北四区，每区又被分为7个校群，各校群分别有自己的校群督导（见图2）。新加坡校群督导不是一个行政意义上的上级部门，督导人员的职责重在帮助和支持学校的工作，给予适时的引导。他们并不代替或指示校长去做决定，而是顾问和参谋，主要行使例行检查工作的职能。这样在很大程度上保证了学校校长办学的自主权，促使校长能够自己带领全校教师去开拓和创新。

新加坡共有29个校群，每个校群由12~14所学校组成，多数的校群都包括了不同类型的学校（小学、中学、初院/高中）[①]。校群中的每个学校依

---

① 潘星华：《新加坡教育点评》，创意圈出版社，2006。

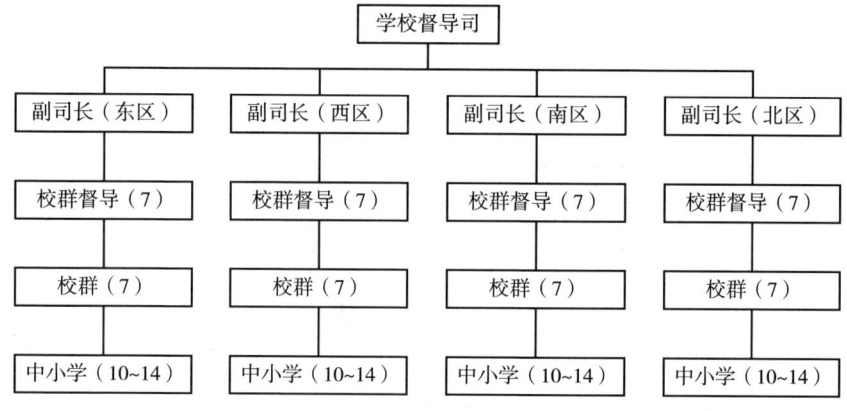

图 2　新加坡校群督导体系

资料来源：成洁：《新加坡中小学校长评级体系及启示》，《武汉市教育科学研究院学报》2007 年第 2 期。

旧是教育制度运作的基本单位，而且校长必须对学校的运作程序和成果负责。每个校群由校群督导（Cluster Superintendent）管理。每个区的校群督导负责指导和监督学校领导团队，以确保学校有效运作。校群督导要确保校群内的成员学校之间建立联网，进行共享和协作，以提高领导团队的能力和每所学校的绩效水平。校群督导也在人事和财务管理中发挥关键作用。他们根据培训需求在他们的校群中对人力资源进行开发，并确定具有职业发展潜力的人员。确保有效和最佳地利用校群财政资源，例如，资助有价值的学校项目和帮助学校实现所需教育成果的活动[1]。有一位校群督导这样叙述自己的部分日常工作[2]：每月到学校访问两次左右，一年二十次。①督导校长。给校长一定的空间，不要给太多的具体指导，更多的是咨询和顾问，然后给予支持。②检讨工作。通过和校长、教师喝茶座谈了解各学校具体情况，然后给予政策上的引导，对于学校的具体困难给予帮助和支持。③出席会议与活动。校群督导出席会议在于了解学校的工作。在学校的时候有可能每分钟都在评估学校的工作和考察校长的领袖素质。

---

[1] Schools Division，https://www.moe.gov.sg/about/org-structure/sd.
[2] 罗刚、范国睿：《新加坡的校际均衡与质量保障》，《全球教育展望》2009 年第 5 期。

(三）新加坡基础教育资源配置成效

新加坡基础教育的均衡发展问题主要是校际的、群体的。通过近年来优质教育和卓越学校计划的实施，以及校群督导政策的实施已经较好地解决了存在的问题。新加坡校群督导到位而不越位：在提供支持方面到位，在保证学校办学自主权上不越位[①]。

校群督导的工作是通过日常工作，通过亲身的体验和感受潜移默化地帮助学校，促使学校提高、促进教师发展，而没有给学校增加负担。新加坡教育部学校督导司每年不仅对学校进行评估，还要对各校群督导进行评价，对各督导的评价完全依赖他所属学校的成绩。在这里，校群督导、校长和学校是共存、共生的关系。所以校群督导必然担负起服务、帮助、促进提高的任务，他工作的目标不是一两所学校的提高，而是使他所负责的所有学校都要有提高，都要有发展，缩小弱校与强校之间的差距，促进新加坡基础教育的均衡发展。

新加坡校群制度的建立从一定意义上来说是对学校资源的整合、利用和进一步的挖掘，是对优质办学资源的充分利用。新加坡做这项改革的初衷之一就有促使学校均衡发展的含义。把几所位置靠近的学校组成一个学校群组，有助于提高邻里学校的水准和士气。学校表现好，往往是因为有好的校长，他们能够非常妥善又有效地管理学校。要让这些校长发挥更大的作用，需要通过分享经验、专才和知识，让其他校长从中吸取经验，取长补短。而不是无限制地扩大这些好学校的招生人数。这是一个非常好的管理理念，使有限的资源能够被善用。属于同一个群组的学校，可以按照各自的需要，将额外的教师加以流动，这样就能够灵活解决师资的不足与过量问题。教师间教学的交流和碰撞会产生智慧的火花，同一个群组的教师可以共同出题，同一学科教师的教学交流和研讨，各校教师间上课的观摩都实现了优质教师资源的共同分享。一般情况下，校群内学校的校长要每月有一次会面，而每位校长都很重视这样的活动，校长们都要穿着西装参加聚会，他们可以互相交

---

① 罗刚：《新加坡基础教育均衡政策的分析》，《现代教育论丛》2008 年第 11 期。

流与分享。新加坡的校长非常重视校长间的交流,这也是校长们一种开放心态的反映。校群制度成为搭建在各学校间联系交往的通道和平台,有利于学校间的交流。校群制度使学校的开放办学成为可能和必然。这在资讯获得日益便捷、信息科技日渐发达的新时代,对于学校的发展有很大的帮助[①]。

五 小结

本报告通过对全球四个国际都市圈基础教育的发展现状、基础教育资源配置举措的深入分析,可以为以北京为中心城市的都市圈的基础教育发展带来有益的借鉴和启示。

首先,国际都市圈与国家、城市、地方教育部门之间形成了较为完善的教育行政与管理体系。比如,东京形成了层次分明、体系完备的教育法律体系,对教师待遇、学生权利、偏僻地区教育发展进行了详细的规定;其他城市则建立起完备的教育财政制度,保证不同地区的中小学校能够获得相应的教育经费支持,确保生均教育经费的水平。

其次,教育均衡发展是国际都市圈基础教育资源配置的重要考量。科学配置教育资源的最终目的在于实现教育均衡发展。四个国际都市圈通过教育财政经费倾斜、法律保障、实施"教育行动区"计划、薄弱学校扶持、创立校群制度等不同举措,调配人、财、物等重要资源,缩小不同学校之间办学和管理水平的差异,从而实现教育均衡发展。

此外,优质的教师队伍是国际都市圈基础教育均衡发展的宝贵资源。基础教育均衡发展的重要维度之一就是教师资源的均衡配置,为此,各大都市圈从提升教师地位和待遇、鼓励教师流动与交流,如鼓励优秀教师到薄弱学校任教、实施教育督导等方面的制度建设入手,努力实现教师资源配置均衡。

---

① 罗刚、范国睿:《新加坡的校际均衡与质量保障》,《全球教育展望》2009年第5期。

B.14 后　记

　　深耕细作，春华秋实；厚积薄发，五年有成。《京津冀教育发展报告》作为年度出版物已经出版了四辑，围绕京津冀教育协同发展中的重大热点难点问题开展研究，努力发挥着"存史、咨政、宣传、育人"的作用。随着京津冀教育协同发展中期目标节点的临近，"十四五"时期和2035战略远景对教育协同发展提出的新要求，立足于"十三五"时期京津冀教育协同发展成果的回顾反思，明晰未来15年京津冀教育协同发展的进路与策略具有重要现实意义。过去的七年，京津冀协同发展总体上处于"谋定而后动"的先期规划和探索阶段，紧紧抓住疏解非首都功能的"牛鼻子"工程，密切结合国家建设河北雄安新区这一千年大计和北京城市副中心建设的历史契机，以"一核两翼"作为京津冀协同发展的重要抓手，在宏观规划、协商会晤机制、地方共建、校际交流、师资培训等方面取得了积极进展，形成了"中央统筹、地方负责、基层探索"的决策组织模式，"疏解承接、事治并重、点面结合"的战略思路，并逐步由"宏观化"和"框架性"规范走向"精细化"和"纵深性"实践。

　　本辑《京津冀教育发展报告》是北京教育科学研究院"京津冀教育协同发展研究平台建设"的研究成果。课题坚持以促进京津冀区域教育现代化为宗旨，力图分析京津冀三地、廊坊北三县、河北雄安新区等重点地区和各级各类教育的协同发展现状与问题，围绕2035的区域教育协同发展战略开展前瞻性研究，明确未来京津冀教育的发展方向和策略，推进京津冀"三地四方"教育现代化向更高水平迈进。我们期待，也愿意继续努力与关心京津冀区域教育改革与发展的人士围绕"区域教育均衡、优质、创新发展"和"如何做细、做实、做深区域教育"等一系列主题真诚交流、寻求共识。

在编写过程中,编者组织了来自北京、天津、河北三地的教育科研人员参与,希望三地教育科研部门能够进一步深化合作,围绕京津冀教育协同发展面临的基本问题和重大问题开展相关的战略、规范、政策和实践研究,为努力形成京津冀目标同向、措施一体、优势互补、互利共赢的教育发展新格局贡献力量。在此,我们对所有积极参与和支持本研究报告撰写的领导、研究人员表示衷心的感谢!期待三地教育科研人员携手并进,紧紧抓住京津冀协同发展新契机,为促进区域教育向更高水平迈进贡献真知灼见。

由于时间仓促和水平有限,作为一项集体研究成果,本书阐发的观点和资料的可靠性由相关研究人员负责,并不代表北京教育科学研究院的立场。同时,需要说明的是,虽然本项目的研究人员努力工作,希望本书为关心京津冀教育协同发展的机构和人士提供有益参考,但囿于时间和能力,我们的观点未必完全准确,相关的政策建议不一定切合实际,撰写过程中各章的风格体例也不尽相同,敬请相关专家和广大读者批评指正。

联系地址:北京市海淀区翠微路 4 号院北京教育科学研究院教育发展研究中心

邮编:100036

电话:010 – 88171908

传真:010 – 88171917

E – MAIL:fzzxlps@163.com

编 者

2021 年 1 月 1 日

权威报告·一手数据·特色资源

皮书数据库
ANNUAL REPORT(YEARBOOK) DATABASE

分析解读当下中国发展变迁的高端智库平台

所获荣誉

- 2019年，入围国家新闻出版署数字出版精品遴选推荐计划项目
- 2016年，入选"'十三五'国家重点电子出版物出版规划骨干工程"
- 2015年，荣获"搜索中国正能量 点赞2015""创新中国科技创新奖"
- 2013年，荣获"中国出版政府奖·网络出版物奖"提名奖
- 连续多年荣获中国数字出版博览会"数字出版·优秀品牌"奖

成为会员

通过网址www.pishu.com.cn访问皮书数据库网站或下载皮书数据库APP，进行手机号码验证或邮箱验证即可成为皮书数据库会员。

会员福利

- 已注册用户购书后可免费获赠100元皮书数据库充值卡。刮开充值卡涂层获取充值密码，登录并进入"会员中心"—"在线充值"—"充值卡充值"，充值成功即可购买和查看数据库内容。
- 会员福利最终解释权归社会科学文献出版社所有。

数据库服务热线：400-008-6695
数据库服务QQ：2475522410
数据库服务邮箱：database@ssap.cn
图书销售热线：010-59367070/7028
图书服务QQ：1265056568
图书服务邮箱：duzhe@ssap.cn

社会科学文献出版社 皮书系列
卡号：573944613491
密码：

S 基本子库
SUB DATABASE

中国社会发展数据库（下设 12 个子库）

整合国内外中国社会发展研究成果，汇聚独家统计数据、深度分析报告，涉及社会、人口、政治、教育、法律等 12 个领域，为了解中国社会发展动态、跟踪社会核心热点、分析社会发展趋势提供一站式资源搜索和数据服务。

中国经济发展数据库（下设 12 个子库）

围绕国内外中国经济发展主题研究报告、学术资讯、基础数据等资料构建，内容涵盖宏观经济、农业经济、工业经济、产业经济等 12 个重点经济领域，为实时掌控经济运行态势、把握经济发展规律、洞察经济形势、进行经济决策提供参考和依据。

中国行业发展数据库（下设 17 个子库）

以中国国民经济行业分类为依据，覆盖金融业、旅游、医疗卫生、交通运输、能源矿产等 100 多个行业，跟踪分析国民经济相关行业市场运行状况和政策导向，汇集行业发展前沿资讯，为投资、从业及各种经济决策提供理论基础和实践指导。

中国区域发展数据库（下设 6 个子库）

对中国特定区域内的经济、社会、文化等领域现状与发展情况进行深度分析和预测，研究层级至县及县以下行政区，涉及地区、区域经济体、城市、农村等不同维度，为地方经济社会宏观态势研究、发展经验研究、案例分析提供数据服务。

中国文化传媒数据库（下设 18 个子库）

汇聚文化传媒领域专家观点、热点资讯，梳理国内外中国文化发展相关学术研究成果、一手统计数据，涵盖文化产业、新闻传播、电影娱乐、文学艺术、群众文化等 18 个重点研究领域。为文化传媒研究提供相关数据、研究报告和综合分析服务。

世界经济与国际关系数据库（下设 6 个子库）

立足"皮书系列"世界经济、国际关系相关学术资源，整合世界经济、国际政治、世界文化与科技、全球性问题、国际组织与国际法、区域研究 6 大领域研究成果，为世界经济与国际关系研究提供全方位数据分析，为决策和形势研判提供参考。

法律声明

"皮书系列"(含蓝皮书、绿皮书、黄皮书)之品牌由社会科学文献出版社最早使用并持续至今,现已被中国图书市场所熟知。"皮书系列"的相关商标已在中华人民共和国国家工商行政管理总局商标局注册,如LOGO( )、皮书、Pishu、经济蓝皮书、社会蓝皮书等。"皮书系列"图书的注册商标专用权及封面设计、版式设计的著作权均为社会科学文献出版社所有。未经社会科学文献出版社书面授权许可,任何使用与"皮书系列"图书注册商标、封面设计、版式设计相同或者近似的文字、图形或其组合的行为均系侵权行为。

经作者授权,本书的专有出版权及信息网络传播权等为社会科学文献出版社享有。未经社会科学文献出版社书面授权许可,任何就本书内容的复制、发行或以数字形式进行网络传播的行为均系侵权行为。

社会科学文献出版社将通过法律途径追究上述侵权行为的法律责任,维护自身合法权益。

欢迎社会各界人士对侵犯社会科学文献出版社上述权利的侵权行为进行举报。电话:010-59367121,电子邮箱:fawubu@ssap.cn。

社会科学文献出版社